L'OMC
de Marrakech à Washington

Sous la direction de
Jean-Claude MARTINEZ

L'OMC
de Marrakech à Washington

1994-2017

Préface d'Andrés Rohde Ponce
Président de l'Académie internationale de droit douanier

Avant-propos de Jawad Kerdoudi
Président de l'Institut marocain des relations internationales

Postface de Maria Claudia Lacouture
Ministre du Commerce, de l'Industrie et du Tourisme de Colombie

L'Harmattan

5-7, rue de l'École-Polytechnique, 75005 Paris
http://www.editions-harmattan.fr
ISBN : 978-2-343-12249-6
EAN : 9782343122496

DU MÊME AUTEUR

Jean-Claude Martinez, *La faucille ou le Mc Do, L'Europe et les États-Unis dans le nouvel ordre alimentaire mondial*, Lettres du monde, 2003.

Jean-Claude Martinez, Jeanne-Isabelle Martinez, *Europe Etats – Unis, La guerre agricole de 40 ans*, L'Harmattan, 2004.

Jean-Claude Martinez, *Les Droits de douane déductibles contre le retour du protectionnisme*, L'Harmattan, 2008.

Jean-Claude Martinez, Norma Caballero, *La mondialisation guérie.- Découverte d'un vaccin douanier*, Lettres du Monde, 2008.

Jean-Claude Martinez, Norma Caballero, *El invento de los derechos de aduana deducibles*, Universidad del Rosario, 2009.

SOMMAIRE

REMERCIEMENTS

Nous remercions Maître Norma Caballero, Docteur en droit de l'Université Paris II Panthéon Assas, pour avoir assuré la coordination de l'ensemble des auteurs de cet ouvrage et d'avoir mené à bien sa mise en forme.

Jean Claude MARTINEZ

Professeur Université Paris II

Jawad KERDOUDI

Président de l'Institut Marocain des Relations Internationales (IMRI)

PRÉFACE

Esta obra, denominada "L'OMC De Marrakech a Washington 1994-2017", compendia los diversos ensayos, artículos y estudios sobre la creación, funcionamiento e impacto en el comercio internacional durante los veinte años que siguieron a su establecimiento, muchos de los cuales fueron elaborados para ser presentados en un simposium realizado en Marruecos con ese motivo.

El crecimiento de la población mundial y con ello la creciente demanda de productos de consumo de toda índole ha provocado la creación de un consumidor global cuyas necesidades son satisfechas por la producción ya no solo local o nacional, sino que tiene que ser generada por las líneas globales de manufactura en todas sus fases que muestra a la globalización y sus mecanismos las cadenas globales de valor.

Por ello, es muy probable que el comercio mundial siga creciendo y con ello el objetivo de regularlo de manera que permita un intercambio ordenado y sustentable. Esa es una de las importantes misiones de la OMC.

El maniqueísmo de colocar al comercio entre la pared del proteccionismo y la espada del libre cambio es un simplismo que no resiste el análisis del comportamiento económico contemporáneo, pues las economías nacionales no se pueden ubicar en ninguno de los dos extremos.

Es vital entonces contar con obras técnicas que expliquen los fenómenos que ya ocurren, pronostiquen los venideros y brinden explicaciones del porque los primeros y las razones de los segundos.

La obra también reunió ensayos de expertos sobre cómo se observan estos fenómenos en los diversos continentes del orbe lo que le dota de una calidad de análisis universal.

En conclusión, me parece que este libro es una obra de consulta para los estudiosos de la materia y contribuye al acervo cada vez más completo de temas de comercio internacional y aduanas y la

International Customs Law Academy que presido se congratula de su aparición y felicita a los autores que con sus ensayos la hicieron posible.

Andrés ROHDE PONCE
Président de l'Académie Internationale de Droit Douanier

AVANT-PROPOS

DE L'OMC 94 À LA COP 22

Ce livre est né du forum international, tenu à Marrakech, en 2014, pour marquer les 20 ans du sommet de signature des accords clôturant l'Uruguay round, fondateur de l'OMC. Je voudrais donc tout d'abord remercier les rapporteurs, intervenants et personnalités, venus ou revenus à ce forum d'anniversaire. Mes remerciements également à M. Moulay Ahmed Lamrani Président de la Section IMRI Marrakech qui n'a pas ménagé ses efforts pour la bonne organisation de cette manifestation. Toute ma gratitude à nos sponsors, modérateurs et intervenants, et tout personnellement à M. Jean-Claude Martinez qui a été l'instigateur de cet événement.

L'IMRI, en célébrant le 20ème anniversaire de la création de l'OMC à Marrakech, souhaite tout d'abord faire le bilan de cette organisation, et se poser la question de savoir quelles sont les nations qui ont le plus profité, et celles qui sont restées de côté. Qu'en est-il justement de notre pays le Maroc ? D'autre part, il faut malheureusement constater l'échec des négociations de Doha et le retour vers le bilatéralisme et la domination des grandes nations. Aussi, l'ambition de ce Colloque est de faire des propositions pour contribuer à la relance de l'OMC et au retour du multilatéralisme dans le commerce international.

Le 15 avril 1994 à Marrakech, les ministres des Affaires étrangères représentant 123 pays ont signé 60 accords clôturant 7 ans des plus grandes négociations commerciales de l'histoire de l'humanité, organisant tout le commerce international du monde. Les accords de 20 000 pages ont surtout créé l'OMC (Organisation mondiale du commerce) et l'ORD (Organe de règlement des différends), tribunal arbitral des litiges du commerce international. Ces accords ont également ouvert la voie au cycle des négociations commerciales lancé au novembre 2001 à Doha à Qatar. Marrakech 1994 reste donc un Sommet de l'histoire commerciale des nations, et le symbole du multilatéralisme où les Etats du Sud ne sont plus livrés aux géants économiques du Nord.

Pour cela d'éminents responsables politiques marocains et étrangers, des experts dans le commerce international, des Chefs d'entreprises et des représentants de la société civile ont été invités à ce Colloque pour parvenir à des recommandations qui seront transmises aux décideurs politiques et économiques du monde, afin d'inaugurer une nouvelle phase Marrakech 2014 de l'OMC.

JAWAD KERDOUDI

Président de l'Institut Marocain des Relations Internationales IMRI

TITRE INTRODUCTIF

L'OMC AU DÉFI DES REPLIS

Pr. Jean-Claude MARTINEZ[1]

1- C'est une photo sépia. On y voit l'Américain Mickey Kantor, représentant des Etats-Unis pour les questions commerciales, assis derrière une longue table noire d'artisanat marocain, en train de signer, sous les regards et les sourires diplomatiques de dix personnes, un document. C'est le vendredi 15 avril 1994. L'image est prise à Marrakech, dans l'enceinte du Palais des congrès, où vient de se tenir, au niveau ministériel, le cycle de négociations commerciales planétaires, dit de « l'Uruguay round ». Le document paraphé est la pointe émergée d'un iceberg juridique de 22 000 pages, l'acte final de huit années de négociations commencées un autre printemps, mais de l'hémisphère sud, le 19 septembre 1986, sous les vents des plages de Punta del Este en Uruguay.

C'est un « événement historique ». Salué d'ailleurs comme tel par les 124 ministres présents. Dès la première page du document, objet de la cérémonie, on lit : « Les Ministres saluent l'événement historique que représente la conclusion du Cycle qui renforcera l'économie mondiale ». De fait, les trois quarts des Etats sont là, avec leurs ministres du commerce extérieur, dont Gérard Longuet pour la France. Un à un, dans un carrousel diplomatique minuté, ils montent à la tribune et paraphent le texte, sous des heures d'applaudissements de l'essentiel de la planète.

---

[1] Professeur à l'Université Paris II, Panthéon-Assas, Membre des délégations de la Commission européenne aux conférences ministérielles de Seattle, 1999, Cancún, 2003, Hong-Kong, 2005, Genève 2009.

Quarante-sept ans avant, le 30 septembre 1947, à la signature du GATT, l'Accord Général sur les Tarifs Douaniers et le commerce, ils n'étaient à Genève que 23. Pire, lorsqu'il s'est agi de créer l'OIC, l'Organisation Internationale du Commerce, nouvelle institution spécialisée de l'ONU, avec sa charte adoptée à la Havane, en mars 1948, et ses règles pour le commerce, l'emploi, les accords de produits, les pratiques commerciales restrictives, les investissements internationaux et les services, les États-Unis, comme pour la SDN, avaient fait échouer le processus en ne le ratifiant pas.

A Marrakech, là, après quarante-six ans perdus, le rêve de La Havane se réalisait. L'OIC voyait le jour sous le nom d'OMC, l'Organisation Mondiale du Commerce. Cette fois, les Etats-Unis n'avaient pas bloqué. Dès le départ du moins... Une organisation planétaire apparaissait. Pour rassembler, avec jusqu'à 164 membres en 2016, de la Chine à l'Inde et de la Russie aux Etats-Unis ou à l'Union européenne, toutes les nations en commerce du monde.

Ce 15 avril 1994, il y a donc à Marrakech, vingt-deux ans avant la COP 22, comme un miracle institutionnel et un sommet dans l'organisation rationnelle des sociétés de la planète. Le paradigme de la mondialisation trouve sa consécration.

Pourtant, peut-être aussi, maintenant que la suite est connue, était-ce là la veille de l'inversion de la courbe ascendante vers ce qui paraissait être la marche à l'unification des nations. Comme si on n'avait pris garde au signe qu'un 15 avril est l'anniversaire, de Léonard de Vinci à Abraham Lincoln, de plus de morts célèbres que de naissances annonciatrices.

De la Havane à Nairobi : le rêve impossible

A peine installé à Genève, au centre William Rappard, du nom d'un des fondateurs de la société du Mont Pèlerin, avec le succès de son tribunal commercial arbitral, l'Organe de Règlement des Différends, l'OMC, reprend naturellement la pratique des grandes messes commerciales planétaires, les rounds de négociations du GATT. D'autant qu'elle doit sa propre naissance à un de ceux-là : l'Uruguay round.

Après donc le cycle de Genève 1947 et ceux d'Annecy (1949), Torquay (1951), Genève encore en 1956, le Dillon Round de1960-1961, le Kennedy Round, de mai 1964 à juin 1967, le Tokyo Round de septembre 1973 à avril 1979 et bien sûr le cycle de l'Uruguay de septembre 1986 à avril 1994[2], l'OMC lance à Doha, au Qatar, lors de sa quatrième conférence ministérielle du 9 au 13 novembre 2001, la 9ème série de ces négociations, appelée cycle de Doha. Il aurait dû s'achever le 1er janvier 2005. Mais douze ans après, tant d'événements sont intervenus, de la Maison-Blanche surprenante à la Commission européenne ébranlée et bien sûr la crise économique de 2008, que non seulement ce cycle pour le développement n'est toujours pas achevé, mais l'OMC elle-même qui l'a lancé est aujourd'hui marginalisée.

De Cancún, du 10 au 14 septembre 2003, à Nairobi, 10ème conférence, du 15 au 18 décembre 20015, en passant par Hong Kong, en décembre 2005, Genève, 2009 et 2011, et surtout Bali, du 5 au 7 décembre 2013, six conférences ministérielles, réunissant à chaque fois 6000 délégués, ne sont pas parvenues au bout des 20 grands dossiers de ce cycle. Même si à Bali les participants, malgré l'annonce de la mort de Nelson Mandela, se sont fait une standing ovation pour se féliciter d'avoir adopté un « paquet » dit précisément de Bali, avec quelques avancées techniques pour se consoler du surplace politique. Par exemple un engagement visant à réduire les subventions à l'exportation dans l'agriculture, une protection juridique des programmes de détention de stocks publics à des fins de sécurité alimentaire dans les pays en développement, l'amélioration de l'accès aux marchés pour les produits provenant des pays les moins avancés, et par-dessus tout un accord multilatéral de facilitation des échanges pour simplifier les procédures douanières, réduire les formalités administratives, accélérer les procédures portuaires et les transits de marchandises.

Mais à peine conclu, cet accord de Bali se heurta à l'opposition inattendue de l'Inde. Ce géant souhaitait des garanties sur les aides financières versées à ses producteurs agricoles, contestées par les pays occidentaux qui les considéraient, à juste titre, comme des subventions déguisées. Alors que New Delhi y voyait un programme de sécurité alimentaire interne ne servant pas à exporter les denrées produites à prix cassé.

C'est toutefois à la conférence de Nairobi, la première en Afrique, qu'en dépit d'une prolongation des négociations de 24h, les 162 pays membres de l'OMC n'ont pu que constater leur désaccord en

---

[2] Sur tous ces points, le livre clef de Ricardo Xavier Basaldua, La Organizacion Mundial del Commercio y la regulacion del comercio internacional, 2ème édition, Abdelo Perrot, 2008, Buenos Aires.

l'inscrivant dans la déclaration finale : « Les membres ont des avis divergents sur la manière de mener les négociations ».

L'OMC entre la faucille et le Mac Do

2- C'était l'échec. Sur le climat, la COP 21, trois jours avant, le 12 décembre 2015, à Paris, avait réussi. Mais à Nairobi, sur le commerce mondial des marchandises, des services et surtout de la nourriture des hommes, la conférence échouait. Même si elle semblait s'accorder sur les subventions aux exportations du secteur agricole, les pays développés devant renoncer à ces subventions dès à présent et les pays en développement à partir de 2018, le dossier agricole, depuis quatorze ans au moins, opposait de façon irréductible deux réalités et même deux civilisations : celle de la faucille et celle du Mac Do[3].

Déjà en septembre 2003 à Cancún, Pascal Lamy pour l'Europe et Robert Zoellick pour les Etats-Unis, n'avaient vu venir l'opposition des pays du sud, regroupés à l'initiative du négociateur magicien brésilien, Celso Amorim, ministre des Affaires étrangères, en un groupe des 21 pays du sud, sorte de confédération rurale planétaire ou de front agricole du refus, contestant l'ordre agroalimentaire de la planète des riches. Au nom de leur sécurité alimentaire, de leurs emplois ruraux, et du droit de leurs peuples à se nourrir eux-mêmes.

Le cycle de Doha échouait au fond sur une erreur philosophique, voire anthropologique qui lui était extérieure. Parce qu'elle avait été commise trente ans avant, à Punta del Este, lorsque l'agriculture, pour la première fois, avait été incluse dans le paquet des négociations commerciales pour la libéralisation des échanges, au même titre que les chaussettes, les tôles d'acier, la comptabilité ou un contrat d'assurance. Evidemment que le blé, le riz ou le maïs qui permettent la vie des hommes, ne pouvaient être livrés ainsi à des bourses, de Chicago ou d'ailleurs, des traders et des spéculations, sans que des réflexes venus du fin fond biologique des peuples ne viennent s'opposer à cette marchandisation. Même si évidemment aussi, pour les paysans du Burkina Faso, les fellahs du Maroc ou le camponês du Brésil, l'ouverture des marchés du nord à leurs haricots verts, leurs tomates et leurs viandes de bovins, était l'assurance que leur vie s'améliorerait.

---

[3] Jean Claude Martinez, La faucille ou le Mac Doc, le nouvel ordre alimentaire mondial, Editions Lettres du Monde, Paris 2003.

Mais cet échec quasiment programmé, d'un cycle de négociations, est devenu tragique parce qu'il entraîne avec lui celui de l'institution même qui l'a porté. C'est-à-dire l'OMC. Alors qu'on n'a pas mesuré tout ce que cette organisation apporte de nouveau. Non pas tellement en raison de son universalité, qu'elle partage avec d'autres, à commencer par sa voisine à Genève, l'ONU, même si voir adhérer l'Afghanistan et le Libéria, le jour où pourtant à Nairobi on est en échec, montre la permanence de son attrait. Ce sont la démocratie et la transparence, qualités fortes de cette institution, qui en font une exception rendant utile sa perpétuation.

« Il faut sauver le soldat OMC »

3- D'abord parce que les problèmes que l'institution rencontre et la crise qu'elle vit ne lui sont pas imputables. C'est le bouleversement, politique, économique et idéologique, du monde qui l'a déstabilisée. L'OMC est au défi, mais c'est le repli des Etats qui le lui pose.

Ensuite parce que ce problème politique collatéral subi par l'OMC a une solution. Qui plus est entre les mains de l'OMC elle-même et à la dimension de la vague de fond qu'elle voit déferler. Depuis 1947 en effet, la ligne de l'évolution du monde était à l'ouverture, avec en symbole la nuit du jeudi 9 novembre 1989, quand le mur de Berlin s'est ouvert et en incarnation Jean Paul II avec, onze ans avant, son « *n'ayez pas peur... ouvrez les frontières des États, des systèmes politiques et économiques, les immenses domaines de la culture, de la civilisation et du développement.* ».

L'OMC est née de ce paradigme de l'ouverture, avec pour mission de le concrétiser dans son domaine commercial. Tout naturellement, elle ne pensera devoir le faire qu'avec la seule technique alors à sa disposition, dont elle héritait du GATT : la réduction des droits de douane, pour aller à leur suppression.

Depuis, chacun sait ce qui est arrivé. L'organisation du monde s'est fragmentée et le Brexit anglais de 2016 en est l'illustration. Donald Trump et son mur ont succédé en symbole à Jean Paul II et aujourd'hui, dans le désenchantement de la communauté politique des nations, la solution qui refait consensus est le vieux repliement de toutes les crises. Aux mieux en bloc régionaux, au pire sur les prés carrés nationaux.

Dans ces conditions, la frontière, spécialement douanière, étant à nouveau de retour dans les têtes[4], forcément que l'OMC, dont la raison d'être même est de les abaisser pour que le commerce ne soit pas entravé, se trouve en porte à faux. Elle est la victime collatérale de cette transformation du regard et donc du paradigme organisateur du monde des décennies écoulées (I).

Mais c'est précisément parce que ce changement des croyances l'ébranle, que l'OMC a la solution à son problème si elle arrive à changer à son tour l'idée technique qui l'anime.

Or quelle est cette idée partagée par tous ses experts, cette croyance qui a fait et fait toujours consensus, comme en économie internationale on parlait du consensus de Washington[5] ?

C'est l'idée intuitive, apparemment de bon sens, qu'en face de barrières douanières qui entravent les échanges, il faut entamer leurs réductions pour aller progressivement à leur suppression qui amènera la libre circulation. De fait, depuis les premières minutes du GATT, on n'a fait que cela. Réduire les droits de douane, raboter les pics, aplanir les tarifs.

Mais à aucun moment on n'a pensé techniquement faire autre chose. La technologie douanière, depuis maintenant plus de 2000 ans, est restée figée au *Portirum* romain. C'est-à-dire le mur qui ne laisserait que trois possibilités : sa construction, sa réduction, ou sa suppression. Pas une seule seconde l'idée n'a traversé l'esprit d'un seul « douanier » qu'une quatrième solution pouvait exister : la déduction des droits de douane, rendant technologiquement obsolète leur réduction et leur suppression.

Il ne s'est pas trouvé jusqu'ici, dans la science douanière et dans l'astronomie qui règle le mouvement des échanges commerciaux entre les planètes nationales, un Galilée, un Kepler ou un Newton, pour changer le paradigme et résoudre enfin le problème insoluble.

C'est cette révolution de la vision douanière que l'OMC doit opérer en son sein. Les Etats -Unis et quelques autres ne lui permettant plus de poursuivre ses réductions de droit de douane, elle doit mettre sur la table des négociations la révolution technique d'une nouvelle idée : celle de la déduction des droits de douane (II).

---

[4] Régis Debray, Eloge des frontières, Gallimard 2011 ; Patrick Picouet, Le monde vu à la frontière, L'Harmattan, 2011. John Williamson, What should the bank thing about he Whasington consensus ? Peterson Institute, 1999.

[5] Puisqu'un paradigme c'est cela, une idée admise, Thomas Kuhn, La structure des révolutions scientifiques, Flammarion, coll. « Champs », 1983.

I. LE PROBLÈME POLITIQUE DE L'OMC : L'ÉBRANLEMENT DE SON DOUBLE PARADIGME

Friedrich List : le retour

4- Certes, pour les opinions publiques, c'est de la campagne présidentielle américaine 2016 que date la remise en cause frontale de la baisse multilatérale des droits de douane et ce faisant du cœur de compétence de l'OMC. Fin juillet 2016, le futur président avait même évoqué la possibilité d'une sortie de son pays de l'OMC. En réalité, depuis le début de la décennie 2000, on avait déjà vu revenir l'idée protectionniste dans les débats, les pratiques des Etats et les déclarations de leurs dirigeants. Ce qui révèle une mutation en profondeur et pas seulement la position isolée d'un chef d'Etat nouvellement arrivé.

En ce sens qu'il y a bien ébranlement des deux piliers philosophiques, sinon idéologiques, de l'OMC : le libre échange mondial et le multilatéral.

A. Avant 2016 : Des tentations protectionnistes

Le retour des réflexes protectionnistes n'a pas attendu le 45ème président américain. On l'a bien vu quand le XXIème siècle commençait. La suppression, en janvier 2005, des quotas d'importation des textiles déclenchait sur l'Europe, mais aussi au Maroc ou à l'île Maurice, un tsunami de chaussettes, de chemises et de pantalons chinois. Même les États-Unis étaient submergés.

Ce n'était qu'une affaire de chiffons. Mais elle déclencha une querelle de chiffonniers. Contrairement aux discours dominants depuis 1947, on entendit un surprenant appel transatlantique au rétablissement des protections douanières. En France, le Premier ministre d'alors, Dominique Villepin, en appelait durant l'été 2005 au « patriotisme économique », parce que le groupe américain Pepsi-Cola aurait voulu s'approprier le groupe agroalimentaire français Danone.

On aurait presque vu, dans cette atmosphère, une armée de douaniers monter vers Valmy, brandissant des pics... tarifaires et des contingents.

Et la suite avait confirmé. Par exemple, lors de la présidentielle française de 2012, nombre de candidats d'alors étaient partis en guerre contre la mondialisation. Un d'entre eux, Arnaud Montebourg, avait été emblématique ne réclamant rien moins que la « démondialisation »[6].

Ces excès étaient intéressants parce qu'ils signaient la « tentation protectionniste »[7] revenue sur le devant de la scène après soixante ans d'interdit. C'est qu'il y avait en France une impressionnante liste d'entreprises tombées, délocalisées ou menacées d'être « OPAisées » : Alcatel, Renault, Péchiney, Metal-Europe, Moulinex, Hewlett-Packard, les chaussures de luxe Stéphane Kélian ou Charles Jourdan de Romans[8] et cent autres, alignaient leur nom comme sur les monuments aux morts des villages économiques français et européens. Sur le front du textile, de la chaussure, de l'informatique, de l'électroménager, de la mécanique et de toutes les filières industrielles, les entreprises semblaient tomber comme à Gravelotte.

L'opinion voyait les frontières percées et l'armée des exportations asiatiques débouler en vagues incessantes. Donnant le sentiment d'être entre le tsunami et la pandémie. Ce n'était plus des importations, mais le virus de grippe ricardienne, du nom du théoricien du libre-échange David Ricardo.

La peur s'étendait à l'Europe. Lors d'un Conseil européen de Bruxelles, le 26 mars 2006, à propos d'une opposition de la France à une OPA du groupe italien ENEL, sur la multinationale française Suez, le « patriotisme économique s'affirmait ». Le président de la Commission européenne d'alors, le Portugais José Manuel Barroso, dénonçait « le nationalisme économique absurde qui érige des murs et des barrières contrairement aux principes du marché commun »[9].

La remarque valait aussi pour la Pologne et l'Espagne bloquant des OPA transeuropéennes dans les secteurs bancaires et énergétiques.

Au même moment d'ailleurs, la Commission européenne relevait, elle, ses droits de douane à 12,4 % sur les exportations des chaussures chinoises en cuir et à 16,8 % sur les chaussures en cuir vietnamiennes[10]. Au motif de dumping.

On voyait aussi le Commissaire anglais, Peter Mandelson, pourtant enfant idéologique d'Adam Smith et de Ricardo, expliquer que

---

[6] Arnaud Montebourg, Votez pour la démondialisation ! Flammarion, 2011. Jacques Sapir, La démondialisation, Seuil, 2010.

[7] Eric Zemmour, La tentation protectionniste des politiques françaises, Le Figaro, 23 oct 2005, p. 21.

[8] La chaussure de luxe veut rester à Romans, L'Humanité, 23 oct 2005, p. 6.

[9] Le Figaro, 23 mars 2006, p. 4.

[10] La Tribune, 27 mars 2006, p. 6 ; Les Échos, 27 mars 2006, p. 7.

« l'Europe doit répliquer au dumping chinois »[11] sur les exportations de chaussures en cuir. Or, comme ce dumping ne concernait en fait que 9 % des paires de chaussures achetées en Europe, la vivacité de la réaction, au regard de la modestie de l'attaque, montrait bien que l'exaspération venait de loin. Le retour du discours protectionniste avait bien des allures de fond, comme entre les deux guerres, après la première mondialisation[12]. On voyait naître « une Europe protectionniste »[13].

D'autant que de leur côté aussi, les USA, onze ans avant le président Trump, envoyaient des signaux identiques. Lorsque le Congrès refusait la prise de contrôle de la gestion de plusieurs ports américains par une société de Dubaï. De même, Washington brandissait la menace de droits de douane sur les exportations chinoises. Si Pékin ne réévaluait pas sa monnaie, le yuan, le Sénat américain menaçait, en mars 2006, de mettre une taxe de 27,5 % sur tous les produits chinois entrant sur le territoire américain[14].

L'atmosphère du tout début du XXIème siècle a donc déjà eu un parfum de nostalgie protectionniste. Friedrich List, le théoricien allemand des protections douanières, n'était plus un proscrit. On avait même d'ailleurs republié en France, en 1998, son « système national d'économie politique », avec une préface d'Emmanuel Todd demandant ouvertement un nouveau protectionnisme et traitant trois économistes distingués du libre-échange rien moins que de « pieds nickelés de l'économie »[15]. Or, comme d'autres auteurs étaient sur cette même ligne de la « fin de l'euro-libéralisme » ou de la « mort de la globalisation »[16], des livres aux discours politiques et des pratiques des États aux mésaventures de l'OMC, de Seattle 1999 à Hong Kong 2005, en passant par Cancún 2003, les signes s'accumulaient d'un changement des esprits[17].

---

[11] Le Figaro, 12 mars 2006, p. 18.

[12] Suzanne Berger, Notre première mondialisation, leçons d'un échec oublié, Seuil 2003.

[13] Le Monde, 21 déc. 2006 : Une Europe protectionniste, p. 35.

[14] Les Échos, 27 mars 2006, p. 7.

[15] Le Monde *op.cit.* Patrick Artus, Élie Cohen et Jean Pisani-Ferry, membres du Conseil d'analyse économique.

[16] Jacques Sapir, La fin de l'euro-libéralisme, Seuil 2006 ; John Saul, Mort de la globalisation, Payot 2005.

[17] La campagne présidentielle française de 2007 avait été, à cet égard, révélatrice de la baisse de la pratique religieuse libre-échangiste chez les candidats dont tous

À Hong Kong en effet, le 18 décembre 2005, et à Genève, tout au long de l'année 2006, les 149 États de la planète n'avaient pu s'entendre, on l'a rappelé, lors du cycle commercial planétaire dit de Doha, sur la baisse des droits de douane pour l'ouverture des marchés industriels et agricoles[18]. Il en est allé ainsi jusqu'à Nairobi, en passant par Bali. Le multilatéral piétinait et la tentation protectionniste s'affirmait.

Tant et si bien que les déclarations du candidat Donald Trump en 2016 et les premières décisions de son administration en 2017 n'ont pas été le début du basculement d'un monde de libre échange, mais la confirmation du mouvement de retournement qui avait déjà commencé.

B. Après 2016 : Des revendications protectionnistes et anti multilatéralistes

5- C'est une évidence. La deuxième décennie du XXIème siècle n'est plus aux accords commerciaux planétaires. Pour l'Europe comme pour les Etats-Unis, on n'en est même plus au régionalisme commercial, transpacifique ou transatlantique, mais à du bilatéral. Entre le Canada et l'Europe, avec le CETA, et plus clairement encore entre le Maroc ou la Colombie et les Etats – Unis.

1. Le constat : Régionalisme et bilatéralisme

La comparaison des typologies d'accords commerciaux laisse clairement voir que le multilatéralisme du Cycle de Doha peine face au régionalisme qui enchaîne les succès.

Ceci pose un problème juridique, puisque les accords régionaux pluripartites génèrent des distorsions de situations entre les parties signataires et les tiers qui ne bénéficient pas du même traitement, ralentissant ainsi le développement du multilatéralisme de l'OMC, dont l'un des piliers est la clause de la nation la plus favorisée.

Il est clair qu'un État tiers à un accord régional ne peut bénéficier du même traitement préférentiel que celui accordé à un signataire. Le fondement même du droit de l'OMC vacille ainsi un peu plus à

---

proposaient une dose de protectionnisme aux frontières extra-communautaires. *L'Expansion*, février 2007, p. 34-38.

[18] Sur tous ces points, pour les analyses des échecs de Seattle, Cancún et Hong Kong, cf. *La Lettre européenne aux paysans*, Édition CNAF, n° 107-108-109 de 1999, n ° 44-45-46 de 2006, Montpellier.

chaque accord régional signé. Même si paradoxalement le processus d'élargissement de l'OMC se poursuit avec l'intégration des Seychelles et de l'Afghanistan, toujours ravis de participer au concert mondial. D'autant que l'adhésion à l'OMC offre quelques avantages sans restreindre la capacité de chaque État à signer un accord bilatéral ou régional.

L'universalité du cadre de négociations, pour aboutir à des standards commerciaux, s'effrite et l'OMC, institution jacobine du commerce international, cède devant le girondisme de pratiques régionales et bilatérales. L'ébranlement de ce paradigme du contenant s'accompagne de l'ébranlement du paradigme du contenu.

2. Le symbole : protectionnisme et G20

Le changement de liturgie

Les deux sommets allemands du G20, en 2017, le 18 mars à Baden Baden et le 8 juillet à Hambourg, ont été révélateurs. Alors que l'année d'avant, le 5 septembre à Hangzhou (Chine), les dirigeants reprenaient encore et toujours dans leur communiqué la liturgie d'une « économie mondiale ouverte, interconnectée et inclusive », à Baden - Baden, sur la question du libre échange, les ministres des Finances avaient dû céder aux exigences du secrétaire américain au Trésor. Le communiqué final ne comportait plus la référence de tradition à la lutte contre le protectionnisme. Et le 8 juillet, Donald Trump obtenait du G20 à Hambourg rien moins que la reconnaissance d'un droit de recourir à "des instruments légitimes de défense commerciale".

C'était le signe qu'après le consensus sur le multilatéral, celui sur le libre échange vacillait aussi. Or comme il s'agit là des deux piliers philosophiques de l'OMC, on comprend qu'un think tank comme l'IFRI ait pu se demander en 2017 « que reste t – il de l'OMC » ?[19].

La réponse est : « bien plus qu'il n'y paraît ». Parce que pareil à l'ONU, l'Union européenne ou n'importe quelle organisation internationale, l'OMC a d'abord la solidité de toutes les armatures institutionnelles qui tiennent par leurs propres logiques. Le doyen Hauriou depuis près d'un siècle a écrit là-dessus. Mais ensuite et surtout, l'institution commerciale de Genève, au-delà d'offrir toujours aux Etats les services fonctionnels d'un cadre de négociations constamment ouvert et disponible, est autre chose en plus. Elle est un

[19] Ramses 2017, Un monde de rupture, Dunod, p. 240.

tribunal commercial international, voire un ordre juridictionnel complet, avec au sommet un organe d'appel des décisions rendues par des panels ou groupes spéciaux de première instance[20].

Dans ces conditions, il faut relativiser l'alarmisme sur l'OMC et les dangers budgétaires qui pourraient la menacer si le principal contributeur amputait sa contribution. L'ONU par exemple, depuis la décennie 60 et les coûts de ses opérations de Peacekeeping, ne cesse de vivre dans l'expédient financier pour alimenter son budget biennal. Pour autant l'institution est toujours là. Dans le cas de l'OMC, la question d'avenir posée est donc moins celle de ses moyens et de sa mission, que du renouvellement de sa boîte à outils juridiques et surtout de son paradigme douanier central : la réduction des droits de douane pour aller à leur suppression.

II. LA SOLUTION TECHNIQUE POUR L'OMC : L'ÉMERGENCE DU NOUVEAU PARADIGME DES DROITS DE DOUANE DÉDUCTIBLES

Ptolémée maître penseur de l'OMC

6- Sur le théâtre international, si toutes les organisations ont leurs détracteurs, elles ont aussi leurs défenseurs. Même l'Union européenne, au cœur pourtant de toutes les critiques et de bien des refus, a toujours ses tenants. Jusqu'en Grande Bretagne où les Ecossais n'auraient pas voulu la quitter. C'est en revanche l'originalité de l'OMC de ne susciter pour l'essentiel que des sceptiques dans toutes les composantes de l'opinion. Tout simplement parce que le positif du bilan des vingt ans de l'institution (A) est caché par les dommages collatéraux de l'application du paradigme douanier que l'OMC a trouvée dans l'héritage du GATT. Ce paradigme est celui de la réduction des doits de douane.

Depuis soixante ans, il est l'alpha et l'oméga de la politique douanière, la clef universelle dans la boîte à outils des facilitateurs du commerce international. En astronomie, quinze siècles durant, Ptolémée a imposé ses deux erreurs du géocentrisme et des orbites circulaires. Dans le commerce international, depuis 70 ans déjà, le GATT, l'OMC et tous leurs experts douaniers Ptolémisés imposent

---

[20] Giorgio Sacerdoti, La contribution de l'organe d'appel de l'OMC à la constitution du droit international économique : système commercial multilatéral, accords régionaux, droit de l'investissement, RGPIP, 2016, 4, p. 721 à 744.

leur paradigme faux de la réduction des droits de douane. Sauf que là, cette erreur technique n'a cessé d'engendrer des conséquences tragiques pour les paysans, les ouvriers, les sociétés et la stabilité des démocraties du monde.

C'est en effet une erreur, d'abord parce que, comme pour le modèle explicatif de Ptolémée, l'observation des faits montre que la réduction des droits n'amène pas tous les effets positifs annoncés. Mais ensuite et surtout, parce qu'une nouvelle technique proposée, celle cette fois de la déduction des droits, amène-t-elle et les bienfaits de la déduction et la disparition de ses méfaits.

Quand Galilée, Kepler et Newton, expliquent la mécanique des planètes, la communauté scientifique renonce aux erreurs d'Aristote, de Ptolémée et de l'Eglise. C'est à ce même renoncement que l'OMC doit maintenant contribuer. En acceptant de reconnaître que depuis des décennies, le monde de l'économie s'est embarqué dans l'impasse d'une technologie douanière archaïque. Celle de la réduction des droits de douane (B).

A. Un bilan triplement positif déjà

Deux apports de l'OMC sont visibles parce qu'ils sont dans son cœur de cible : la stabilisation de l'économie et la paix commerciale grâce à l'Organe de règlement des différends. Mais on ne voit pas l'apport majeur de l'OMC, parce qu'il est collatéral, indirect et même à son corps défendant. L'OMC en effet, en étant la cible des grandes contestations et manifestations planétaires, a fait émerger, sans le vouloir, une conscience publique mondiale et en cascade une nouvelle pensée politique : l'altermondialisme résumé dans un slogan « un autre monde est possible »

1. L'apport économique stabilisateur de l'OMC en 2008

7- En 2008 s'il y a eu une crise financière et économique, il n'y a pas eu en spirale de crise commerciale. C'est aux règles et aux réflexes inculqués par l'OMC qu'on le doit. Parce que la Chine n'a pas augmenté ses droits de douane dans la tempête de 2008, le commerce a pu continuer à injecter de la croissance et à éviter la mécanique infernale de 1929. Les règles de l'OMC, stabilisant les droits de douane à leur niveau consolidé, ont été le facteur positif.

D'autant plus facilement que l'OMC n'administre pas que les 12 accords hérités du GATT. Elle administre également l'accord sur les services (AGCS) et l'accord sur la propriété intellectuelle (ADPIC). Soit au total les vingt-neuf accords qui constituent l'architecture commerciale multilatérale.

2. L'apport juridique stabilisateur de l'ORD en continuité

Même complexe, avec ses panels et ses appels, la procédure de règlement des différends de l'OMC fonctionne. Grands et petits Etats s'y soumettent, gagnent ou perdent. C'est la clef de voûte du système commercial multilatéral et la contribution sans précédent de l'OMC à la stabilité de l'économie mondiale. Puisque sans possibilité de régler les différends, le système fondé sur les règles ne serait d'aucune utilité, ces règles ne pouvant pas être appliquées.

L'OMC a réussi à passer l'obstacle structurel du droit international, à savoir la mise en place d'une justice pour assurer la sanction des règles et donc leur efficience. Près de 400 contentieux sont déjà arrivés à l'ORD et même dans l'atmosphère de repli d'aujourd'hui, des Etats continuent de saisir la justice arbitrale de l'OMC. Par exemple en 2017, la Turquie déposait une plainte à l'OMC contre les États-Unis au sujet des droits compensateurs qu'ils imposent sur les tubes et tuyaux et le Mexique en introduisit une contre le Costa Rica, au sujet de restrictions visant les importations de ses avocats frais.

Plus symbolique encore, contestant depuis 2014 des droits anti dumping marocains sur ses aciers laminés à chaud, le 4 octobre 2016 la Turquie saisissait le Secrétariat de l'OMC d'une demande d'ouverture de consultations avec le Maroc, transformée le 12 janvier 2017 en contentieux devant l'ORD. Mais comme la Chine, l'Égypte, l'Union européenne, l'Inde, le Japon, le Kazakhstan, la République de Corée, la Fédération de Russie, le Singapour et les Etats-Unis, se sentent concernés, ils sont entrés au litige en tierces parties, illustrant ainsi que les difficultés de l'OMC sur son dossier central des négociations commerciales n'empêchent pas la poursuite de son rayonnement juridictionnel.

3. Les trois apports démocratiques majeurs de l'OMC

L'OMC, la démocratie de l'opposition.

C'est une ironie de l'histoire. L'OMC, qui sur la seule opposition à son action, a fait naître le plus grand mouvement de contestation politique planétaire depuis la fin du communisme (b), s'est retrouvée dans le même sac que le FMI ou la Banque Mondiale, en symbole de l'anti démocratie. Les milliers de manifestants du monde en effet, qui le 30 novembre 1999 empêchaient la tenue de sa quatrième conférence ministérielle à Seattle, encerclaient le palais des congrès de sa réunion en brandissant les banderoles « WTO is death to democracy », « L'OMC est la mort de la démocratie ».

Or c'était injuste. Et deux fois même. Parce que techniquement d'abord, la procédure finale de prise de décision à l'OMC, par consensus, assure la démocratie non seulement d'« un Etat, une voix », mais mieux, sinon pire, d'une voix autorisée à bloquer toutes les autres (a). Politiquement ensuite, c'est la visibilité des conférences de l'OMC qui, en concentrant en un lieu et en un jour, tous les acteurs du commerce mondial et tous les médias du monde qui les couvraient, a fabriqué ainsi la cible pour la critique et permis aux détracteurs de se rassembler à leur tour. Sous la loupe médiatique qui a planétisé et agrandi leur contestation politique. L'OMC a permis ce faisant la démocratie de l'opposition (b).

a) L'apport démocratique direct du fonctionnement de l'OMC : les décisions au consensus

On l'a vu lors de la conférence ministérielle de Cancún, du 10 au 14 septembre 2003. C'est parce que les décisions se prennent par consensus qu'un front d'Etats du sud, menés par le Brésil, a pu faire échec au duopole Pascal Lamy pour l'Union européenne et Robert Zoellick pour les USA. Ces deux géants avaient déposé le 13 août 2003 une proposition commune : » Cadre pour une approche commune sur des questions agricoles ».

Dans une instance internationale classique, ce couple aurait suffi à écraser le débat. A l'OMC non. Les pays en développement, des pays émergents aux pays les moins avancés, soit le Groupe dit des 22, parmi lesquels la Chine, l'Inde et le Brésil, représentant plus de la moitié de la population mondiale, avaient déposé le 20 août 2003 à l'OMC une proposition demandant aux pays riches de réduire de façon substantielle les subventions agricoles, qui constituent une entrave au commerce, et d'éliminer toutes formes d'aide à l'exportation. Considérant les efforts des pays du Nord insuffisants, ce G -21 a rejeté le projet de déclaration finale.

Plus étonnamment encore, sur le dossier du coton africain, quatre petits pays producteurs (Bénin, Burkina Faso, Mali et Tchad) avaient déposé une proposition pour obtenir l'élimination totale des subventions des pays du Nord, en particulier des Etats-Unis, et une indemnisation financière pour les pertes subies. Son rejet dans le projet de déclaration finale avait provoqué la colère des PMA (pays les moins avancés) et des pays ACP (Afrique, Caraïbes, Pacifique). Empêchant le consensus et faisant échouer la conférence de Cancún.

Qu'est-ce à dire ? Que l'OMC n'est pas seulement un nouveau forum où les pauvres du sud peuvent parler, ce qui n'est à tout prendre en rien original par rapport à la CNUCED depuis 1964, mais que c'est là aussi une instance où le rapport du faible au fort peut jouer. Tout simplement parce qu'on ne décide pas à la majorité, mais par consensus. Si bien que si l'ONU est un tambour, l'OMC est un orchestre. Tout doit s'y harmoniser, sinon l'ensemble est bloqué. Ce qu'il advient précisément au cycle actuel de Doha depuis près de 20 ans. C'est la limite d'un mode décisionnel démocratique, mais c'est aussi l'illustration de son existence.

Sur ce terrain du processus décisionnel, l'OMC, presque à son corps défendant, est à la source de deux apports démocratiques marquants : l'émergence d'une conscience publique planétaire et d'un corpus politique nouveau : l'altermondialisme.

b) Les deux apports démocratiques collatéraux de l'OMC : Une conscience politique planétaire et le corpus politique innovant de l'altermondialisme

Après, 1492, le 30 novembre 1999 découverte de Seattle...

Tout a commencé sous la pluie, la fureur, la bataille, un 30 novembre 1999 à Seattle. Ce jour-là, la troisième conférence ministérielle de l'OMC doit lancer le nouveau cycle de négociations commerciales dit « cycle du millénaire ». Les ministres du Commerce de 135 pays et leurs délégations sont là. Et pourtant la cérémonie d'ouverture ne pourra pas avoir lieu. Des milliers de manifestants venus du monde entier, des agriculteurs, des écologistes, des syndicalistes, des étudiants, des militants religieux, bloquent tous les accès et défilent contre la mondialisation libérale que l'OMC leur paraît incarner.

« Nous sommes des citoyens, pas des consommateurs », « la loi des multinationales n'est pas celle de la démocratie », « Life over profit, (« La vie vaut plus que le profit »), « Stop WTO », les slogans, les banderoles, les casques, les cordons de policiers dépassés, les effluves de gaz poivre, le centre de conférence transformé en camp retranché, le couvre-feu décrété par le gouverneur de l'Etat de Washington, c'est « *Battle in Seattle* », le titre du film de Stuart Townsend qui racontera.

Même le président Clinton est obligé de venir mettre fin à cette conférence qui n'a pu vraiment avoir lieu. De ces jours, du 30 novembre au 3 décembre 1999, date la naissance d'une contestation planétaire que l'on va retrouver de G8 en sommets de l'OMC, de Gênes 2001 à Cancún 2003, où le paysan coréen Lee se sacrifiera sur les grilles bloquant les accès, jusqu'à la conférence de Hong Kong en 2005, avec les paysans coréens bloquant par petites escouades toute la ville.

L'OMC devient le prétexte, le symbole, le facteur d'agrégation d'un mouvement que l'on appellera l'altermondialisme. Certes, avec son cortège d'émeutes et de violences, des Black Bloc aux Tutti Bianchi, de juillet 2001 au G20 de Hambourg en juillet 2017, mais aussi avec son rassemblement sans frontières, de communistes, de souverainistes, d'écologistes et d'anarchistes, ses forums sociaux à Porto Alegre ou Florence et surtout ses thèmes amenés pour la première fois dans le débat politique : la dette, le développement durable, la taxe Tobin, la sécurité alimentaire, le commerce équitable ou la lutte contre les paradis fiscaux.

Il manquera à l'altermondialisme et un corpus doctrinal solide qui aurait théorisé le nouveau paradigme[21] et une organisation structurée, avec un fédérateur qui aurait pensé l'appareil rassemblant, de Via Campesina à ATTAC, la myriade des associations hétérogènes qui portaient chacune une parcelle de la nouveauté.

Pour autant, même éparpillée et atomisée aujourd'hui, de l'Espagne de Podemos, aux électeurs de Bernie Sanders aux USA, en passant par Syrisa en Grèce, une conscience planétaire a émergé en précipité chimique à Seattle et un courant politique planétisé y est né, les deux grâce à l'OMC. Qui a été le socle, à partir duquel une réaction de contestation a pu s'appuyer.

Bien avant, le FMI des ajustements structurels et des aides conditionnées, comme la Banque Mondiale et le Trésor américain, ont suscité la critique de l'ordo libéralisme de ce triangle de Washington. Mais personne n'avait vu, 19 th Street, des milliers de manifestants encercler, sous les caméras du monde, une réunion du FMI en brandissant des banderoles, au sein même de son Conseil

[21] Le livre *No Logo* de Naomi Klein, même dit « la bible de l'alter mondialisme », avec ses quatre temps, Zéro espace, Zéro choix, Zéro boulot et Zéro logo, ne dépassera jamais le stade du simple constat.

d'administration, empêchant le directeur de parler. A l'OMC si. Le lundi 13 décembre 2005, à Hong Kong, dans la salle aux 6000 participants, Pascal Lamy le directeur, a juste pu prononcer la première phrase de son discours d'ouverture, avant qu'une forêt de banderoles des 435 ONG se déploie et qu'un un chant de protestation, sur l'air de « *Jingle Bell* », couvre sa voix et invente "le dégagisme", avant les printemps arabes :"Doha's dead, so go away. We've had enough of you"[22].

C'est le succès involontaire de l'OMC, son apport collatéral : avoir suscité, même contre elle, un nouveau paradigme politique majeur que le slogan « un autre monde est possible » résumait. Il lui faut alors maintenant porter en son sein un nouveau paradigme douanier pour assurer l'avenir de son cœur de mission : le libre commerce.

B. Un saut qualitatif maintenant : la technologie des DDD

8- De Seattle à Nairobi, chacun peut observer que la réduction des droits de douane, comme outil de commerce international, est dans une impasse. Il faut donc changer cet outil conceptuel pour assurer la fonction qu'il peine à remplir.

1. Sortir de la double impasse actuelle

De 1947 à 2017, il y a eu, dans le cadre du GATT et maintenant de l'OMC, dix-huit sommets commerciaux. Tous ont cherché à réduire les droits de douane. Certes, des réductions des barrières tarifaires ont été obtenues[23]. Mais depuis, le jeu s'est compliqué. Ce ne sont plus une cinquantaine d'États occidentaux qui négocient dans un club à domination américaine et à philosophie commune ricardienne. Au sommet de Hong Kong, du 13 au 18 décembre 2005, c'étaient 149 États qui confrontaient leurs tarifs douaniers. Depuis, la barre des 160 est passée. Avec tant de partenaires, aux économies si différentes, aux cultures si opposées, aux intérêts tellement concurrents et aux finalités avec tant de divergences, que vouloir réduire les droits de douane, et a fortiori les supprimer, est une mission techniquement quasi infaisable (a) et politiquement presque impossible (b).

---

[22] "Doha est mort, alors allez-vous-en. Nous en avons assez de vous".

[23] En toute hypothèse, en longue période, les droits de douane baissent inexorablement. Par exemple, aux USA, en 1791, les droits de douane représentaient 99,6 % des recettes fiscales. En 1850, c'était encore 91 % des recettes. En 1910, ce n'était plus que 49,4 % et, en 1970, le pourcentage était à 1,3 %.

C'est là qu'est la double impasse où tous les acteurs des sommets de l'OMC devront finir par admettre qu'ils se sont enfermés.

a) L'impasse technique du désarmement douanier : la réduction techniquement difficile

Les obstacles techniques à la réduction des droits de douane tiennent en un mot : multiplicité. Non seulement multiplicité des systèmes tarifaires, des lignes tarifaires, des pics tarifaires ou des contingents tarifaires, mais multiplicité des armes douanières. L'expression d'ailleurs de désarmement douanier est révélatrice. On a à faire, avec chaque État concerné, à des arsenaux d'armes douanières que l'on prétend réduire.

La mission de l'OMC ressemble alors aux missions des commissions du désarmement qui, depuis la SDN, essaient, avec les modestes succès que l'on sait, de réduire les stocks d'armes. Lorsqu'on a vu, à partir de septembre 2006, la difficulté de désarmer simplement au Liban 2 000 hommes d'une milice communautaire, on imagine la difficulté de réduire les armements douaniers de colosses comme les USA, l'Inde ou le Brésil.

Le douanier agrégé de maths

C'est qu'il ne s'agit pas seulement, comme on l'imagine, d'une banale opération arithmétique consistant à soustraire ou à diviser des taux, des tarifs et des pourcentages pour descendre toujours plus bas. Un arsenal douanier est fait certes de taux, mais aussi de contingents, quantitatifs ou tarifaires, de licences, d'importations, de règles d'origine, de méthodes d'évaluation des valeurs en douane, d'accès minimaux, de droits progressifs, de sauvegardes, de traitements spéciaux, de concessions préférentielles, de mesures antidumpings, de droits compensateurs, d'inspections, de délais, de listes ou d'annexes[24], Le tout s'étalant sur 20 000 pages, pour les seuls accords de l'Uruguay round d'avril 1995.

---

[24] Sur tous ces points des armes douanières, cf. Jean-Michael NG Ping Chin, Juridiques, idéologiques : la panoplie des armes douanières, Rapport aux XIIèmes Universités fiscales européennes de printemps, organisées par l'ASIREF-FIREF, Nice 9-10 avril 2005 ; Aussi Nathalia Erikssen, Le SPG, tout sauf des armes, Mémoire Master fiscalité recherche, Paris II 2005 ; Patrice Benoît, Les marchands d'armes douanières idéologiques (Adam Smith, David Ricardo...), Mémoire Master

Pour le seul commerce des marchandises et la seule arme du « système harmonisé » de lignes tarifaires, ce n'est rien moins que 21 sections, couvrant 99 chapitres et comportant plus de 5000 sous-positions tarifaires à six chiffres qui rétablissent subtilement les barrières douanières, pourtant officiellement réduites.

1. La complexité des armes douanières : obstacle à leur réduction

La réduction des droits de douane semble être une simple opération du certificat d'études primaires d'avant. Il suffit apparemment de savoir soustraire ou diviser.

En réalité, c'est d'une double complexité, car elle concerne la base sur laquelle s'opère le calcul de la réduction (a), et la méthode de calcul (b).

a) La complexité de la base de calcul de la réduction

Un exemple permet de comprendre. Pour les produits agricoles, dans l'Union européenne, il y a 2 726 lignes tarifaires à réduire, contre 1 890 au Japon et 1 779 aux USA. Ces lignes tarifaires se ventilent en plus en trois fourchettes tarifaires de 20 à 29 %, de 30 à 99 % et supérieure à 100 %.

On mesure déjà la difficulté du calcul. D'autant que les gouvernements peuvent prendre des mesures de sauvegardes spéciales en cas d'accroissement des importations sur les produits particulièrement sensibles. C'est le cas de la Corée, des Philippines ou de Taipei pour le riz.

Ce problème de la base où appliquer la réduction, pose aussi la question du choix entre les droits effectivement appliqués et les droits dits consolidés pour le calcul. Les droits consolidés étant les plafonds de taux que les États s'engagent à ne plus dépasser, sans pour autant, en pratique, arriver à ces taux élevés.

Comme la différence entre le droit appliqué bas et le droit consolidé haut peut être importante, évidemment qu'un État a intérêt à partir du taux consolidé pour calculer la réduction, afin de conserver une protection. Cette différence appelée *binding overhang* est importante dans des pays comme l'Inde, le Brésil et l'Argentine qui, eux, voudraient des réductions tarifaires appliquées aux tarifs

---

fiscalité recherche, Paris II 2005 ; Iure Pontes Vieira, Les contingents douaniers, Mémoire Master fiscalité recherche, Paris II 2005.

consolidés. Dans ce cas, le choix d'une base plutôt qu'une autre a des effets sensibles[25].

Mais la question clef est celle de la méthode de réduction.

b) La complexité de la méthode de réduction

Spontanément, on pense réduire les droits de douane en appliquant un taux. Une sorte de calcul proportionnel que l'on appelle ici la réduction linéaire.

Très vite, dans les négociations commerciales, s'est imposée l'idée d'une réduction plus solidaire. On l'a appelée la réduction progressive. Elle amène un degré de plus dans la complexité.

La réduction linéaire : premier degré de la complexité

Cette réduction tient en une formule :

$$tf = (1 - R \times t)\ t0$$

où tf est le taux final, t0 le taux de douane initial, t le temps de réduction et R le pourcentage de réduction.

Si R est de 6 % ou 0,06, t de 6 ans et t0 de 100 %, la réduction conduit à un taux final de 64 %.

C'est la méthode suivie lors du cycle de négociations commerciales appelé Kennedy round dans les années 60. Cette méthode assez simple s'est compliquée lors du cycle de l'Uruguay round, de 1986 à 1994, avec l'introduction d'un taux de réduction minimal par ligne tarifaire.

Mais ces méthodes laissent en place les pics tarifaires. On a alors vu apparaître, dès le cycle du Tokyo round en 1973-79, l'idée des formules mathématiques pour l'abaissement progressif des droits de douane.

c) Les réductions progressives : les degrés majeurs de complexité

La Chine, les USA, l'Inde, le Japon, l'Union européenne et la Suisse ont proposé leur formule de réduction pour les droits sur les produits industriels.

Si la formule suisse est en voie de s'imposer, en raison d'une complexité simplement relative, les autres formules valent d'être montrées comme exemple d'un degré élevé d'obscurité.

---

[25] Marie-Aude Balland, La politique douanière du Brésil comparée à celle de l'Union européenne, dans les négociations de l'OMC, Mémoire du DEA de droit comparé, Paris II, 2005.

- La formule suisse de réduction des droits s'écrit :

$$tf = \frac{(Coef) \times t0}{(Coef) + t0}$$

où tf est le taux de droit de douane final, Coef le coefficient de réduction souhaitée et t0 le taux de droit de douane initial. Jusqu'ici c'est lisible.

- Les pays en voie de développement, voulant un coefficient de réduction différent pour eux, compliquent cette formule suisse. Elle devient :

$$tf = \frac{(Coef\ 1\ ou\ Coef\ 2) \times t0}{(Coef\ 1\ ou\ Coef\ 2) + t0}$$

Mais tout devient quasi incompréhensible avec d'autres formules.

Les formules incompréhensibles de réduction des droits

Je me contente ici de les écrire, posant la question : qui peut comprendre aisément la réduction des droits de douane dans ces cas ?

- La formule chinoise de réduction des droits de douane[26] :

$$t1 = \frac{(ta + (B \times P)) \times t0}{(ta + P2) + t0}$$

Cette formule se veut certes une variante de la formule suisse, avec la prise en compte des crêtes tarifaires et un coefficient variable. Mais peut-on la comprendre ?

- La formule européenne de réduction des droits de douane s'écrit ainsi :

[26] t_a est la moyenne simple des taux de base ; *P* est un facteur de crête, défini comme étant le rapport entre le taux de droit et le taux moyen (t_o/t_a) ; *B* est un coefficient d'ajustement pour l'année de mise en œuvre ; $B = 1$ pour 2015 ou B=3 pour 2010.

$$t1 = BL1 + (t0 - BL0) \times \frac{BU1 - BL1}{BU0 - BL0}$$

Cette formule, proposée par la Commission européenne, fait partie des formules linéaires dépendantes des droits, mais un ajustement lui a été appliqué qui lui donne les propriétés d'une fonction linéaire par paliers.

La formule est appliquée à un ensemble de fourchettes de droits et les réductions des taux de droits dépendent des limites supérieure et inférieure de chaque fourchette[27].

- La formule du Japon de réduction des droits de douane. Le Japon propose d'abord que chaque membre fixe un niveau cible de la moyenne de ses droits pondérée par les échanges selon une formule et que chaque membre, ensuite, ramène sa moyenne pondérée par les échanges à ce niveau. Chaque membre conserverait une certaine souplesse quant aux moyens de parvenir à ce niveau cible. La formule serait alors la suivante[28] :

[27] B_1 représente les limites supérieure et inférieure de la fourchette. Les lettres en exposant *U* et *L* désignent, respectivement, les limites supérieure et inférieure de la fourchette. Les fourchettes sont définies comme suit :

	Fourchette de base		Fourchette finale	
	$B^L o$	$B^U o$	$B^L 1$	$B^U 1$
Fourchette 1	0	à moins de 2	0	à 0
Fourchette 2	2	à 15	1,6	à 7,5
Fourchette 3	15	à 50	7,5	à 15
Fourchette 4	50	à plus de 50	15	à 15

[28] t_{0a}^{w} est la moyenne pondérée des droits avant l'application de la formule et t_{1a}^{w} la moyenne pondérée après l'application de la formule. *A* est une constante dont les valeurs sont données de 10 à 40 selon des formules inaccessibles au commun des mortels.

$$t1aw = + \alpha \frac{A \times t0aw}{A + t0aw}$$

Qui croit encore que la réduction des droits de douane est techniquement une idée de bon sens ?

Sans même continuer avec la formule de la Corée, dans chacun de ces cas, la complexité de la méthode de réduction suggère bien que c'est l'idée même d'abaissement des droits qui est une fausse bonne idée.

D'autant qu'à l'obstacle évident de la complexité s'ajoute l'obstacle caché de la duplicité.

2. La duplicité des États entrave la réduction douanière

La baisse des droits de douane est proclamée. Mais sous ce pavillon de liberté commerciale, se cache la marchandise de pratiques protectionnistes. Tout simplement parce que l'extrême complexité de la technique douanière permet aux États de reprendre discrètement, au moment de l'évaluation de l'assiette douanière, les concessions politiques qu'ils ont affichées sur le montant des taux d'imposition.

Le douanier jésuite

Il y a même pire, dans le pharisaïsme douanier, que les interprétations techniques orientées lors de la recherche et de l'évaluation de la matière imposable. C'est l'érection, derrière les barrières tarifaires ostensiblement abaissées, de barrières non tarifaires invisibles. Ces murs douaniers de verre enlèvent beaucoup de réalité au démantèlement des murs douaniers de pierre.

Duplicité dans la manipulation des techniques douanières

Comme pour les impôts, le calcul des droits de douane consiste à appliquer un taux à une assiette. C'est à ces deux moments, de l'assiette douanière et de la liquidation, que les États reprennent, par leur main technique, ce qu'ils ont dû concéder par leur main politique.

La manipulation des règles d'assiette

Le plus souvent, les droits de douane sont dits *ad valorem*. Parce qu'ils consistent en l'application d'un taux à la valeur d'une marchandise. D'où l'importance de l'évaluation de cette marchandise. Appelée évaluation en douane, cette opération, qui consiste à fixer le prix de la marchandise ou sa valeur en douane, est un des moments que les États peuvent mettre à profit pour restreindre l'accès à leur marché (•). En discutant, par exemple, de l'origine de la marchandise pour choisir le taux d'imposition qui leur est le plus avantageux (•).

• La procédure d'évaluation en douane d'un produit soulève, pour l'importateur, des problèmes qui peuvent être aussi importants que le droit de douane effectivement perçu. Or l'évaluation de ce prix de transfert de la marchandise est si difficile que les États ont une large marge de discrétionnarité. Certes, la valeur en douane, c'est apparemment le prix effectif ou transactionnel du produit.

Mais s'il n'y a pas accord, ce n'est rien moins que cinq méthodes possibles d'évaluation qui existent depuis la prise en compte de la valeur d'une marchandise identique ou similaire, jusqu'à une méthode appelée de « dernier recours ». Or, l'OMC définissant cette dernière comme une évaluation « par des moyens raisonnables », le vague de la formule dit bien la marge d'action des États. Elle est d'autant plus grande que les États discutent aussi de l'origine des marchandises.

• Les « règles d'origine » sont les critères appliqués pour définir l'endroit où un produit a été fabriqué. Elles sont un élément essentiel des règles commerciales en raison d'un nombre de mesures qui entraînent une discrimination entre les pays exportateurs : contingents, droits de douane préférentiels, mesures antidumping, droits compensateurs (perçus pour compenser les subventions à l'exportation), etc.

Ces règles d'origine servent aussi à l'établissement des statistiques commerciales et pour la confection des étiquettes (Fabriqué à/en...) qui sont apposées sur les produits. Le fameux made in...

La mondialisation complique les choses. Mais la façon dont un produit peut être transformé dans plusieurs pays, avant d'être prêt à être mis sur le marché, rend aussi difficile la recherche de l'origine.

Les membres de l'OMC ont l'obligation de faire en sorte que leurs règles d'origine soient transparentes ; qu'elles n'aient pas d'effet de restriction, de distorsion ou de désorganisation sur le commerce international ; qu'elles soient administrées d'une manière cohérente, uniforme, impartiale et raisonnable.

Mais la réalité montre que l'appréciation de l'origine est utilisée par les États pour se protéger. Les exemples sont multiples[29]. Par exemple, en 2006, les USA et l'Union européenne reprochaient à la Chine d'appliquer aux pièces détachées automobiles des droits de douane réservés aux véhicules entiers, dès lors que les composants importés représentent plus de 60 % d'un modèle. Pour eux, la Chine privilégie ainsi les sous-traitants établis sur son territoire.

L'appréciation de l'origine des pièces produit un effet barrière[30]. C'est encore plus net au moment de la liquidation.

L'utilisation des règles de la liquidation

La duplicité des États s'observe dans la structure tarifaire et dans l'existence de pics tarifaires.

- La structure du tarif douanier permet de faire varier le taux des droits de douane selon le degré de transformation de la marchandise. C'est ce que l'on appelle les droits progressifs.

Cette progressivité est un bel exemple de pharisaïsme. En théorie, la progressivité est l'instrument de la justice fiscale. On le répète depuis la fin du XIXème siècle et le début du XXème, avec l'impôt sur le revenu, l'impôt sur le capital et les droits de succession. Tous progressifs.

Mais en matière douanière, la progressivité du tarif sert à maintenir les pays les plus pauvres dans la sous-industrialisation. Le droit de douane augmentant, en effet, avec le degré de transformation du produit importé, riz, sucre ou textile, le pays pauvre est dissuadé de transformer sa matière première[31].

Pharisaïsme douanier : Le protectionnisme par la progressivité

Textiles et vêtements	Riz	Bovins	Sucre
Matière première : 2,6 %	Balles, décortiqué : 61,9 %	Sur pied : 35,9 %	Brut : 132,7 %
Produit fini : 9,7 %	Glacé, poli : 87,9 %	Viande fraîche, congelée : 128,6 %	Raffiné : 161,1 %
Écart tarifaire : 7,1 %	27,8 %	92,7 %	26,4 %

Ce protectionnisme est encore plus net avec les pics tarifaires.

---

[29] Pour des exemples, cf Joseph Stiglitz, Fayard, 2006, p. 141, op.cit.

[30] Le Monde, 18 sept 2006, p. 12.

[31] Joseph Stiglitz, op. cit. p. 136. .

- Les pics tarifaires sont par centaines. Même dans des pays du groupe des États ultra-libéraux, appelé groupe de Cairns. Le Canada est à cet égard un exemple saisissant. Ce champion du libre-échange avait 420 pics tarifaires en 2004, contre 110 seulement en Europe.

Les États abaissent les murailles de leurs forteresses douanières, mais laissent debout les tours de garde pour protéger les produits sensibles.

C'est spécialement vrai pour l'agriculture où existe, en plus, la possibilité d'une clause de sauvegarde spéciale. 38 membres de l'OMC invoquent cette clause qui leur permet d'imposer un droit additionnel en cas d'augmentation spécifique du volume des importations ou d'une chute du prix d'importation en deçà d'un prix de référence. Plus subtilement et plus efficacement, les États pratiquent la protection camouflée avec des barrières non tarifaires.

Duplicité dans les barrières non tarifaires

9- L'imagination des États est ici immense. Depuis longtemps, ils ont remplacé la barrière douanière archaïque du mur de pierres par la frontière furtive faite de pratiques administratives dissuasives, de protections sanitaires et phytosanitaires et d'invocations de défense anti-dumping. Au nom de la santé ou de la sécurité, pour préserver la vie des personnes, des animaux ou des végétaux, ces barrières non tarifaires prennent la forme de règles techniques s'imposant aux produits. On en compte 100 000 à faire obstacle technique au commerce[32]. Au prétexte de la « sécurité avant tout », on peut bloquer tout.

Les murs de verre

• Le protectionnisme administratif repose sur la force d'inertie bureaucratique. Quand existent, par exemple, des licences d'importation, la procédure de délivrance des ces licences permet de bloquer le commerce par l'obscurité des critères.

L'inspection avant expédition est aussi une pratique d'obstruction très efficace. Surtout quand règne, dans les ports des USA par exemple, l'obsession sécuritaire.

---

[32] J. E Stiglitz, Pour un commerce mondial plus juste, Fayard 2006, p. 270. Voir le site de l'OMC, chapitre « Normes et sécurité » introduites par l'art. 20 du GATT.

• La barrière sanitaire et phytosanitaire est un classique. C'est même sur ce terrain que se produit le choc douanier des cultures et des civilisations. On l'a bien vu entre l'Europe et les USA à propos du bœuf aux hormones ou des pratiques œnologiques avec l'infusion de copeaux dans le vin[33]. Les OGM donnent un autre exemple saisissant des différences culturelles transatlantiques.

Les gouvernements peuvent limiter les échanges à des fins de protection de la santé, de la vie des personnes et des animaux ou de préservation des végétaux.

Certes, il ne doit pas y avoir de discrimination. Mais tous les conflits commerciaux sur ce terrain montrent bien qu'il y a barrière et problème[34]. Un accord, sur ces mesures sanitaires et phytosanitaires ou mesures SPS, existe. Il permet aux États d'établir leurs propres normes sous réserve de justifications scientifiques. Mais comment établir un risque futur dans l'incertitude scientifique ?

Les normes et les homologations créent aussi d'autres obstacles techniques au commerce. Les fabricants et les exportateurs butent sur la connaissance de ces normes et sur les procédures de mise à l'essai pour évaluer la conformité de leurs produits avec ces prescriptions nationales de sécurité.

Quand bien même tous ces obstacles seraient franchis, il reste la dernière ligne de défense, le joker du protectionnisme : l'anti-dumping.

• L'anti-dumping, c'est la barrière préférée des Etats-Unis, bien avant Donald Trump. En mars 2002, quand il s'est agi de protéger leur acier, ils ont augmenté leur droit de 8 % à 30 %. Au nom de l'anti-dumping

De 1995 à 2002, les pays du nord ont appliqué 494 procédures anti-dumping contre le sud. Les PVD ne sont pas en reste. De 1995 à 2002, ils ont engagé 649 procédures anti-dumping contre d'autres PVD.

La mesure anti-dumping, c'est ce qui reste de protection en dernier recours. Début XXIème siècle, l'anti-dumping est devenu souvent une sorte d'anti- « péril jaune économique ». Face à la compétitivité sociale et environnementale de la Chine, l'anti-dumping est la barrière morale. C'est la mesure anti-tricheur du libéral offusqué de voir sa concurrence dévoyée.

---

33 Jean-Claude Martinez, La faucille et le Mc Do, Lettres du Monde 2003 ; Europe – États-Unis : la guerre agricole de 40 ans, L'Harmattan 2003.

34 Joseph Stiglitz, op. cit. p. 107 et 125.

Et c'est là l'ambiguïté de cette mesure puisque, venant sanctionner un « abus du droit » à la concurrence, elle refuse du même coup le cœur ricardien du libre-échange : à savoir l'utilisation de son avantage comparatif dans la guerre économique.

Parler d'anti-dumping, c'est appeler Kant à la rescousse lorsqu'on ne maîtrise plus le jeu d'Adam Smith et de Ricardo. La barrière douanière devient ici philosophique. On se protège au nom de l'éthique de la concurrence. Comme si, après le libre commerce et le commerce équitable, une troisième catégorie commerciale apparaissait : le commerce moral.

Vu par la Chine et les pays pauvres, quand ils en sont victimes, l'anti-dumping n'est pas loin d'être la barrière des mauvais joueurs qui changent la règle du jeu des échanges libres dès qu'ils perdent à la liberté.

C'est bien la preuve que la suppression des frontières douanières a beau être proclamée, politiquement la résistance est là. En ce sens il y a bien une impasse politique dans la réduction des droits de douane, puisque, en final, leur suppression est vécue comme inacceptable par les États soucieux de leur identité économique.

b. L'impasse politique du désarmement douanier : la suppression politiquement inacceptée

Les délocalisations, comme un bruit de fond, et le terrorisme, comme un cataclysme, sont en train de changer en peu d'années la vision de la mondialisation triomphante[35]. Trop de pertes d'emplois et trop de déstabilisation des modèles sociaux nationaux ont créé de l'insécurité et une « société de la peur »[36.] Sentiment que le terrorisme, amalgamé avec l'islamisme, potentialisé. Il en résulte une demande d'un supplément de protection. Ce qui a donné aux Etats-Unis de G. W. Bush et Donald Trump un retour de la frontière et dans l'Europe de la croissance molle un retour de la tentation du patriotisme économique.

---

[35] Sur la vision traditionnelle de la mondialisation, cf. Kenichi Ohmale, El próximo escenario global, Desafiós y opportunidades en un mundo sin fronteras, Editorial Norma, Bogota, 2005.

[36] Pour le protectionnisme en Italie, cf. Frederico Rampini, L'impero di Cindia, Mondadori, Milan 2006, p. 188-190. Christophe Lambert, La société de la peur, Plon 2005.

Les quatre âges douaniers

Cette inflexion de l'état d'esprit entraîne une inflexion des finalités attendues des politiques douanières. Depuis le 11 septembre 2001 et les Twin Towers, les droits de douane sont entrés dans un nouvel âge où l'on célèbre moins l'idée de l'ouverture des années 90 que celle de la fermeture des années traditionnelles.

Autrement dit, on n'a pas assez perçu qu'il y a eu une évolution circulaire des conceptions douanières. Et c'est précisément avec cette façon des finalités douanières de tourner en rond qu'est faite l'impasse politique de l'idée du désarmement douanier (1°).

D'autant que, pour se réaliser, la suppression des droits de douane devrait concilier les finalités au moins très différentes, sinon divergentes, de groupes d'États aussi opposés que celui des amis du Brésil empire agricole et des amis de l'Europe tout aussi puissance agricole.

Autant dire que, pour se réaliser, le désarmement douanier, déjà peu compatible avec le nouvel âge de la douane, devrait réaliser la quadrature des intérêts étatiques en jeu (2°). C'est-à-dire des conditions qui le rendent politiquement difficile à réaliser.

1. Le désarmement douanier inacceptable pour la nouvelle téléologie douanière

Une frontière, c'est un mur. Et on l'a vu à Berlin jusqu'en 1989 ou en Palestine depuis 2003. Les murs douaniers empilent des pierres. Selon la forme ou la densité de ces pierres, les noms sont différents. Si la pierre est haute, on l'appelle pic tarifaire. Si elle est transparente, comme du verre, on l'appelle barrière non tarifaire. D'autres s'appellent quotas, licences, contingents ou clauses de sauvegarde. La pierre peut être aussi taux, valeur en douane, règle d'origine, mesure anti-dumping ou produits sensibles. La hauteur des pierres peut aussi varier selon que l'on veut plus ou moins se protéger. On parle alors de « traitement différencié ».

Le régime douanier est donc un exercice de maçonnerie et c'est au pied du mur que l'on voit le douanier.

Depuis l'accord du GATT de 1947, les dirigeants politiques ont voulu que ces murs douaniers de pierres soient provisoires. À terme, ils doivent disparaître en deux étapes : la réduction des droits de douane d'abord et la suppression de ces droits en final.

L'ex Constitution européenne, dans son article 314, rappelait cet objectif. Mais concrètement, le résultat n'est pas cela. Il y a bien, depuis cinquante ans, une évolution de la politique douanière et de ses finalités. On trouve même quatre étapes dans cette évolution de l'histoire douanière, comme quatre âges de la téléologie douanière. Cette évolution est toutefois circulaire. Le mur douanier non seulement ne tombe pas, mais aux USA il tend même à revenir. Si bien qu'en final, l'histoire de la douane c'est une évolution qui tourne en rond pour arriver au résultat douanier d'aujourd'hui où la suppression des droits de douane n'est toujours pas acquise.

La douane est vieille comme le monde. C'est le péage. La barrière. Dès le départ, à Athènes, à Rome par exemple, il y avait des frontières douanières avec des droits de porte *Portoria.*

De ce premier âge douanier à aujourd'hui, il y a eu quatre périodes qui correspondent à quatre réponses différentes à la question : des droits de douane pour quoi faire ?

1er âge douanier : le fiscalisme douanier

Au début, les droits de douane ne sont là que pour faire de l'argent ou des recettes. C'est le douanier percepteur. Ce premier âge, de l'offrande douanière ou du don, va depuis le néolithique jusqu'au début du XVIIème siècle.

C'est encore aujourd'hui l'âge où en sont les pays en voie de développement. Dans ces pays, les recettes douanières peuvent amener entre 20 et 40 % des ressources de l'État. Par exemple, au Paraguay, les droits de douane rapportent 20 % des recettes fiscales. C'était aussi le chiffre de l'Inde en 2004.

2ème âge douanier : le mercantilisme douanier

En France, c'est la politique douanière de Colbert, ministre de Louis XIVème au XVIIème ou de Méline, ministre de la fin XIXème. Des droits de douane sont là pour protéger l'économie. On vend le plus possible, mais on achète le moins possible pour amasser l'or. Le douanier n'est plus percepteur, mais filtreur[37].

Cet âge va, en France, du Code douanier de Colbert en 1664 aux années 50 du XXème siècle, avec une parenthèse de libre-échange de

[37] Jacques Marseille, Du bon usage de la guerre civile en France, Perrin, 2005, p. 116 et suiv.

1860 à 1880 sous Napoléon III, signataire d'un accord de désarmement douanier avec la Grande-Bretagne. On protège les manufactures et l'agriculture.

C'est aujourd'hui l'âge de la politique douanière des pays en voie de développement.

3ème âge douanier : le pacifisme douanier

C'est l'âge du désarmement douanier opéré depuis plus de 60 ans au long des huit rounds du GATT, jusqu'au cycle commercial entamé à Doha en 2001. Si le symbole de ce dépôt des armes douanières a été le commissaire Pascal Lamy, négociateur commercial européen de 1999 à 2004, puis directeur général de l'OMC, le théoricien inattendu est tout simplement Jean-Paul II, dans son homélie précitée du 22 octobre 1978, lors de sa première messe solennelle à Rome : *« Ouvrez les frontières des Etats... »*

Ce 3ème âge douanier s'est achevé à New York, dans les décombres des Twin Towers, le nine eleven, le 11 septembre 2001. A commencé là, aux USA, le 4ème âge douanier de l'humanité que Donald Trump seize ans après a confirmé.

4ème âge douanier : le Mac Carthysme douanier

C'est l'âge du douanier non plus percepteur, non plus filtreur, non plus prêcheur, mais douanier chasseur. De terroristes surtout. Ce n'est plus le fiscalisme, l'économisme, le pacifisme, mais le Mc Carthysme douanier. Là, les droits de douane servent à assurer la sécurité.

Il ne s'agit plus de faire tomber le mur douanier, mais de faire tomber le terrorisme par le douanier. Le douanier devient le général Jackson, de la guerre de Sécession : « Stone wall », mur de pierres.

La boucle de l'histoire douanière se boucle sous nos yeux. La crosse du bâton de pèlerin de la paix douanière de Jean-Paul II se recourbe en crosse de fusil douanier de Donald Trump. On l'a bien vu encore dès 2016, avec les bruits de bottes douanières et les accents de guerre économique du président Trump.

Dès que l'emploi va mal, que l'acier ou l'automobile par exemple sont menacés, le Congrès des USA ressort les armes douanières de l'anti-dumping et des clauses de sauvegarde. Alors que l'on parlait à l'OMC de réduction des droits et de leur suppression future, on a vu revenir, de 2005 à 2017, un discours, sinon une pratique de restauration de protections douanières.

C'est donc bien une évolution douanière circulaire, qui dit l'impasse du désarmement douanier.

Pacifistes, imprécateurs, sans-culotte

Surtout on voit difficilement comment ce désarmement pourrait concilier les points de vue si divergents des parties à désarmer.

2. Le désarmement douanier : une double quadrature impossible

On le voit avec les délocalisations et les importations. Les dirigeants politiques sont pris dans la contradiction de l'ouverture et de la fermeture. Ils décident la suppression des quotas d'importation du textile à partir du 1er janvier 2005 au nom de l'ouverture. Mais, devant le déferlement du textile chinois, la Tunisie, la Turquie, les Etats-Unis, l'Île Maurice, la France, l'Espagne ou l'Italie, demandent la refermeture.

Autrement dit, la quadrature douanière est complexe parce qu'il y a en fait plusieurs quadratures et au moins deux : la quadrature des acteurs du jeu de la mondialisation et la quadrature des facteurs en jeu dans la mondialisation. La quadrature des parties en jeu (a) et des finalités de la partie jouée (b).

a) La quadrature des parties au jeu économique mondial

Il s'agit des parties aux négociations de l'OMC. C'est-à-dire les grands groupes d'États qui s'affrontent depuis Cancún 2003 et Hong Kong 2005.

Il y a ainsi les USA, pharisiens douaniers. Ils veulent le libre-échange. Mais ils ferment leur territoire aux aciers importés et menacent sur le textile importé de Chine.

Il y a aussi l'Europe et son pacifisme douanier. Alors que le textile chinois déferlait en avril 2005 et que la Turquie menaçait de mettre des quotas, l'Europe, elle, faisait des études statistiques en reportant sa décision d'appliquer des clauses de sauvegarde à plus tard.

Il y a eu encore le groupe de Cairns regroupant pour l'essentiel 17 pays du Pacifique dont la Nouvelle-Zélande et l'Australie. Ce sont des imprécateurs anti-douaniers. Ultra-libéraux et lièvres des USA dans la course à la libéralisation, ils partent sans cesse en guerre contre l'Europe forteresse douanière. Pour eux, adeptes de Luther, l'Europe c'est la dépravation douanière avec son catholicisme économique trop indulgent à l'égard des interventions de l'État.

Il y a enfin le Brésil, l'Inde et le groupe dit du G20. Ce sont les sans-culottes douaniers. Ils veulent la révolution qui renversera l'Ancien Régime douanier en chantant, comme en 89 : « Ah ça ira, ça ira ! Les douaniers, on les pendra ! »[38].

Comment concilier ces blocs d'États ? Il y a le G27 de l'Union européenne et le G10 qui réunit les importateurs nets de produits agricoles imposant des droits de douane très élevés sur certains produits vitaux pour leurs agriculteurs. Par exemple, 500 % de droits sur le riz importé au Japon.

À côté de ces États, de la Corée à Israël, de l'Île Maurice à l'Islande et des grands exportateurs du G17 ultra libéral, le G33 des pauvres demande une protection élevée pour ses produits spéciaux. Puis il y a le groupe des 56 ACP qui réunit les anciennes colonies de l'Europe souhaitant garder, pour sa banane et son sucre, un accès préférentiel au marché européen. S'opposant ainsi au G20 et au G17.

Les 163 États de l'OMC n'ont pas les mêmes intérêts et les mêmes finalités. Comment les concilier ? C'est la deuxième quadrature.

b) La quadrature des finalités de la partie économique mondiale jouée

Apparemment les États poursuivent quatre fins comparables : le commerce, la sécurité, la prospérité et la justice. Mais sorties de ces généralités, les finalités divergent. Par exemple, la sécurité est entendue différemment selon les États. Pour l'Inde et l'Afrique, la sécurité c'est celle de leurs approvisionnements agroalimentaires. Mais pour l'Europe, la sécurité est passée d'une protection de l'environnement à une protection devant des vagues de migrants.

Dans l'économie mondialisée, il faut donc assurer la quadrature de quatre sécurités alimentaire, sanitaire, militaire et paysagère. Même à s'en tenir à la sécurité alimentaire, elle n'est pas la même pour tous.

Pour un Africain, c'est manger suffisamment. Mais pour un Américain c'est être nickel bactériologiquement, quand le Français lui mange en sécurité si c'est bon gustativement.

---

[38] Sur tous ces points, La Lettre européenne aux paysans : Après Seattle, Doha, Cancún et avant Genève : Hong Kong, 3ème sommet agricole planétaire, Éditions CNAF, Montpellier, avril 2006 ; Marie-Aude Balland, op.cit La politique douanière du Brésil comparée à celle de l'Union européenne dans les négociations de l'OMC, Mémoire Paris II, Institut de droit comparé, 2005.

Comment alors le douanier peut-il surveiller les papilles qui goûtent et la bactérie qui dégoûte ? C'est cela la quadrature et la mission douanière impossible dans un monde planétisé.

La douane doit concilier en fait des civilisations différentes. Elle doit être le tampon de ces oppositions de civilisations. Et c'est pour cela qu'après cinquante ans de sommets du GATT ou de l'OMC, les politiques douanières et de désarmement douanier n'ont pu réussir.

On a beau essayer de faire tomber à la frontière les murs douaniers, de les faire transparents ou moins hauts, la douane reste toujours à l'âge des pierres qui font les murs. Alors qu'Internet, la télévision ou l'avion sont à un autre âge technologique, les dirigeants politiques n'ont pas su changer cette technologie douanière pour l'adapter à la planétisation des échanges. Passer donc de l'âge de la pierre douanière du néolithique douanier actuel, où la seule audace consiste dans une incessante baisse des taux, à l'âge d'une nouvelle technologie douanière, par l'invention de droits de douane déductibles, c'est ce que je propose ici.

2. La bonne solution nouvelle : les Droits de Douane Déductibles

Les droits de douane ont toujours été un laboratoire du droit fiscal et du droit public[39]. Par exemple, c'est dans le domaine douanier que le droit est entré le premier dans « l'ère digitale », prenant acte de la dématérialisation des déclarations qu'entrainait l'électronique, de la nécessité d'avoir un contentieux en ligne ou d'avoir un guichet unique pour les entreprises.

Il n'est pas alors étonnant que face à la mondialisation les droits de douane puissent les premiers opérer un saut paradigmatique.

a) La présentation de la nouvelle technologie douanière

10- Mise au point en 2006, dans mon master de recherches fiscales de l'université Paris 2, l'invention des droits de douane déductibles s'illustre en cinq schémas qui révèlent les secrets de cette mutation majeure dans l'histoire des techniques fiscales.

[39] Sur cette idée du laboratoire douanier, cf. Santiago Ibáñez Marsilla, La experiencia en la lucha contra el proteccionismo, lecciones para mejorar el sistema tributario en un entorno de crisis, *in* Crisis financiera global, impactos en la actividad aduanera, Reunión mundial de derecho aduanero, Lisboa, Portugal, 4 et 5 juin, 2009, Editorial ISEF, Empresa Lider, Mexique, 2010 p. 45 et suivantes.

Le premier secret des droits de douane déductibles tient en une mutation du droit de douane traditionnel. Un exemple permet de comprendre. Quand un porte-container rempli de tee-shirts chinois arrive au port du Havre par exemple, pour livrer ces textiles, il entre dans l'écluse douanière et supporte, dans un schéma classique, un droit de douane européen qui fait monter le prix des tee-shirts importés au niveau du prix français.

Avec le droit de douane de nouvelle génération, il y a certes toujours une taxation douanière modulable en fonction du différentiel des coûts de production, entre les deux pays concernés, Chine et France, mais elle ouvre tout de suite, à l'exportateur chinois, un crédit douanier égal au montant du droit supporté.

C'est le 1er secret de l'invention, illustré par le schéma n°1 ci-dessous. Le droit de douane payé donne naissance à un crédit douanier.

1er secret du miracle :

LE DROIT DE DOUANE SE TRANSFORME EN CREDIT DOUANIER

Le deuxième secret de la technique des droits de douane déductibles tient précisément dans leur déductibilité. Le crédit douanier qu'engendre la perception du droit de douane, comme une sorte de TVA douanière d'amont, est utilisable par déduction en aval, sur tout achat, par exemple du vin, effectué en France pays d'importation. C'est le deuxième secret de l'invention, illustré dans le schéma ci-dessous :

2ème secret du miracle :

LE CREDIT DOUANIER EST DEDUCTIBLE
DES ACHATS EFFECTUES DANS LE PAYS QUI A TAXE

Fonctionnant comme un « macro bon » d'achat sur l'économie française importatrice (en réalité sur l'économie de l'Union européenne, puisque les droits de douane sont européanisés), ce crédit douanier rend le droit de douane récupérable par déduction. C'est ce qui fait l'innovation technologique.

Finis les contingents, les quotas, les pics, les mesures de sauvegarde et autres instruments moyenâgeux d'anti-dumping des droits de douane traditionnels. Le droit de douane déductible peut protéger sans pharisaïsme à la frontière, puisque devenu récupérable il n'occasionne plus le dommage irrémédiable du protectionnisme brutal.

Le troisième secret des droits de douane déductibles tient dans le fait qu'ils ne sont pas seulement modulables et remboursables, sous la forme du crédit douanier déductible, mais que celui-ci est aussi négociable. Si l'exportateur chinois de tee-shirts, dans l'exemple retenu, n'a rien à acheter en effet sur l'économie française, pour déduire le crédit douanier dont il est titulaire, il le négocie sur le marché bancaire ou boursier.

C'est le troisième secret de l'invention. Le crédit douanier est négociable comme l'illustre le schéma n°3. L'on y voit un Colombien venir acheter, en banque ou en bourse, le crédit cédé par le Chinois. Pour l'utiliser à son tour par déduction, sur un achat en France de parfums.

La société française, Dior par exemple, va vendre le parfum en honorant le crédit douanier d'amont présenté par l'importateur colombien. Concrètement, ce crédit sera déduit du prix de vente par Dior. Puis, dans sa comptabilité, la société traitera ce crédit comme une TVA d'amont qu'elle déduira à son tour de ses TVA d'aval devant être payées.

La France à son tour sera remboursée par le budget européen qui a encaissé, depuis le départ le droit de douane de 100, sur l'importation des Tee-shirts. Puisque dans l'Union européenne les droits de douane sont une ressource propre de Bruxelles.

3ème secret du miracle:

LE CREDIT DOUANIER EST NEGOCIABLE
SUR LE MARCHE BOURSIER OU BANCAIRE

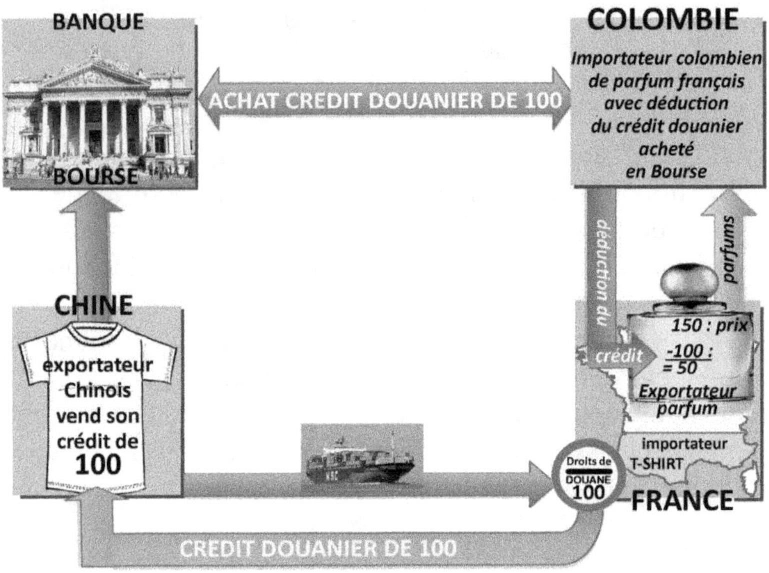

Le quatrième secret des droits de douane déductibles tient enfin dans le fait que le droit de douanes de nouvelle génération déjà modulable, remboursable et négociable dans le crédit douanier qu'il engendre est aussi bonifiable. Dans l'hypothèse en effet où les relations commerciales s'opèrent entre un pays du sud moins avancé, le Gabon ou la RDC par exemple et un pays du nord développé, la France, le crédit douanier que celle-ci est amenée à restituer au premier, en échange des droits de douane qu'elle a prélevés sur ses exportations par exemple de bois, est bonifié. Comme l'illustre le schéma n° 4.

Bien que n'ayant supporté qu'un droit de douane de 100, l'exportateur congolais de bois va récupérer un crédit douanier supérieur à 100. Par exemple 150.

Cette bonification est une technique déjà pratiquée en fiscalité internationale au bénéfice des pays du sud sous le nom de « Matching crédit » ou « sparing crédit ». C'est ce que le langage courant appelle maintenant la discrimination positive pour dire ce que la CNUCD, dans les années 70 appelait « les inégalités compensatrices ».

En matière douanière, l'Union européenne a pratiqué d'ailleurs une technique voisine, toujours au profit de pays du sud, sous le nom codé de « système des préférences généralisées » ou SPG.

Mais le crédit douanier bonifiable est autrement plus favorable aux pays du sud, puisque pouvant le négocier sur le marché financier, ils ne sont pas enfermés dans une relation bilatérale avec le seul pays développé où il est né.

Quatrième secret des droits de douane déductibles

Le credit douanier est bonifiable au profit de l'exportateur d'un pays moins avancé.

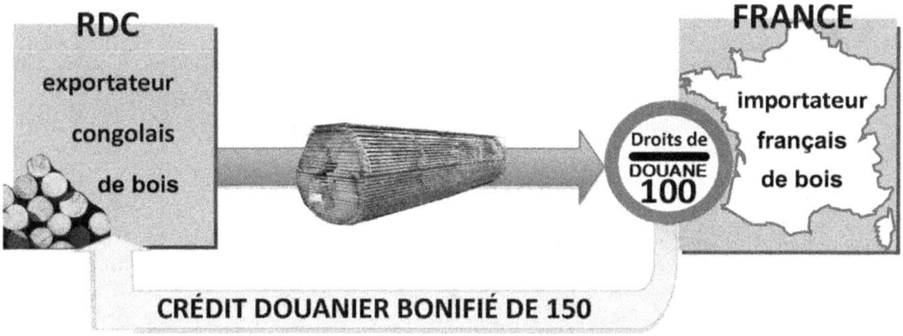

Avec leurs quatre caractères, les droits de douane déductibles engendrent un circuit commercial planétaire qui auto alimente les échanges via les crédits douaniers fonctionnant comme une monnaie de commerce international. Une sorte de « bancor » dont Keynes avait rêvé à la conférence de Bretons Wood.

Le circuit dessine une spirale de commerce international où un droit de douane européen sur un tee-shirt chinois engendre un crédit douanier n°1 en faveur de l'exportateur chinois imposé, qui engendre un achat de sa part, dont l'importation engendre à son tour, dans le pays importateur, la Chine, un droit de douane générateur d'un nouveau crédit douanier n°2, amenant à un nouvel achat, dont l'exportation supporte un autre droit de douane à l'arrivée dans le pays acheteur, d'où naît un crédit douanier n°3 et ainsi de suite.

Le schéma suivant dessine cette spirale de commerce dont la rotation est alimentée par deux moteurs : la déduction du crédit qui permet l'achat bilatéral comme dans un troc et la négociation du crédit qui permet les achats multilatéralisés, sortant de l'échange bilatéral initial.

Schéma 5 : Rotation

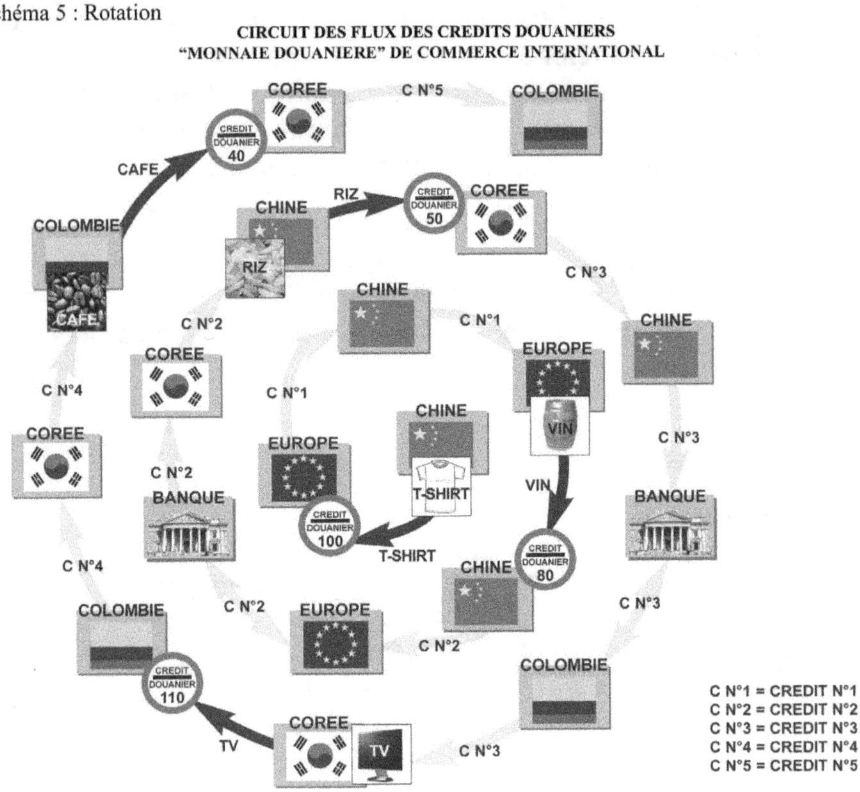

Le résumé de ces droits de douane déductibles se fait en 9 questions.

1. Qui est bénéficiaire du crédit douanier déductible ? C'est l'entreprise exportatrice dont le produit exporté a supporté un droit de douane.
2. Quel est le montant du crédit douanier déductible ? Il est égal au montant du droit de douane supporté.
3. Qui est débiteur du crédit douanier déductible ? C'est l'Etat importateur qui a prélevé sur l'importation son droit de douane.
4. Déductibilité du crédit douanier sur quoi ? Sur un achat réalisé dans le pays débiteur du crédit douanier.

5. La déductibilité du crédit douanier se fait quand ? Lors d'un achat réalisé, par le titulaire du crédit douanier, sur l'économie du pays débiteur, avec un délai limite de déductibilité à prévoir, un an par exemple, pour que cet Etat débiteur puisse tenir une comptabilité, en droits constatés, des crédits douaniers que la perception de ses droits de douane a générés.
6. Comment est traité en comptabilité le crédit douanier dans l'Etat débiteur dont une entreprise l'a honoré ? Ce crédit douanier est traité par cette entreprise, qui l'a accepté, comme une TVA d'amont qu'elle déduit de sa TVA d'aval.
7. Comment s'utilise le crédit douanier, dans l'hypothèse où l'entreprise titulaire n'ayant pas d'achat à effectuer sur l'économie de l'Etat débiteur ne peut le récupérer par déduction ? Dans ce cas, le crédit douanier est négocié sur un marché boursier, comme un produit financier. De déductible, il devient négociable.
8. La Bonification du crédit douanier se fait au profit de qui ? Des entreprises exportatrices, situées dans un PVD. L'Etat débiteur leur « offre » un crédit douanier d'un montant supérieur au droit de douane qu'il a perçu.
9. Comment cette nouvelle technologie douanière pourrait elle s'introduire dans le commerce international ? Il suffit que deux Etats l'inscrivent dans un accord commercial bilatéral passé entre eux et, par le biais de la clause de la nation la plus favorisée, la technologie se diffuserait mécaniquement.

Mais l'avenir de cette invention est aussi et surtout entre les mains des experts de l'OMC. C'est à eux à acclimater l'idée. D'abord en la découvrant, ensuite en l'analysant, puis en la communiquant aux membres de l'institution, comme un document de travail, enfin en incitant à la tester. Par un accord commercial de deux ou plusieurs Etats qui l'expérimenteraient.

Au carrefour et au défi où l'OMC se trouve, la proposition des droits de douane déductible offre un nouveau chemin. La sagesse pour l'institution de Genève est d'en évaluer la technique et d'en d'explorer sa faisabilité. Si ces tests sont positifs, l'essentiel restera à faire : surmonter la force d'inertie des habitudes et convaincre une poignée d'Etats de sauter le pas. Avec des accords commerciaux qu'ils concluraient, intégrant la nouvelle technologie des droits de douane déductibles.

Maurice Lauré, inventeur français en 1954 rien moins que de la TVA, l'impôt lui aussi déductible qui allait gagner l'ensemble de la planète des impôts, USA exceptés, avait eu l'intuition de cette nouvelle technologie douanière. La mentionnant, dans sa contribution à l'ouvrage collectif sur la réforme fiscale contre le chômage[40] que j'avais coordonné, il y écrivait en 1995 : « la difficulté ne sera pas dans la faisabilité technique, mais dans l'acceptation politique ».

L'obstacle est désigné. L'OMC peut contribuer à le faire sauter. La balle de cette innovation est alors dans son camp.

[40] Sous la direction de JC Martinez, La réforme fiscale contre le chômage, ed. Lettres du Monde, 1995.

PARTIE I

L'OMC ET SA PRÉSENTATION

L'ORGANISATION MONDIALE DU COMMERCE : UN SURVOL

Me Philippe BERN[1]

11- L'OMC est une coquette. Elle fête ses 20 printemps, mais, en réalité, elle a presque mon âge.

Formellement, elle est née ici même, il y a 20 ans, grâce aux accords de près de 30 000 pages signées à Marrakech le 15 avril 1994. Mais matériellement, elle a vu le jour le 30 octobre 1947. Et ce, dans un Traité commercial à vocation libre-échangiste signé à La Havane, sous le nom d'« *Accord Général sur les Tarifs de Douane et de Commerce* », plus connu sous son sigle anglo-saxon de « GATT » pour « *General Agreement on Tariffs and Trade* ». Avec le temps, les 23 pays signataires d'origine étaient devenus 120 en 1994. Cela, grâce notamment à la décolonisation qui avait multiplié le nombre des Etats indépendants.

Certes, en 1947, le GATT n'était officiellement qu'un traité. Mais, en pratique, il avait rapidement donné naissance à une organisation informelle. Cette organisation informelle, également appelée GATT, était même dotée d'un Secrétariat Général permanent.

Par ailleurs, son contenu avait évolué à travers plusieurs « cycles de négociations », le plus souvent pluriannuels, appelés en anglais « rounds ».

Ces « rounds » ont été, le plus souvent, désignés par le nom des lieux où ils ont été ouverts, comme par exemple « l'Uruguay Round » (1986 à 1994) qui a précisément débouché sur les accords de Marrakech de 1994. Mais parfois, ils ont pris le nom de responsables politiques, tel le « Kennedy Round » (1964 à 1972). Ils ont eu, pour

---

[1] Avocat au Barreau de Paris, Maître de conférences honoraire Paris 2. (Cette étude a été présentée en 2014 à Marrakech à l'occasion du 20ème anniversaire de l'OMC.)

effet, de réduire les tarifs douaniers des Etats signataires, mais pas seulement. Ils ont permis également de négocier des accords sur les mesures douanières non tarifaires telles que les restrictions quantitatives, les contingentements ou les prohibitions.

Toutefois, le GATT de 1947 restait essentiellement un système politique avec une structure squelettique, sans personnalité juridique. Résultat : les Etats contractants adhéraient à un « GATT à la carte » en fonction de leurs intérêts nationaux du moment, tout en s'abstenant, parfois, d'en respecter les principes directeurs. Ainsi, la France s'était-elle autorisée à sortir du GATT début 1963 pour le réintégrer à la fin de la même année.

Ces défauts ont été, en partie, corrigés par les accords de Marrakech d'avril 1994.

Les signataires ont alors créé une véritable organisation dotée d'une personnalité juridique internationale (I). Sa mission est de réglementer le commerce international (II), mais aussi de régler les différends commerciaux de ses membres (III).

I. UNE PERSONNALITÉ JURIDIQUE INTERNATIONALE

L'OMC est une organisation internationale, dotée d'une personnalité juridique. Elle se voit accorder, par chacun de ses membres, les privilèges et immunités nécessaires à l'exercice de ses fonctions.

Comme bien d'autres organisations internationales, l'OMC est établie à Genève, en Suisse, pays avec lequel elle a conclu un accord de siège.

Ses langues de travail sont le français, l'anglais et l'espagnol. Son budget en 2014 est de l'ordre de 200 millions de francs suisses soit à peu près autant de dollars américains. Et ses effectifs permanents s'élèvent aux alentours de 640 personnes.

12- Elle regroupe actuellement 160 pays membres, dont l'Union Européenne en tant que telle. Ses membres sont placés, du moins en théorie, sur un pied d'égalité juridique, chacun disposant d'une voix. A l'origine, les pays se réclamant du marxisme n'y adhéraient pas pour des raisons idéologiques. Mais ce n'est plus le cas depuis que la Chine l'a rejointe en l'an 2000.

A côté des membres, siègent des observateurs. Ces sont :

- soit des Etats en cours d'adhésion pendant la durée des négociations d'adhésion,

- soit des Organisations Internationales à vocation financière ayant un impact sur le commerce international, tels le FMI ou la Banque Mondiale.

Le pouvoir suprême au sein de l'OMC est exercé par une « Conférence Ministérielle » composée de tous les membres. Elle se réunit au moins une fois tous les deux ans. Les Etats y sont, en général, représentés à l'échelon ministériel. D'où son nom.

Un « Conseil Général », également composé des représentants de tous les membres, se réunit, quant à lui, autant de fois que nécessaire entre les réunions de la « Conférence Ministérielle ». Il est actuellement présidé par S.E. M. Jonathan FRIED (Canada). Au Conseil général, les signataires sont, le plus souvent, représentés par des diplomates et notamment des représentants permanents de leur Etat auprès de l'OMC ou des hauts fonctionnaires de rang équivalent. Le Conseil Général est habilité à agir au nom de la Conférence Ministérielle pendant les intersessions de celle-ci. Il se réunit aussi, en vertu de mandats spéciaux, en tant qu'Organe d'Examen des Politiques Commerciales et surtout d'Organe de Règlement des Différends.

L'OMC est enfin gérée par un « Secrétariat Général » dirigé par un « Directeur Général ». Celui-ci est nommé par la Conférence Ministérielle qui précise ses attributions et la durée de son mandat. C'est actuellement le brésilien Roberto AZEVÊDO qui exerce ces fonctions. Il a succédé en 2013, au français Pascal LAMY, lequel avait occupé ce poste pendant 8 ans, en assurant 2 mandats successifs.

Dans la pratique, c'est le Directeur Général qui anime l'Organisation :

- il est le chef de son personnel,
- il représente l'OMC auprès des tiers,
- et coordonne ses actions.

Et notamment celles tendant à la régulation du commerce international.

II. LA RÈGLEMENTATION DU COMMERCE INTERNATIONAL

L'OMC est avant tout un cadre de négociation. C'est en effet un lieu où se réunissent les Etats membres pour essayer de résoudre les problèmes commerciaux. D'où l'importance des Conférences

Ministérielles ou « *Sommets* » qui aboutissent, sinon toujours du moins souvent, à des accords.

2.1. Les sommets

13- En 1996, la première Conférence Ministérielle de l'OMC proprement dite s'est tenue à Singapour. Il y a été décidé de créer 3 groupes de travail : l'un sur le commerce et l'investissement, l'autre sur l'interaction du commerce et de la politique de la concurrence et le troisième sur la transparence des marchés publics. Ces sujets sont généralement désignés sous le nom de « Questions de Singapour ».

En 1998 la deuxième Conférence Ministérielle s'est déroulée à Genève : le commerce électronique est ajouté au programme de l'OMC.

En 1999, une troisième Conférence Ministérielle s'est réunie à Seattle aux Etats-Unis. Ce fut un échec. Les délégations se séparent sans pouvoir lancer « *le cycle du millénaire* ». Une nouveauté toutefois : les pays du sud forment, pour la première fois, un bloc de négociation.

Le nouveau cycle de négociation sera finalement décidé lors de la quatrième Conférence Ministérielle convoquée dans la capitale du Qatar en 2001. Elle lance le début du « *Cycle de Doha* ». Prévu pour 3 ans, il en durera 4 fois plus. Ce « round » se terminera, en effet, par la « *Conférence Ministérielle de Bali* » en décembre 2013. Elle s'est avérée décevante en raison de la crise économique mondiale et de l'opposition Nord-Sud. Elle a toutefois permis d'aboutir au « package de Bali » dont nous a parlé tout à l'heure, le Conseiller du Directeur Général de l'OMC.

Durant ce cycle, diverses Conférences Ministérielles se sont réunies avec des résultats plus ou moins heureux. On citera celles de Cancún de 2003, qui se terminera sur l'échec du dossier agricole et celle de Hong Kong de 2005, qui, elle, débouchera sur un accord de principe concernant les subventions aux exportations agricoles.

Car même si ce n'est pas toujours le cas, ces réunions ont abouti à des accords concrets.

2.2. Les accords

14- Plus d'une centaine d'accords définissent les règles de fonctionnement de l'OMC et donc du Commerce International. Le principal est, naturellement, « l'accord-cadre » instituant l'OMC signé à Marrakech en 1994. Mais celui-ci n'a pas fait table rase du passé. Les accords antérieurement conclus dans le cadre du GATT resteront en vigueur et seront complétés.

Les plus importants définissent les règles du commerce pour les marchandises, les services et la propriété intellectuelle. Il s'agit notamment avec leurs sigles anglais habituels, de :

- l'Accord général sur les tarifs douaniers et le commerce (GATT) toujours en vigueur, mais désormais appelé GATT 1994.
- l'Accord général sur le commerce des services : GATS.
- l'Accord sur les aspects des droits de propriété intellectuelle qui touchent au commerce : TRIPS.

D'autres concernent des questions plus précises comme l'Accord sur l'agriculture, l'Accord sur les mesures sanitaires et phytosanitaires, l'Accord sur les mesures concernant l'investissement lié au commerce ou celui sur les obstacles techniques liés au commerce.

Ces accords lient les parties. Mais l'OMC ne se préoccupe pas seulement d'élaborer des normes : elle s'est également dotée d'un mécanisme de règlement des différends commerciaux de ses membres.

III. LE RÈGLEMENT DES DIFFÉRENDS COMMERCIAUX

L'OMC dispose d'un organisme auprès duquel les Etats signataires peuvent porter plainte, lorsqu'ils s'estiment lésés par d'autres en matière commerciale. Il permet de régler ces conflits avec :

- une procédure amiable, et en cas d'échec,
- une procédure contraignante

3.1. La procédure amiable

15- La partie plaignante demande d'abord à entamer des consultations avec son adversaire. Le but, à ce stade, est de rechercher un règlement amiable. Cette demande est adressée à l'Organe de Règlement des Différends (ORD). L'ORD est composée, comme le Conseil Général, mais agit dans le cadre d'un mandat spécifique. Son Président actuel est l'Ambassadeur mexicain Fernando DE MATEO.

Les Etats non parties au litige, mais témoignant d'un intérêt commercial substantiel pour le problème soulevé, peuvent obtenir l'autorisation de s'immiscer dans la négociation en qualité de tierces parties.

Cette procédure préalable mêle négociation directe et médiation. Elle s'avère opportune, puisqu'elle permet de régler un quart des conflits.

En cas d'échec, il peut être recouru à la procédure contraignante.

3.2. La procédure contraignante

16- Celle-ci comprend 3 phases : un premier degré, le cas échéant, un appel, et enfin, la surveillance de la mise en œuvre de la décision prise.

3.2.1. Premier degré

En l'absence de solution amiable, la partie plaignante peut demander à l'ORD d'établir un groupe spécial ou « *panel* ».

Ce panel est en général constitué par 3 personnes proposées par le Secrétariat Général de l'OMC. Il a pour mission de formuler des recommandations. Là encore, les Etats tiers peuvent se constituer en tant que tierces parties et présenter des observations écrites au panel. Une procédure particulière, assez rare dans les organisations internationales, a même été instaurée pour les accueillir de manière prétorienne. Elle concerne l'*Amicus Curiae* dont notre ami bruxellois, Me Patrick SAERENS, nous exposera ci-après.

Le panel peut recourir à une expertise, mais il doit déposer son « rapport » dans un délai de 6 mois et au maximum 9 mois.

L'ORD se réunit alors pour adopter le « rapport » du panel, sauf dans 2 hypothèses :

- lorsqu'exceptionnellement il décide, par lui-même, de ne pas adopter ce « rapport »,
- ou lorsqu'une partie au litige notifie à l'ORD, au vu du « rapport », sa volonté d'interjeter appel.

3.2.2. L'appel

L'Organe d'appel est un corps permanent de 7 membres. Il statue dans un délai de 60 jours et au maximum de 90 jours en cas de difficulté ponctuelle. D'autres intervenants à notre colloque nous en parleront plus en détail.

Pour le moment, retenons simplement ces 2 règles essentielles :

- d'une part, l'appel est limité aux questions de droit et aux interprétations données par le « rapport » du panel.

- d'autre part, l'ORD doit adopter le « rapport » de l'Organe d'appel et les parties doivent s'y conformer, ce qui fait dire à certains auteurs, que l'OMC serait dotée d'une sorte de pouvoir juridictionnel.

3.2.3. La surveillance de la mise en œuvre de la décision

Enfin, l'ORD surveille la mise en œuvre du « rapport » ainsi adopté. Elle autorise même, le cas échéant, des « mesures de rétorsion » lorsqu'un membre ne s'y conforme pas.

Alors comment conclure sans trop déflorer les développements qui vont suivre ?

Il faut avouer que l'OMC suscite des commentaires contradictoires.

D'un côté, on trouve des critiques sévères. Elles émanent pour l'essentiel, des « altermondialistes ». Ils constituent un mouvement hétéroclite mêlant :

- marxistes, mais pas tous,
- anarchistes, mais pas tous,
- nationalistes, mais pas tous,
- et certains écologistes.

Ce mouvement reproche à l'OMC d'être ce qu'elle est, c'est à dire, une organisation mue par une philosophie libre-échangiste en matière commerciale. Toutefois, les altermondialistes ne sont pas d'accord sur la nature du monde alternatif qu'ils souhaitent voir instaurer.

D'un autre côté, se rangent les optimistes : ceux qui pensent que le libéralisme économique, tel que l'ont théorisé Adam SMITH et David RICARDO, constitue le moins mauvais des systèmes commerciaux pour améliorer le sort de l'humanité.

Ces optimistes sont-ils mal informés ? La suite de notre ouvrage permettra, à chacun d'entre nous, de se faire sa propre opinion.

ALGUNAS REFLEXIONES SOBRE LA OMC A VEINTE AÑOS DE SU CREACIÓN

Pr. Ricardo Xavier BASALDÚA[1]

17- Han pasado ya veinte años desde la finalización de la Ronda Uruguay, cristalizada con la suscripción el 15 de abril de 1994 del Acuerdo de Marrakech y la creación de la Organización Mundial del Comercio.

La constitución de este organismo internacional debió aguardar desde 1947, dada la frustrada aprobación de la Carta de La Habana y de la proyectada creación de la Organización Internacional del Comercio.

El establecimiento de la Organización Mundial del Comercio[2] significa, sin duda, un acontecimiento muy importante, que refuerza el camino hacia el multilateralismo y pone el acento en la necesidad de soluciones universales.

Esta forma de abordar los problemas resulta hoy en día indispensable frente a la naturaleza de muchas cuestiones que no pueden encararse ni resolverse eficazmente a nivel nacional, pues trascienden sus fronteras y muchas veces afectan a los países en su conjunto. Así, por ejemplo, la preservación del medio ambiente, las medidas sanitarias y fitosanitarias a adoptarse frente a epidemias o pandemias, epizootias, el tráfico ilícito de especies amenazadas de extinción, la seguridad de la cadena logística internacional, el respeto de la propiedad intelectual y el combate contra la piratería y el fraude comercial, etc.

---

[1] Profesor universitario, Vocal del Tribunal Fiscal de Argentina.

[2] Hemos analizado a la OMC y sus acuerdos en nuestra obra La Organización Mundial del Comercio y la regulación del comercio internacional, Abeledo Perrot, 2da. edición, Buenos Aires, 2013.

La OMC es la heredera del acervo elaborado a través de casi cincuenta años de vigencia del Acuerdo General sobre Aranceles Aduaneros y Comercio (GATT), suscripto en 1947, enriquecida con el resultado de las negociaciones comerciales multilaterales en las ocho rondas que tuvieron lugar durante ese tiempo.

I. EL TRATO DIFERENCIADO PARA LOS PAÍSES EN DESARROLLO

Con el transcurso de los años, hubo de reconocerse la necesidad de adoptar un enfoque más realista frente a la teórica concepción igualitaria de los países y al propósito de avanzar en la liberalización del comercio a partir de negociaciones basadas en una estricta reciprocidad, ideas que prevalecieron en 1947. Así, la modificación introducida al GATT, con la incorporación en 1965 de una Parte IV relativa al "Comercio y desarrollo", integrada con los artículos XXXVI, XXXVII y XXXVIII, a instancias de la primera Conferencia de las Naciones Unidas sobre Comercio y Desarrollo (UNCTAD, en la sigla generalizada en inglés), dio lugar a la consagración institucional de un tratamiento diferencial para los países en desarrollo y la renuncia a exigirles reciprocidad en las concesiones comerciales acordadas. Posteriormente, le siguió la autorización para los países desarrollados de implementar Sistemas Generalizados de Preferencias y la Decisión sobre trato diferenciado y más favorable, reciprocidad y mayor participación de los países en desarrollo (conocida como Cláusula de Habilitación), aprobada el 28 de noviembre de 1979, al final de la Ronda Tokio.

Ahora bien, los cambios producidos en el desparejo desarrollo económico de los países durante estos años, ponen en evidencia que las tres categorías de países consideradas a partir de 1965, a saber, "desarrollados", "en desarrollo" y "menos adelantados", no permite distinguir y contemplar adecuadamente las nuevas realidades[3]. Así, considerar a China, la India y a Brasil como "países en desarrollo", junto a otros ubicados en la misma categoría, sin establecer distinciones o matices, no se ajusta a la realidad y, por ende, impide o dificulta prever tratamientos diferenciados acordes y más justos.

---

[3] CARREAU, Dominique, y JUILLARD, Patrick, señalan que "El 'conjunto' que constituyen los países en desarrollo reagrupa varios 'sub-conjuntos', ellos mismos difícilmente identificables", Droit international écomoque, Dalloz, 5ª edición, París, 2013, p. 30, nros. 71 y 72, y p. 272, nros. 720 a 723.

II. LA PERFORMANCE DE LA OMC : ÉXITOS Y FRACASOS

18- Desde su creación, la OMC ha demostrado indudables éxitos en algunas cuestiones importantes, aunque, también hay que decirlo, ha fracasado hasta el presente en la composición de los criterios enfrentados sobre las posibilidades de comercialización y acceso a los mercados para los productos agrícolas y los productos industriales.

Con relación a los éxitos, cabe mencionar especialmente al Entendimiento relativo a las normas y procedimientos por los que se rige la solución de diferencias (Anexo 2 al Acuerdo de Marrakech). En este campo, se reconoce en forma generalizada el buen funcionamiento del sistema[4] y que, tanto las respuestas de los Grupos

---

[4] El nuevo sistema de solución de diferencias de la OMC fue acogido favorablemente por la doctrina: BALDINELLI, Elvio, La Argentina en el comercio mundial, Atlántida, Buenos Aires 1997, ps. 106 y 223; CANAL-FORGUES, Eric, y THILLIER, Alexandre (colab.), Le règlement des différends à l'OMC, Bruylant, Bruselas, 2003, ps. 6 a 10 y 124, nros. 4 a 7 y 221; CARREAU, Dominique, y JUILLARD, Patrick, Droit international économique, cit., ps. 23 y 24, n° 56, y ps. 64 y 65, n° 158; COMBE, Emmanuel, L'Organisation Mondiale du Commerce, Armand Colin, París, 1999, p. 81; CORRÊA, Luiz Felipe de SEIXAS, "Os primeros anos do Órgano de Apelaçao e do sistema de soluçao de disputa da OMC - Una perspectiva histórica", en 10 años de OMC, de Luiz Olavo Baptista, Umberto Celli Junior y Alan Yanovich (organizadores), Aduaneiras, Sao Paulo, 2007, p. 23; DÍAZ MIER, Miguel Á., Del GATT a la Organización Mundial del Comercio, Síntesis, Madrid, 1996, p. 334; HOEKMAN, Bernard M., y KOSTECKI, Michel M., The political economy of the world trade system. From GATT to WTO, Oxford, University Press, New York, 2001, p. 78; JACKSON, John H., The world trade system: Law and policy of international economic relations, The MIT Press, Massachusetts, 2000, ps. 126 y 127; JOUANNEAU, Daniel, L'Organisation Mondiale du Commerce, 4ª edición, Presses Universitaires de France, Vendôme, 2003, ps. 32 y 33; LESTER, Simon, MERCURIO, Bryan, DAVIS, Arwel, y LEITNER, Kara, World Trade Law. Text, materials and commentary, Oxford and Portland, Oregon, USA, 2008, ps. 153 y 154; LOUNGNARATH, Vilaysoun, "Le mecanisme de réglement des differends", en DEBLOCK, Christian (dir.) L'Organisation Mondiale du Commerce: où s'en va la mondialisation?, Fides-La Presse, Québec, 2002, p. 62; MESSERLIN, Patrick, La nouvelle organisation mondiale du commerce, IFRI, Dunod, París, 1995, p. 309; PACE, Virgile, L'Organisation Mondiale du Commerce et le renforcement de la réglementation juridique des échanges commerciaux internationaux, L'Harmattan, París, 2000, ps. 160, 161, 175 y 185; RAINELLI, Michel, L'Organisation Mondiale du Commerce, La Découverte, 9ª edición, Paris, 2011, ps. 34 a 36 y 75 a 77; VAN DEN BOSSCHE, Peter, The Law and Policy of the World Trade Organization Text, case and materials, Cambridge University Press, 2005, p. 178; VINCENT, Philippe, L'OMC et les pays en developpement, Larcier, Bruxelles, 2010, p. 237; ZAPATERO, Pablo, Derecho del comercio global, Civitas, Madrid, 2003, ps. 41 a

Especiales (grupos de expertos o *panels*) como la actuación del Órgano de Apelación Permanente, ha sido satisfactorio. Es una cuestión muy importante y hasta diríamos fundamental para los países en desarrollo y menos adelantados contar con un sistema confiable, en el cual, frente a las soluciones propuestas para resolver los conflictos, no pueda ejercerse el veto para que lleguen a convertirse en decisiones del Órgano de Solución de Diferencias de la OMC. En este sentido, la adopción del criterio del "consenso negativo" ha sido un gran acierto. Ello posibilita a los países más pobres encarar investigaciones costosas sabiendo que la solución favorable que obtuvieren no puede ser enervada por el país incumplidor[5]. La cantidad de asuntos resueltos en tiempos razonables también es alentadora[6].

Entre los logros no puede dejar de señalarse el significado trascendente que implica que la OMC se haya convertido en un organismo de alcance universal, con sus actuales ciento sesenta Miembros, que representan la casi totalidad del comercio internacional. Pero, además, hay que destacar otras consecuencias de gran importancia. La incorporación como Miembros trae aparejada para éstos –luego de cumplir con el trámite interno relativo a la aprobación de los tratados- la aceptación sin reservas de un orden jurídico regulatorio del comercio internacional, que ha sido elaborado

---

46; OMC, El futuro de la OMC: una respuesta a los desafíos institucionales del nuevo milenio, informe para el Director General de la OMC elaborado por el Consejo Consultivo presidido por Peter Sutherland e integrado por Jagdish Bhagwati, Kwesi Botchwey, Nial FitzGerald, Koichi Hamada, John H. Jackson, Celso Lafer y Thierry de Montbrial, Ginebra, 2004, *ps. 59, 60 y 67*, nros. 214, 221 y 254.

[5] Cabe advertir, sin embargo, que subsiste un serio problema referido a la efectividad de las sanciones que pueden autorizarse a los países más débiles contra los Miembros económicamente más poderosos. En el infome *El futuro de la OMC: una respuesta a los desafíos institucionales del nuevo milenio, del Consejo Consultivo indicado en la nota precedente, se expresa que "En el caso de los Miembros más pobres de la OMC, especialmente los países menos adelantados que tienen una participación escasa en el comercio mundial (...) normalmente no pueden utilizar eficazmente el arma de la retorsión sin perjudicarse a sí mismos y a los objetivos de la liberalización del comercio"* (cit., p. 65, n° 243).

[6] Según el Informe anual 2009, de la OMC desde 1995 hasta fines del 2013 el número de diferencias planteadas ascendió a 473 y el número de informes emitidos por el Órgano de Apelación llegó a 119 (ps. 8, 84 a 99). En contraste, a la Corte Internacional de Justicia, como lo destacan CARREAU, Dominique, y JUILLARD, Patrick, se le han planteado "...un pequeño número de contenciosos económicos, sobre los cuales ella no se pronunció en razón de que se llegó a un acuerdo entre las partes del diferendo (Droit international économique, cit., p. 20, n° 48).

progresivamente desde 1947 y que consiste fundamentalmente en una concepción determinada del Derecho, que al tiempo de la elaboración del GATT era representativa de un enfoque occidental. Ahora bien, si tenemos presente la pluralidad de sistemas jurídicos que imperan en el mundo[7], muchos de los cuales no diferencian claramente las normas jurídicas de las religiosas, se advierte que se ha logrado una valiosa uniformización del Derecho a nivel mundial, que brinda seguridad jurídica y, de tal modo, favorece el entendimiento y las transacciones comerciales entre los diversos Estados Miembros de la OMC. Pero todavía hay más. Al crearse el Órgano de Apelación Permanente y proveerse a su integración, se ha dispuesto que ella debe ser "representativa en términos generales de la composición de la OMC" (Entendimiento para la solución de diferencias, art. 17.3)[8]. Por consiguiente, los integrantes del Órgano de Apelación, llamados a interpretar el sistema jurídico de la OMC, conformado con todos sus acuerdos (los acuerdos "abarcados"), han de efectuar un ejercicio de comprensión y explicitación del sistema, desde distintas perspectivas y puntos de vista correspondientes a sus países de origen, aunque ateniéndose siempre al texto de esos acuerdos referidos por el Acuerdo de Marrakech. También aquí se realiza entonces, a través de los pronunciamientos de los paneles y del Órgano de Apelación, una labor de exégesis y armonización cultural, que trae aparejada mayor seguridad jurídica y transparencia en las transacciones internacionales.

---

[7] Enseña GILISSEN, John, que "Al lado de los derechos romanistas, existen en el mundo actual numerosos otros sistemas jurídicos, unos más o menos emparentados con los derechos romanistas, especialmente el *common law* inglés y los derechos socialistas con tendencia comunista, otros muy diferentes de estos derechos europeos, especialmente los derechos indú, chino, japonés, musulmán y africanos (Introduction historique au Droit, Bruylant, Bruxelles, 1979, p. 11).

[8] PACE, Virgile, señala que de esa norma se deriva la necesidad de atender "... los imperativos de la repartición geográfica" (L'Organisation Mondiale du Commerce et le renforcement..., cit., p. 208. Por nuestra parte, hemos afirmado que "... la composición debe resultar de las distintas regiones, del diverso grado de desarrollo de los países Miembros y de los diferentes sistemas jurídicos" (La Organización Mundial del Comercio y la regulación..., cit., p. 586). En este sentido, puede verse el Estatuto de la Corte Internacional de Justicia, artículo 9.

III. LAS CONFERENCIAS MINISTERIALES

19- La Conferencia Ministerial es el órgano máximo de la OMC, que se integra con los Ministros de Economía de los países Miembros, los que se reúnen periódicamente (al menos, una vez cada dos años).

Desde la creación de la OMC, han tenido lugar varias Conferencias Ministeriales, que con la celebrada en la ciudad de Bali, Indonesia, ascienden a nueve.

La **Primera Conferencia Ministerial tuvo lugar en Singapur**, del 9 al 13 de diciembre de 1996. En su programa de trabajo se fijó una agenda de asuntos a tratar, denominados los "temas de Singapur".

Ellos consistían en la "vinculación del comercio con las inversiones", la "concurrencia", las "compras públicas" y la "facilitación del comercio".

La **Segunda Conferencia Ministerial se celebró en Ginebra**, del 18 al 20 de mayo de 1998.

La **Tercera Conferencia Ministerial tuvo lugar en Seattle,** del 30 de noviembre al 3 de diciembre de 1999.

La **Cuarta Conferencia Ministerial se desarrolló en Doha** (Emirato de Qatar), del 9 al 14 de noviembre del 2001. En esta Conferencia tuvo lugar la Convocatoria a la Novena Ronda, la "Ronda del Desarrollo", que todavía sigue su curso, sin lograrse el consenso indispensable entre los Miembros para arribar a su conclusión.

La **Quinta Conferencia Ministerial se reunió en Cancún**, del 10 al 14 de septiembre del 2003.

La **Sexta Conferencia Ministerial se celebró en Hong Kong,** del 13 al 18 de diciembre del 2005.

La **Séptima Conferencia Ministerial tuvo lugar en Ginebra**, del 30 de noviembre al 2 de diciembre del 2009.

La **Octava Conferencia Ministerial también se reunió en Ginebra,** del 15 al 17 de diciembre del 2011.

La **Novena Conferencia Ministerial se desarrolló en Bali,** del 3 al 6 de diciembre del 2013. En esta Conferencia se aprobó la Decisión Ministerial del 7 de diciembre de 2013, relativa al Acuerdo sobre Facilitación del Comercio.

El análisis del desarrollo y del resultado obtenido en esas Conferencias lleva a abrigar dudas y alimentar serias inquietudes sobre la disposición de los Estados desarrollados a llevar adelante las reformas necesarias para lograr un sistema de comercio internacional equilibrado y más justo.

Las Conferencias de Seatle (tercera en 1999) y Cancún (quinta en 2003) serán recordadas por su estruendoso fracaso y el enfrentamiento estéril entre los países participantes.

Ha de recordarse también que en la Primera Conferencia Ministerial, que tuvo lugar en Singapur en 1996, ciertos países desarrollados impusieron en la Agenda del Programa de Trabajo de la OMC cuatro asuntos de su interés, los llamados "temas de Singapur", referidos a la vinculación del comercio con las inversiones, la contratación pública, la política de competencia y la facilitación del comercio.

La inquietud y resistencia que provocaron en los países en desarrollo determinaron que, a pesar de su reacción tardía, la permanencia en la agenda fuera efímera y de los cuatro temas de Singapur, en el "Programa de Doha para el Desarrollo", únicamente sobrevivió el relativo a la facilitación del comercio.

Como mencionamos, en la Cuarta Conferencia Ministerial celebrada en Doha en noviembre de 2001 se puso en marcha la Novena Ronda de Negociaciones Comerciales[9].

---

[9] La novena Ronda de Doha también es denominada "Ronda del Desarrollo", porque es la primera en la que se proclama contemplar en forma específica las preocupaciones de los países en desarrollo y menos adelantados. Sobre esta Ronda, puede verse : BLIN, Olivier, L'Organisation Mondiale du Commerce. 2ª ed., Collection "Mise au point", Ellipses, Paris, 2004, ps. 76 a 78 ; CARREAU, Dominique, y JUILLARD, Patrick, Droit international économique, cit., ps. 158 a 162, nros. 385 a 391 ; COLARD-FABREGOULE, Catherine. L'essentiel de l'Organisation Mondiale du Commerce, Gualino, Paris, 2002, ps. 116 a 119 ; DEBLOCK, Christian, "Introduction. L' OMC aprés Doha", en L'Organisation Mondiale du Commerce: où s'en va la mondialisation ?, cit., ps. 11 a 33; FOSSATI, Verónica, GALPERÍN, Carlos, GARCÍA, Santiago, POLONSKY, Mariángeles, y SARMIENTO, Hernán, "Las negociaciones comerciales de la Ronda de Doha: ¿Cómo se llega a Hong Kong?", Revista de Comercio Exterior e Integración del CEI (Centro de Economía Internacional), nº 4, Buenos Aires, 2005, ps. 33 a 65; JOUANNNEAU, Daniel, L'Organisation Mondiale du Commerce, cit., ps. 48 a 59; LAVOPA, Federico, y MANGO, Francisco, "Doha: ¿mucho ruido y pocas nueces? Una explicación de por qué los países centrales deberían ceder para concluir la Ronda", Revista Argentina de Economía Internacional, nº 3, Buenos Aires, octubre 2014, ps. 3 a 30; LUFF, David, Le droit de l'Organisation Mondiale du Commerce. Analyse critique, Université Libre de Bruxelles, Collection de la Faculté de Droit, Bruylant, Bruselas, y LGDJ, Paris, 2004, ps. Addendum XXXVI y 78 a 81 ; MAKUC, Adrián y VEGA, Carolina, "Un ballo in maschera. Las negociaciones en la OMC", Boletín Informativo Techint, nº 319, Buenos Aires, enero 2006, ps. 53 a 96; MAKUC, Adrián, VEGA, Carolina, y SCARPANTI, Luciano, "La quimera del oro ¿Quo vadis OMC?", Boletín Informativo Techint, nº 341, Buenos Aires, mayo-

IV. EL CONTEXTO INTERNACIONAL EN EL QUE SE DESARROLLA LA NOVENA RONDA

20- En el balance de lo realizado por la OMC desde la iniciación de la Ronda de Doha –también llamada Ronda del Desarrollo, aunque hasta el presente en los hechos no haya podido justificarse tal denominación-, ha de reconocerse que el contexto internacional no ha sido el más favorable para el normal desarrollo del comercio internacional y, por ende, para llevar a buen término las negociaciones multilaterales.

---

agosto 2013, ps. 79 a 109; NEGRO, Sandra Cecilia, "De Marrakech a Cancún: la Organización Mundial del Comercio y las Conferencias Ministeriales", Temas de Derecho Industrial y de la Competencia, nº 6 Derecho del comercio internacional. Acuerdos regionales y OMC, Ciudad Argentina, Buenos Aires, 2004, ps. 343 a 381; RAINELLI, Michel. L' Organisation..., cit., ps. 87 a 102; RAMÍREZ MORÁN, David, "9ª Conferencia Ministerial de la OMC en Bali", Documento de Análisis, nº 68/2013, Instituto Español deEstudiosEstratégicos, http://www.ieee.es/Galerias/fichero/docs_analisis/2013/DIEEEA68-2013_Doha_OMC_DRM.pdf ; STANCANELLI, Néstor E., "El sistema multilateral de comercio y la Ronda del milenio: significación para la Argentina", Panorama de la Economía Internacional, nº 4, Buenos Aires, septiembre 1999, ps. 159 a 178; "La Ronda Doha a fines de 2006", Revista del Centro Económico Internacional (CEI), diciembre 2006, nº 7, ps. 41 a 45; "Situación de la Ronda Doha a junio de 2007", Revista del CEI, junio 2007, nº 8, ps. 43 a 47; "La Ronda Doha: sustancia y proceso en su sexto año", Revista *del CEI,* septiembre 2007, nº 9, ps. 37 a 50; "La Ronda Doha a fines de 2007. ¿Desenlace a corto plazo?", Revista del CEI, diciembre 2007, nº 10, ps. 45 a 51; "La Ronda Doha: ¿acuerdo o nueva postergación?", Revista del CEI, mayo 2008, nº 11, ps. 53 a 63; "La Ronda Doha y la Reunión Ministerial de julio: progresos e incertidumbre". Revista del CEI, agosto 2008, nº 12, ps. 43 a 53; STIGLITZ, Joseph E., quien señala que se la denomina Ronda del Desarrollo "... en reconocimiento del hecho de que las anteriores negociaciones comerciales habían estado desequilibradas, dejando en desventaja a los países en desarrollo" *(Los felices 90,* Buenos Aires: Taurus, 2003, p. 285); TUSSIE, Diana, y STANCANELLI, Néstor E., "La Ronda Doha después de Hong Kong", Revista del CEI, junio 2006, nº 5, ps. 49 a 78; VAN DEN BOSSCHE, Peter, The Law and Policy..., cit., ps. 91 a 94; WARÊGNE, Jean-Marie, L'Organisation Mondiale du Commerce. Règles de fonctionnement et enjeux économiques, Bruselas, Editions du Centre de Récherche et d' information socio-politique CRISP, ps. 273 a 293. Sobre el Programa de Doha para el Desarrollo, puede verse: OMC, *Entender la OMC,* Ginebra, 2003, capítulo 5 "Programa de Doha", ps. 77 a 91; *Informe anual 2003,* ps. 46 a 74; Informe anual *2004,* ps. 12 a 38; *Informe anual 2005,* ps. 3 a 5, 10 y 178; *Informe anual 2006,* ps. 11 a 19; *Informe anual 2007,* ps. 10 a 24; *Informe anual 2008,* ps. 8 a 16; *Informe anual 2009,* ps. 16 a 27; *Informe anual 2010,* ps. 16 a 27; *Informe anual 2011,* ps. 16 a 27; *Informe anual 2012,* ps. 22 a 35; *Informe anual 2013,* ps. 22 a 33; *Informe anual 2014,* ps. 24 a 40.

Resulta necesario tener presente que, tan solo dos meses antes del inicio de la Novena Ronda, el 11 de septiembre del 2001, tuvieron lugar los atentados terroristas en los Estados Unidos de América, que pusieron en evidencia la vulnerabilidad de los países frente al accionar terrorista. Estos hechos repercutieron en el funcionamiento del tráfico internacional, ya que, por lo general, los países establecieron controles más rigurosos en las fronteras y, de tal modo, aparecieron nuevas restricciones a la circulación de mercaderías.

Esta situación se agravó con el desencadenamiento de dos hechos bélicos de importancia internacional.

El 7 de octubre del 2001 se inició la guerra de Afganistán, como respuesta a los atentados del 11 de septiembre, y con el objetivo proclamado de derrocar al régimen Talibán que apoyaba y daba refugio a Osama bin Laden y sus seguidores de Al Qaeda.

Menos de dos años después, en marzo del 2003, se produjo la invasión a Irak, invocándose por parte del gobierno de George W. Bush la existencia de "armas de destrucción masiva" en poder del régimen de Saddam Hussein.

En esos años tiene lugar también la fuerte irrupción de China en el mundo comercial, que en diciembre del 2001 –luego de arduas negociaciones- se convirtió en Miembro de la OMC. Ya en el año 2007 había llegado a ser el segundo país exportador, con el casi 9% del total de exportaciones a nivel mundial, y el tercer importador, con el 6,81% de las compras mundiales. Actualmente, es el primer país exportador y el segundo importador a nivel mundial. Cuenta con una actividad industrial dirigida básicamente a la exportación, y parece no hallarse constreñida hasta el presente por regulaciones laborales internas que se conformen a los convenios de la Organización Internacional del Trabajo (OIT), lo que le permite la producción de los más variados productos en condiciones ventajosas y competitivas.

Por otra parte, en el 2008 estalló una grave crisis crediticia e hipotecaria en los Estados Unidos, que repercutió en los distintos países del mundo en forma más o menos severa y que todavía no puede darse por superada, especialmente en varios Estados europeos.

Está claro, entonces, como ya lo hemos señalado, que las circunstancias que rodearon a los trabajos tendientes al desarrollo exitoso de la novena ronda no fueron las mejores.

V. LA AGENDA DE DOHA PARA EL DESARROLLO

En la Conferencia Ministerial de Doha que en el 2001 convocó la novena ronda, se fijó el mandato a negociar, que se denomina la "Agenda de Doha para el desarrollo". Los temas comprendidos fueron: la liberalización del comercio agrícola, la liberalización del comercio de bienes no agrícolas, los servicios, la redefinición de las reglas referidas al acuerdo antidumping, al acuerdo sobre subvenciones y medidas compensatorias, así como los acuerdos regionales, previstos, tanto por el Artículo XXIV del GATT, como por la denominada "Cláusula de Habilitación". También deben mencionarse los llamados "temas de Singapur". Finalmente, es motivo de consideración la relación entre el comercio y el medio ambiente[10].

Con el objeto de llevar adelante el programa acordado en la Ronda de Doha, en el ámbito de la OMC se realizaron diversas conferencias ministeriales. Así, puede señalarse:

21-La Quinta Conferencia Ministerial tuvo lugar en Cancún (México), del 10 al 14 de septiembre del 2003. En ella ya se pusieron de manifiesto las posiciones divididas, en especial sobre la liberalización de la agricultura, así como la resistencia de los países en desarrollo para abordar los denominados "temas de Singapur"[11].

---

[10] En el infome *El futuro de la OMC...*, del Consejo Consultivo, citado en la nota 3, se señala que "... el Órgano de Apelación se ha visto obligado a enfrentarse a firmes argumentos de que su interpretación no debería limitarse totalmente a embellecer las políticas comerciales, sino que, por el contrario, debe sopesar o equilibrar esas políticas en determinadas situaciones frente a otros tipos de políticas, como la protección del medio ambiente. Se trata de una esfera que la jurisprudencia tendrá que seguir desarrollando".

[11] RAINELLI, Michel, señala que "... el asunto agrícola, si bien fue el catalizador, no es el principal escollo contra el cual chocó la Conferencia de Cancún: los países en desarrollo expresaron con fuerza su rechazo a negociar sobre los cuatro 'temas de Singapur' (inversión internacional, concurrencia, transparencia de mercados públicos, facilitación del comercio). Esta oposición ya se había manifestado en ocasión de las negociaciones de Ginebra, donde más de setenta países manifestaron su voluntad de no avanzar en este dominio. La voluntad de los Estados Unidos de negociar sobre estos cuatro temas, retomada en un proyecto de declaración de la conferencia, fue percibida como una provocación. Una declaración de Benoît Ouattara, ministro de comercio de Burkina Fasso, ilustra perfectamente este punto de vista: 'Vinimos llenos de esperanza, nos vamos tristes. El compromiso sobre el algodón es casi un insulto (...). Europa y los Estados Unidos hicieron causa común. Sin embargo, siendo ellos los más fuertes, debían dar el ejemplo. Sabían, luego de las discusiones en Ginebra, que no estábamos listos para hablar de inversiones, de facilitación del comercio, de concurrencia, etc. Sin embargo, hicieron todo lo posible

La Sexta Conferencia Ministerial se celebró en Hong Kong ("territorio aduanero" en la esfera de China), en diciembre del 2005, sin obtenerse resultados significativos para acercar a los países a un consenso que pudiera poner fin a la ronda de negociaciones en curso.

En los años 2006, 2007 y 2008, no se reunió formalmente ninguna conferencia ministerial, lo que puso en evidencia las dificultades en avanzar en los temas fundamentales. Cabe recordar que el entonces director general de la OMC y presidente del Comité de Negociaciones Comerciales de la Ronda de Doha, Pascal Lamy, asumió sus funciones en septiembre del 2005, y al poco tiempo, el 24 de julio del 2006, informó su decisión de suspender las negociaciones. Recién el 16 de noviembre del 2007, Lamy anunció la reanudación de las negociaciones a nivel técnico.

En julio del 2008, hubo en Ginebra una reunión ministerial informal representativa de los miembros, a fin de llegar a un acuerdo final sobre las denominadas modalidades[12] relativas a la agricultura y el acceso a los mercados para los productos no agrícolas (AMNA), pero, a pesar de ciertos progresos, las conversaciones desembocaron en un punto muerto[13].

---

para imponer esos temas' (*Libération*, 16 septiembre 2003, p. 3)" (*L' Organisation mondiale du commerce*, cit., p. 92).

[12] Precisa STANCANELLI, Néstor E., que "Las modalidades constituyen la etapa previa a la preparación del marco o texto final de negociación que antecede al acuerdo final y consiguiente redacción de los textos legales de las rondas multilaterales. Al elaborarse en un momento avanzado de las negociaciones, contienen opciones acotadas, destinadas a propiciar un acercamiento donde no se han podido saldar las diferencias. Las modalidades abarcan temas relativos a cobertura de productos, fórmulas y cortes de aranceles, reglas sobre subvenciones, flexibilidades, plazos de instrumentación, tratamiento para países en desarrollo y disciplinas generales y específicas de cumplimiento. Son puestas a consideración de los participantes por los presidentes de los grupos de negociación o por el presidente del Comité de Negociaciones Comerciales (CNC), como ocurrió con el texto Dunkel de Agricultura en la Ronda Uruguay" ("La Ronda Doha: sustancia y proceso en su sexto año", cit., p. 38).

[13] Conf. OMC, *Informe anual 2009,* ps. 8, 14, 16 y 17. Se da cuenta en este informe que "a pesar de que se realizaron algunos progresos (incluida la publicación a principios de diciembre de nuevos proyectos de texto sobre la agricultura y el AMNA), se puso de manifiesto que el compromiso político no se había traducido en una convergencia significativa sobre el contenido y que las posiciones de los miembros seguían demasiado alejadas para poder lograr en 2008 un acuerdo sobre las *modalidades*" (p. 16).

En diciembre del 2009 y del 2010, se celebraron la Séptima y la Octava Conferencia Ministerial en Ginebra y, a pesar de ciertas esperanzas, tampoco se logró consenso como para cerrar la ronda[14].

En diciembre del 2013 tuvo lugar la Novena Conferencia Ministerial en Bali (Indonesia). Se aprobó la adhesión de Yemen, con lo cual los Miembros de la OMC ascienden actualmente a ciento sesenta. El denominado "Paquete de Bali" adoptado consta de diez decisiones.

De ellas, como se ha visto, se presenta como principal logro el Acuerdo sobre Facilitación del Comercio. Con relación a la agricultura, se otorgó una protección temporal a los programas de constitución de existencias de productos alimenticios, que permiten a los países conformar existencias de cultivos alimentarios esenciales con fines de seguridad alimentaria[15]. Se establece de tal forma una llamada "cláusula de paz", de naturaleza provisoria, en virtud de la cual las acciones de los Miembros de la OMC no pueden ser impugnadas jurídicamente en el marco del Acuerdo sobre Agricultura, aún el supuesto de que excedan los límites acordados para las subvenciones de ayuda a los agricultores.

Por otra parte, los Miembros se comprometieron a hacer avanzar el mandato de tratar la cuestión del algodón sin demora, dentro de las negociaciones sobre la agricultura[16].

---

[14] Al respecto, pueden verse el Informe anual del 2010 (ps. 36 y 37), el Informe anual del 2011 (ps. 17 y 18), el Informe anual del 2012 (ps. 24 y 25), el Informe anual del 2013 (ps. 41 y 42) y Informe anual del 2014 (ps. 28-30).

[15] Se trata de una cuestión planteada con mucha fuerza por la India, que llegó a vetar en julio del 2013 el Protocolo de Enmienda para incorporar el Acuerdo sobre Facilitación del Comercio hasta forzar un acuerdo con los Estados Unidos que se oponía a su política agrícola. Cabe recordar que oportunamente la India había acordado pocos subsidios y altos aranceles con relación al trigo y el arroz. Sin embargo, con posterioridad frente al importante aumento de los precios de los alimentos en 2007, su política consistió en bajar los aranceles y establecer subsidios explícitos a los productores, más allá de los que había declarado.

[16] El algodón es un tema muy sensible. Cuatro países, Benin, Burkina Fasso, Mali y el Chad cuentan con diez millones de pequeños productores de algodón, que compiten con doce mil productores norteamericanos fuertemente subvencionados, los que de tal forma pueden vender su producto por debajo de su costo producción; la Unión Europea subvenciona también fuertemente a este sector, siendo su costo de producción el triple de la cotización internacional. Para los cuatro países africanos el algodón es su principal exportación, que se encuentra afectada por las subvenciones mencionadas (conf. RAINELLI, Michel, L'Organisation…, cit., p. 90). En el Informe anual 2014 de la OMC se expresa que "En Bali los ministros acordaron que los Miembros de la OMC examinarían dos veces al año los nuevos hechos

Lo cierto es que los resultados no pueden considerarse satisfactorios, pues sobre la cuestión esencial que viene demorando la conclusión de la Ronda de Doha no se ha podido avanzar. Ello indica, entonces, que no puede vislumbrarse que la ronda concluirá próximamente. Básicamente, la dificultad hasta ahora no superada radica en la negociación sobre la agricultura[17] y sobre los bienes no agrícolas[18]. En ambos temas las posiciones se mantienen fuertemente encontradas. Además, su suerte se halla indisolublemente ligada, pues no existe la posibilidad de acordar tan solo respecto de uno de ellos.

Es de destacar la intransigencia de los países desarrollados en efectuar concesiones en el sector agrícola, cuestión que resulta prioritaria para la mayor parte de los países en desarrollo[19].

Al respecto, debe recordarse que el "Grupo Cairns"[20] constituido en 1986 para propugnar la liberalización del comercio de productos

---

relacionados con el comercio por lo que respecta a la cuestión del algodón, en particular el acceso a los mercados, la ayuda interna (subvenciones) y la competencia de las exportaciones (subvenciones y políticas con un efecto equivalente). Esos debates específicos sobre la cuestión del algodón tendrían lugar en el marco de las negociaciones sobre agricultura, con el fin de aumentar la transparencia y reforzar la vigilancia" (...) La Decisión estaba basada en una propuesta presentada por los copatrocinadores de la Iniciativa sectorial a favor del algodón, a saber, Burkina Faso, Benin, Malí y el Chad (los cuatro del Algodón)".

[17] STANCANELLI, Néstor E., señala que "Para tener una idea de la separación que existe en agricultura, basta citar que los Estados Unidos deberían bajar en 8.000 millones de dólares el monto de la ayuda interna de su propuesta y la Unión Europea aumentar del 38% al 51% su nivel de corte en acceso a los mercados, para llegar a la propuesta del G-20..." ("La Ronda Doha a fines de 2006", cit., p. 45).

[18] STANCANELLI, Néstor E., da cuenta de que "...en materia de aranceles industriales será necesario conciliar el coeficiente de fórmula suiza de 15 para los países en desarrollo, que implica una rebaja arancelaria lineal del 66%, propuesto por la Unión Europea y otros países desarrollados, y el coeficiente sostenido por los países del Grupo NAMA-11, que equivale a un corte menor al 50% para los países en desarrollo, en consonancia con la propuesta del G-20 en agricultura, y la reciprocidad menos que plena y el tratamiento especial y diferenciado" ("La Ronda Doha a fines de 2006", cit., p. 45).

[19] CHEMILLIER-GENDREAU, Monique (profesora de Derecho Internacional de la Universidad de París-VII – Denis Diderot), considera que "...la parálisis de las negociaciones en la OMC se debe en gran parte a la inflexibilidad sobre las subvenciones agrícolas de los países desarrollados" ("La Organización Mundial del Comercio ¿Una globalización controlada?", Le Monde Diplomatique, noviembre 2007, ps. 32 y 33).

[20] El denominado "Grupo Cairns" se constituyó en 1986 en la ciudad de Cairns, Australia, antes del inicio de la Ronda de Uruguay, para propiciar la liberalización del comercio de productos agropecuarios. Sus miembros actuales son: Argentina,

agrícolas frente a la Europa proteccionista, ha quedado en cierto modo descabezado. La deserción de los Estados Unidos de América y su enbanderamiento con una política proteccionista a favor de sus agricultores es ahora una realidad.

Parte de los países en desarrollo afectados, con el objeto de defender sus intereses, se han reagrupado en el conocido "Grupo de los 20"[21] creado en el 2003 (integrado entonces por Argentina, Bolivia, Brasil, Cuba, Chile, China, Egipto, Filipinas, Guatemala, India, Indonesia, México, Nigeria, Pakistán, Paraguay, Perú, Sudáfrica, Tailandia, Uruguay, Venezuela y Zimbabwe, que suman ahora 21).

22- Cabe recordar que en la Declaración Ministerial de Doha, con relación a los bienes agrícolas, se reafirmó el compromiso de reducir

---

Australia, Bolivia, Brasil, Canadá, Colombia, Costa Rica, Chile, Filipinas, Guatemala, Indonesia, Malasia, Nueva Zelandia, Pakistán, Paraguay, Perú, Sudáfrica, Tailandia y Uruguay.

[21] Sobre la actividad desplegada por el denominado "Grupo de los 20", conformado en el 2003 para posicionarse en materia agrícola, puede verse: LUFF, David, Le droit de l'Organisation Mondiale du Commerce..., cit., *Ad.* XXXVIII, nota 18; MAKUC, Adrián, y VEGA, Carolina, "*Un ballo...*", cit., ps, 57 a 61; RAINELLI, Michel, L'Organisation..., cit., p. 94; TUSSIE, Diana, y STANCANELLI, Néstor E., quienes señalan que "...el actual G-20 surgió como una reacción al texto de compromiso en agricultura entre Estados Unidos y la Unión Europea de julio de 2003, visto como un remedo del Acuerdo 'Blair House' de la Ronda Uruguay. Esa reacción fue compartida por los países en desarrollo pro liberalización y los altamente defensivos sobre el tema agrícola. Brasil, India y Argentina presentaron un primer texto sobre la negociación de agricultura de la Ronda Doha poco antes de la V Reunión Ministerial de la OMC en Cancún, sumando el apoyo de China, Sudáfrica y de otros países en desarrollo (PED). La articulación de países que se dio en este grupo fue aparentemente contradictoria, pero el conjunto de intereses motivó que permanecieran unidos y constituyeran una fuerza importante, que continúa desempeñándose con un rol muy activo en la Ronda. La línea de fractura más notoria se encuentra entre aquellos miembros que también forman parte del Grupo Cairns y pugnan por la liberalización de la agricultura, y aquellos otros con una alta proporción de población campesina minifundista que sostienen por ese motivo, posiciones defensivas frente al comercio. A pesar de las diferencias, los dos grupos convivieron en el G-20 y llegaron a una fórmula relativamente ambiciosa en acceso a los mercados, apoyo doméstico y subvenciones a la exportación, que contempla medidas especiales para los PED. Coincidieron con el Grupo Cairns, que auspicia la eliminación de las subvenciones a la exportación y un corte radical en las subvenciones domésticas de los países desarrollados, así como un mayor acceso a mercados, tanto de países desarrollados como en desarrollo, preservando el tratamiento diferencial para este último grupo de países" ("La Ronda Doha...", cit., ps. 59 a 62); VINCENT, Philippe, *L'OMC et les pays en developpement,* cit., p. 376.

los aranceles, disminuir sustancialmente las medidas de ayuda interna y reducir, con miras a su eliminación progresiva, todas las formas de subvenciones a la exportación. La reducción de los aranceles se analiza a través del rubro "acceso a los mercados"[22]. Aquí se contemplan la fórmula estratificada de reducción arancelaria, los productos considerados sensibles, la progresividad arancelaria, los contingentes arancelarios y el mantenimiento o la eliminación de la actual salvaguardia especial prevista en el artículo 5° del Acuerdo sobre Agricultura.

La disminución de los subsidios internos[23], se considera bajo el rubro "apoyo doméstico". Estas ayudas son clasificadas considerando los efectos que producen en la producción y en el comercio. Así, se habla de una "caja ámbar" -la más distorsiva-, de una "caja azul" y de una "caja verde".

Las subvenciones a la exportación son abordadas bajo el rubro de la "competencia de las exportaciones". Aquí se procuraba eliminar todas las formas de subvenciones a la exportación para el año 2013, tal

---

[22] Con relación a la propuesta del G-20, STANCANELLI, Néstor E., comenta que "Sobre acceso a mercados insiste en los cortes de aranceles y equivalentes arancelarios sugeridos por el G-20 que superan, sobre todo para los aranceles más elevados, los cortes propuestos en el texto de modalidades del presidente. Insiste en la eliminación de la Salvaguardia Especial, en la fijación de un techo arancelario del 100% para los países desarrollados y en la simplificación arancelaria, esto es, la transformación de aranceles compuestos y específicos en términos *ad valorem*. Indica que los países desarrollados deben comprometer una expansión significativa de los contingentes arancelarios en compensación por la designación de productos agrícolas sensibles. En materia de subvenciones a la exportación destaca que debe ser respetado el compromiso de eliminación de dichas subvenciones para el año 2013, según fuera acordado en la Reunión Ministerial de Hong Kong. Respalda la plena vigencia del trato especial y diferenciado para los países en desarrollo en los distintos pilares de la negociación de agricultura" ("La Ronda Doha a fines de 2007. ¿Desenlace a corto plazo?", cit., p. 46).

[23] NAVA, Juan Andrés, quien advierte que "La Caja Verde debe ser reformada para garantizar que los programas que allí se incluyen no tengan efectos distorsivos del comercio y la producción. De lo contrario, las reducciones registradas en la Ayuda Global Distorsiva del Comercio (AGDC) no tendrán un impacto concreto en las políticas productivas de los países industrializados: simplemente se realizarán modificaciones 'cosméticas' en la forma en que se garantizan los ingresos de sus agricultores a través del *box shifting* entre los compartimentos ámbar, azul y verde. Por lo expuesto, deviene necesario asegurar que las nuevas disciplinas que limiten la AGDC no puedan eludirse traspasando los programas –que garantizan precios y/o ingresos ligados a la producción- a la Caja Verde ("Los subsidios domésticos en las negociaciones agrícolas de la Ronda Doha", *Revista del CEI,* agosto 2010, n° 18, p. 91).

como fuera acordado en la Reunión Ministerial de Hong Kong, lo que no se ha logrado.

En el Informe Anual 2014 de la OMC, se da cuenta que el G-20 distribuyó una propuesta solicitando que en Bali se adoptaran compromisos para comenzar a reducir las subvenciones a la exportación, como primer paso hacia el objetivo previamente acordado, de eliminarlas por completo. Algunos países alegaron que sólo podían contraer compromisos jurídicamente vinculantes al respecto en el marco de un conjunto completo de resultados de la Ronda Doha. Finalmente, como solución de transacción, en Bali se emitió una firme declaración política por la cual los gobiernos se comprometían a asegurar que todas las formas de subvenciones a la exportación se mantuviesen en un nivel bajo, así como a aumentar la transparencia y mejorar la vigilancia[24].

En el sector de los bienes no agrícolas, es decir en la denominada Negociación sobre el Acceso a Mercados para Bienes no Agrícolas (NAMA), el enfrentamiento ha dado lugar a la conformación de un grupo denominado "NAMA 11" por parte de países en desarrollo.

Se trata aquí de consensuar la fórmula para encarar la reducción de los aranceles (v. gr., la "fórmula suiza" u otras variantes propuestas)[25], así como contemplar excepciones a ésta, como el trato especial y diferenciado para los países en desarrollo y menos adelantados.

En el Informe Anual 2014 de la OMC, se da cuenta de que las negociaciones sobre el acceso a los mercados para los productos no agrícolas se hallan estancadas y que el presidente del Grupo de Negociación, hechas las consultas del caso, comprobó que el parecer general era aguardar el resultado de la Conferencia Ministerial de Bali y evitar agudizar las divergencias en este aspecto, que pudieran repercutir en las cuestiones a resolverse en esta Conferencia[26].

---

[24] OMC, Informe anual 2014, ps. 28 a 30.

[25] A través de la fórmula de disminución arancelaria, deben reducirse los picos y el escalonamiento arancelario, teniendo en cuenta las necesidades de los países en desarrollo, mediante una reciprocidad no plena. Cabe recordar que en la Declaración Ministerial de Hong Kong, párrafo 14, se propone la adopción de una fórmula presentada por Suiza, con dos coeficientes, uno para los países desarrollados y otro para los países en desarrollo. Por su parte, Argentina, Brasil y la India presentaron una propuesta (denominada Fórmula "ABI"), la cual, si bien es similar a la fórmula suiza, genera una reducción menos agresiva en los cortes arancelarios (documento TN/MA/W/54).

[26] OMC, Informe anual 2014, p. 31.

Con relación a la regulación de los acuerdos comerciales regionales, se consideran diversas cuestiones, como la aclaración de expresiones previstas en el Artículo XXIV ("lo esencial de los intercambios comerciales", "las demás reglamentaciones comerciales restrictivas"), así como el estatus jurídico de la denominada Cláusula de Habilitación. Se ha logrado algún avance con relación a las cuestiones vinculadas a la transparencia en esta materia.

En lo que hace a la negociación sobre los servicios, se ha puesto en evidencia que los países en desarrollo no están dispuestos ni en condiciones de conceder la apertura a sus servicios sin que se arribe a un compromiso paralelo, por parte de los países desarrollados, en las negociaciones sobre agricultura, que les permita acceder a los mercados con sus productos agrícolas.

VI. EL ACUERDO SOBRE FACILITACIÓN DEL COMERCIO

23- El Acuerdo sobre Facilitación del Comercio, que fuera aprobado provisoriamente en la Conferencia Ministerial de Bali (Decisión Ministerial del 7 de diciembre de 2013), y confirmado por la reunión del Consejo General celebrada el 27 de noviembre de 2014, merece algunos comentarios, pues abre interrogantes y motiva preocupaciones sobre la forma en que se desarrollarán los trabajos futuros de la OMC.

Este acuerdo plantea varias cuestiones, tanto relativas a su contenido, como a la forma en que fue elaborado y aprobado.

Primero, cabe plantearse si se respetó el mandato otorgado en la Declaración Ministerial de Doha del 14 de noviembre del 2001. Por ella se encomendó, en el párrafo 27, al Consejo del Comercio de Mercancías "examinar y, según proceda, aclarar y mejorar los aspectos pertinentes de los arts. V, VIII y X del GATT de 1994", con el propósito explicitado de "facilitar el comercio".

A mi entender, el Grupo de Negociación de la Facilitación del Comercio se excedió en su competencia, pues con relación a lo dispuesto en el Art. VIII del GATT no se limitó a "aclarar y mejorar" dicho texto.

En especial, introdujo un tema nuevo que no encaja en ese mandato ni en la materia abarcada por ese Artículo VIII. Se trata de la propuesta impulsada por la hoy Unión Europea (TN/TF/W/46 del 9/6/2005 y TN/TF/W/88 del 4/4/2006), consistente en que "los Miembros no exigirán el recurso a los agentes de aduana". Resulta claro que los agentes de aduana prestan servicios y como tales, en todo caso, su intervención debería ser abordada dentro de las negociaciones relativas al Acuerdo General de Servicios. El encuadre forzado de la Unión Europea es que la intervención obligatoria de los despachantes o agentes de aduana constituye una "restricción cuantitativa" al comercio, abarcada por el Artículo VIII y como tal debe ser eliminada.

Sin embargo, muchos países consideran que los servicios que prestan los despachantes o agentes de aduana constituyen un auxilio valioso para el buen funcionamiento de la operativa aduanera.

En nuestra obra sobre la OMC[27], con relación a la actividad de los despachantes de aduana, señalamos que "Es de advertir que en este tema no sólo se hallan en juego los intereses del comercio, sino que la regulación aduanera debe asegurar el adecuado servicio que deben prestar las aduanas y el resguardo del interés fiscal. El servicio aduanero se resentiría si los importadores y exportadores pudieran investir con su representación para actuar ante las aduanas en ocasión del despacho de la mercadería a cualquier persona sin conocimientos en materia del comercio exterior (regímenes aduaneros, clasificación, valoración en aduana y origen de la mercadería, etc.). Ello provocaría demoras y originaría situaciones de riesgo para las administraciones aduaneras. Todo el sistema aduanero está hoy en día basado en el 'despacho en confianza', lo que permite un desaduanamiento acelerado. La actuación de los despachantes está subordinada al cumplimiento de una serie de requisitos tendientes a garantizar su idoneidad (conocimientos específicos, régimen de incompatibilidades, solvencia, etc.) y sujeta a un régimen disciplinario por parte de la Aduana. Por tal razón, son muchas las legislaciones aduaneras en las

[27] BASALDÚA, Ricardo Xavier, La Organización Mundial del Comercio y la regulación del comercio internacional, cit., p. 391. Asimismo, puede verse del autor, "La OMC y los despachantes de aduana", Guía Práctica de Comercio Exterior, nro. 147, Buenos Aires, 14/8/2009, ps. 3 a 7, "El despachante de aduana. Situación planteada frente a la Convención de Kyoto revisada en 1999 de la OMA y al Acuerdo sobre facilitación del comercio de la OMC", publicado en la Revista del Centro de Despachantes de Aduana del Paraguay, Asunción, julio de 2014, ps. 24 a 33, y reproducido en la revista Guía Práctica de Comercio Exterior, n° 273, Buenos Aires, 14/11/2014, ps. 3 a 11, y "El despachante de aduana como auxiliar de la función aduanera de los Estados", presentado en el Congreso de ASAPRA celebrado en la ciudad de Punta del Este, los días 29 y 30 de octubre de 2014. Dicho trabajo fue subido a la página de la Asociación de Despachantes de Aduana del Uruguay y reproducido en la revista Guía Práctica de Comercio Exterior, n° 274, Buenos Aires, 28/11/2014, ps. 3 a 11

cuales la participación del despachante de aduana es impuesta en forma más o menos obligatoria, contemplándose excepciones puntuales".

En este sentido, en numerosas legislaciones aduaneras se destaca esta función de colaboración. Concretamente, en la legislación aduanera comparada de Latinoamérica, podemos señalar:

En Argentina y Paraguay, en los respectivos códigos aduaneros se los designa como "auxiliares del comercio y del servicio aduanero".

En Bolivia, Colombia, Costa Rica, Chile, Guatemala y Perú, así como en el CAUCA III de 2003 y en el IV de 2006, se los denomina "auxiliares de la función pública aduanera".

En Uruguay, en su nuevo Código Aduanero, "auxiliar del comercio y de la función pública aduanera".

En Ecuador, "fedatario y auxiliar de la función pública".

En Panamá, "auxiliares de la gestión pública aduanera".

Para cumplir adecuadamente con esta tarea, los que pretenden dedicarse a esta actividad profesional, deben hallarse habilitados por las respectivas aduanas nacionales y para ello han de acreditar acabados conocimientos sobre la normativa y los procedimientos aduaneros.

En la mayoría de los países de Latinoamérica, esas exigencias superan el nivel de los estudios secundarios, pues se requieren estudios terciarios o específicos y exámenes de capacitación ante la Aduana (Argentina, Bolivia, México, Paraguay, Uruguay,) o también ciertos títulos habilitantes (v. gr., licenciatura sobre comercio exterior : Costa Rica, Panamá, Venezuela).

Por consiguiente, hoy en día los despachantes de aduana constituyen verdaderos profesionales del comercio exterior, que en tal carácter colaboran eficazmente con los respectivos servicios aduaneros.

Es que la propia administración aduanera tiene interés en que las presentaciones efectuadas ante ella sean formuladas por personas que conozcan la normativa y la práctica aduaneras. La necesidad de tramitar cada vez más aceleradamente los despachos hace más evidente la ventaja de poder entenderse con un profesional idóneo y responsable.

Por otra parte, debe tenerse presente que en numerosas legislaciones aduaneras, se prevé la responsabilidad solidaria o subsidiaria del despachante de aduana con el importador o el exportador por los tributos que éstos adeudaren[28]. Vale decir, la ley establece una responsabilidad indirecta o refleja y el despachante se constituirá, en su caso, en un deudor por deuda ajena.

En los Estados que así lo han dispuesto por ley, se consideró necesario, para asegurar la percepción de los tributos aduaneros, agregar a la responsabilidad primaria de los importadores y exportadores (deudores por deuda propia), la responsabilidad solidaria o subsidiaria de los despachantes de aduana (deudores por deuda ajena). En consecuencia, en tales legislaciones la actuación de los despachantes de aduana constituye una garantía para la percepción de los tributos aduaneros, lo que explica su intervención con carácter obligatorio.

Esta responsabilidad refleja o indirecta puede justificarse especialmente en aquellos países en los cuales las legislaciones aduaneras no han logrado instaurar un régimen adecuado con relación a la responsabilidad de los importadores y exportadores, vale decir

---

[28] En América Latina, entre las legislaciones aduaneras que en materia tributaria prevén la responsabilidad solidaria del despachante de aduana con el importador o el exportador, pueden mencionarse: la Ley General de Aduanas de 1999 de Bolivia, cuyo artículo 47, párr. 5 dispone: "El despachante y la Agencia Despachante de Aduana responderán solidariamente con su comitente, consignatario o dueño de las mercancías en las importaciones y con el consignante en las exportaciones, por el pago total de los tributos aduaneros, de las actualizaciones e intereses correspondientes y de las sanciones pecuniarias emergentes del incumplimiento de las normas jurídicas pertinentes"; la Ley General de Aduanas de 1995 de Costa Rica, que en su artículo. 36 prevé: "Los agentes aduaneros serán solidariamente responsables por el pago de las obligaciones tributarias aduaneras derivadas de las operaciones aduaneras en las que intervengan y por el pago de las diferencias, intereses, multas y demás recargos correspondientes"; las Ordenanzas de Aduanas de Chile disponen en su artículo 199 que "El Agente de Aduana, hasta el monto de su caución, más la provisión de fondos, junto con su comitente, quedarán solidariamente obligados al pago de todos los gravámenes, cualesquiera sean su naturaleza y finalidad, cuya aplicación y fiscalización correspondan al Servicio de Aduanas"; la Ley Orgánica de Aduanas de 2003 de Ecuador, que en su artículo 120, párr. 3, establecía: "El agente de aduana que interviene en el despacho de las mercancías es responsable solidario de la obligación tributaria aduanera, sin perjuicio de la responsabilidad penal que legalmente corresponda" (el Código Orgánico de la Producción, Comercio e Inversiones del 22 de diciembre de 2010, de Ecuador, que derogó la LOA de 2003, prevé la misma solución en el art. 227, que dispone: "En los despachos de mercancía en que intervenga el agente de aduana es responsable solidario de la obligación tributaria aduanera, sin perjuicio de la responsabilidad administrativa o penal que legalmente corresponda. Sin perjuicio de lo expuesto, el agente de aduanas no será responsable por la valoración de las mercancías").

donde éstos pueden actuar frente a la aduana sin haber garantizado adecuadamente el pago de los tributos.

De cualquier forma, resulta claro que se trata de una decisión soberana que los Estados están perfectamente autorizados a adoptar si con ello entienden asegurar la percepción de la renta. Tal requisito por sí mismo de ninguna manera puede ser considerado una restricción al tráfico de mercaderías, que es el ámbito del Acuerdo General sobre Aranceles Aduaneros y Comercio (GATT) y, por lo tanto, el de su Artículo VIII, que se examina en el ámbito de la "Facilitación del comercio". Vale decir, en estos casos, la obligatoriedad de la intervención del despachante viene impuesta por los Estados para el cobro de los tributos que están autorizados a percibir en el marco de las negociaciones multilaterales en las respectivas rondas y no procede invocar medidas de facilitación de comercio para intentar eliminar la intervención que les atribuya cada Estado Miembro.

Por otra parte, es de notar que los despachantes de aduana, en el ejercicio de su actividad fundamental, contraen obligaciones de hacer, tanto con sus clientes como con la aduana. Vale decir, prestan servicios y no suministran o proveen mercaderías, por lo que el ámbito de competencia para estos asuntos, como se adelantara, corresponde ser analizado en su caso en el marco del Acuerdo General de Servicios y no en el del GATT. Por ende, tampoco debió ser considerado por el Grupo de Facilitación del Comercio relativo al tráfico de mercaderías.

Debe advertirse, también, que, a diferencia de lo que supone la propuesta de la Unión Europea, un cuerpo de despachantes de aduana idóneo constituye un buen complemento para los servicios aduaneros. Por consiguiente, la presencia de despachantes con dominio de la normativa y operativa aduaneras, brinda, entonces, una mayor seguridad jurídica y certeza al comercio exterior de los países.

Todas estas razones permiten concluir que los despachantes de aduana contribuyen a facilitar la tarea de las aduanas, así como a agilizar el desarrollo del tráfico internacional. Constituyen, así, un eslabón valioso y necesario en la cadena de seguridad del comercio internacional.

Este Acuerdo, por otra parte, crea otros problemas. Al excederse de su competencia, ha avanzado sobre la competencia de otro organismo internacional, la Organización Mundial de Aduanas, que desde su creación desarrolla una labor importante en la materia aduanera y ha logrado un merecido prestigio y concitó hasta el presente la adhesión de más miembros (actualmente 179) que la propia OMC. Se trata del organismo internacional especializado en materia aduanera.

No es la primera vez que desde el GATT-OMC se avanza sobre la competencia de la OMA, en materias aduaneras que hacen a su función específica. Así, cabe recordar el Acuerdo sobre valoración en aduana y el Acuerdo sobre las normas de origen de las mercaderías.

En materia de valoración, la Convención sobre el valor en aduana de las mercaderías, aprobado el 15 de diciembre de 1950 y sometido a la administración del Consejo de Cooperación Aduanera había logrado una gran aceptación internacional[29].

Sin embargo, la oposición de los Estados Unidos y de otros países exportadores, como Japón y Canadá, determinó que dicho Convenio fuera sustituido por otro elaborado en la Ronda Tokyo del GATT, el Acuerdo para la aplicación del Art. VII del GATT, que se acomodaba más a sus intereses como países exportadores de productos industriales y que disminuía las atribuciones de las aduanas en la fijación del valor en aduana[30].

---

[29] La Convención sobre el valor en aduana de las mercaderías del Consejo de Cooperación Aduanera llegó a tener 33 Partes Contratantes y otros 70 países incorporaron a su legislación su sistema de valoración, aunque no adhirieron formalmente a ella. De tal modo, esta Convención llegó a ser aplicada por más de cien países. Al respecto, puede verse: GONZÁLEZ BIANCHI, Pablo, El valor en aduana. La valoración de las mercancías en el sistema *GATT/OMC*, Universidad de Montevideo, Montevideo, 2003, vol. I, p. 64; ZOLEZZI, Daniel, Valor en aduana (Código universal de la OMC), La Ley, 2ª edición, Buenos Aires, 2007, p. 5.

[30] Sobre el reemplazo Convención sobre el valor en aduana de las mercaderías del Consejo de Cooperación Aduanera por el Acuerdo para la aplicación del Artículo VII del GATT, puede verse: ALSINA, Mario A, "Armonización de los sistemas aduaneros latinoamericanos, revista Integración Latinoamericana", INTAL, nº 75 Buenos Aires, diciembre de 1982; ALSINA, Mario A., BASALDÚA, Ricardo Xavier, y COTTER MOINE, Juan Patricio, Código Aduanero. Comentarios – Antecedentes – Concordancias, Abeledo-Perrot, Buenos Aires, 1985, t. IV, ps. 204 a 206; ALSINA, Mario A., BARREIRA, Enrique C., BASALDÚA, Ricardo Xavier, COTTER MOINE, Juan P., y VIDAL ALBARRACÍN, Héctor G., Código Aduanero comentado, completado y actualizado por BARREIRA, Enrique C., BASALDÚA, Ricardo Xavier, VIDAL ALBARRACÍN, Héctor G., COTTER, Juan P., SUMCHESKI, Ana L, y VIDAL ALABARRACÍN (h), Guillermo, Abeledo-Perrot, Buenos Aires, 2011, t. II, ps. 343 a 345; BASALDÚA, Ricardo Xavier, *La Organización Mundial del Comercio...*, cit, ps. 87 a 90; FRATALOCCHI, Aldo, y ZUNINO, Gustavo, El comercio internacional de mercaderías. Su regulación en la Organización Mundial del Comercio, Omar D. Buyatti, Buenos Aires, 1997, ps. 335 a 339; GONZÁLEZ BIANCHI, Pablo, El valor en aduana..., cit, vol. I, ps. 71 a 76; IBAÑEZ MARSILLA, Santiago, El valor en aduana. Análisis a la luz de su aplicación internacional, Taric, Madrid, 2010, ps, 45 a 52; LASCANO, Julio Carlos,

En materia de origen de las mercaderías, el Consejo de Cooperación Aduanera, a través de su Comité Técnico Permanente, había trabajado arduamente en el tema. Así puede comprobarse en el Convenio para la simplificación y armonización de los regímenes aduaneros (Convenio de Kyoto) de 1973, que le dedicó tres Anexos (D.1, D.2 y D.3).

24- Actualmente, en el Convenio de Kyoto revisado en 1999 se lo contempla en el Anexo K, en tres capítulos de igual contenido.

No obstante, en la Ronda Uruguay del GATT (1986-1994) se elaboró un Acuerdo sobre las normas de origen. En dicho Acuerdo se trata fundamentalmente de las reglas de origen no preferenciales, que es claramente materia propia de la OMA, pues deben prevalecer los aspectos técnicos sobre los políticos. En cambio, en el tema de origen preferencial, que es donde se halla justificada la competencia de la OMC, se han limitado a incorporar al final del Acuerdo una "Declaración sobre las reglas de origen preferenciales".

De igual modo, en el Acuerdo sobre Facilitación al Comercio se contemplan temas que básicamente corresponden a la competencia de la OMA. Se trata de cuestiones que no sólo se refieren a la facilitación del comercio a favor de los comerciantes, sino también a las funciones propias de las aduanas. Por lo tanto, estaba plenamente justificado que fuera elaborado por el organismo especializado, que debe conciliar los legítimos intereses del comercio con los relativos al control de las mercaderías que se importan y se exportan encomendado a las aduanas en los distintos Estados y que hacen al ejercicio de su soberanía.

El valor en aduana de las mercaderías importadas, Omarr D. Buyatti, 2da. edición, Buenos Aires, 2007, ps. 43 a 46; ZOLEZZI, Daniel, quien señala que "La Definición de Bruselas marcó un hito en la historia de esta materia. En primer lugar, por el número de naciones que la adoptó, jamás reunido antes alrededor de una ley común. En segundo lugar, por su mérito, causa indudable de su difusión". Agrega que "El incremento del intercambio comercial -al que sin duda la Definición contribuyó en importante medida- habría de ser esgrimido, paradójicamente, como argumento que abonaba la necesidad de reemplazarla (la justicia de ese argumento es, por cierto, discutible)", Valor en aduana..., cit., ps. 5 a 11. Deben destacarse la Decisión 6.1 relativa a los casos en que las administraciones de aduanas tengan motivos para dudar de la veracidad o exactitud del valor declarado, y la Decisión 7.1 sobre los valores mínimos e importaciones efectuadas por agentes exclusivos, distribuidores exclusivos y concesionarios exclusivos, negociadas en la Ronda Uruguay, y aprobadas por el Comité de Valor en Aduana, que contempló algunos de los reclamos de los países en desarrollo, frente al Acuerdo para la aplicación del Artículo VII del GATT de 1994.

Al tratarse este tema en la esfera de la OMC se ha puesto en peligro el necesario equilibrio que debe existir entre los intereses del comercio y la seguridad del tráfico, que se garantiza con el adecuado ejercicio de las funciones de control por parte de las aduanas. Este equilibrio debe preservarse en la esfera de la OMA, pues es aquí donde están representadas las administraciones aduaneras de los Estados.

Cabe preguntarse qué es lo que ha llevado a esta situación en perjuicio de la competencia de la OMA. Entendemos que se ha privilegiado asegurar la aplicación efectiva de las normativas respectivas a través de la coerción que puede ejercerse sobre los Estados mediante el eficaz mecanismo de solución de diferencias de la OMC.

Lo mismo se ha visto en la Ronda Uruguay, donde se avanzó sobre la competencia de la Organización Mundial de la Propiedad Intelectual (OMPI), mediante la elaboración del Acuerdo sobre los Aspectos de la Propiedad vinculados con el Comercio (ADPIC). Nótese que este Acuerdo no encaja en el normal ámbito de actuación de la OMC, pues en vez de tratarse de la eliminación de restricciones al comercio internacional, el ADPIC se ocupa de consolidar los privilegios y monopolios de los llamados derechos de propiedad intelectual[31]. En esa normativa no se persigue la liberalización del

[31] Al respecto, considera BAGHWATI, Jagdish, que el ADPIC no tiene nada que ver con la gobernancia del comercio mundial y que, en definitiva, conduce a una transferencia de los países pobres hacia los países ricos (Éloge du libre-échange, Editions d' Organisation, París, 2005; COLARD-FABREGOULE, Catherine, da cuenta que "Durante las negociaciones de Uruguay un cierto número de países de desarrollo, principalmente la India y el Brasil, se mostraron hostiles a la inclusión de este tema en las negociaciones comerciales, estimando que el GATT no era el lugar para tratarlo". Menciona asimismo la presión ejercida por los Estados Unidos sobre esos países, amenazando con la exclusión del Sistema Generalizado de Preferencias y la aplicación de las medidas previstas en su legislación interna (Sección 301 y Sección Super 301), por lo que a fin de 1990 sólo la India se resistía y figuraba en la Sección Super 301 (L' essentiel de l' Organisation Mondiale du Commerce, cit., ps. 100 a 102); MESSERLIN, Patrick, señala que "La entrada del GATT en este dominio era todavía más delicada por la existencia de una institución internacional, la Organización Mundial de la Propiedad Intelectual. Desde su creación, la OMPI sufrió dos males principales. Encargada de administrar y coordinar los diferentes tratados y convenciones citados, ella padeció el hecho de que estos no tenían impacto real en los países miembros, sino en la medida en que resultaran 'traducidos' en las leyes nacionales, lo que estaba lejos de ser siempre el caso. Además, la OMPI no dispone de procedimientos apropiados de solución de diferendos. Sin poderes, la OMPI fue, rápidamente, el teatro agitado de conflictos entre los países desarrollados, ricos en trabajo calificado, por lo tanto, favorables a la

comercio, sino el respeto a las patentes de invención, a las marcas, a los derechos de autor, etc., todos temas que no tienen natural cabida en el cometido de la OMC. Pero aquí también, lo que prevaleció es dotar de eficacia y coerción al sistema que en la esfera de la OMPI no se logra, pues la OMPI no cuenta con un sistema de solución de controversias que logre imponer a los países el cumplimiento de los acuerdos firmados –los cuales, además, fueron firmados por numerosos países con muchas e importantes reservas). En cambio, en el ADPIC no sólo ya no se reconocen las reservas oportunamente efectuadas, pues no pueden ser invocadas en este ámbito, sino que se asegura la eficacia de su aplicación de la totalidad de la normativa a través del sistema previsto en el Entendimiento para la solución de diferencias y, en su caso, se extiende dicha normativa incluso a los países Miembros de la OMC que no habían firmado tales convenios.

El caso sobre el derecho que surge de las patentes sobre productos farmacéuticos dio lugar a enfrentamientos importantes y trascendentes cuando en algunos países en desarrollo o menos adelantados estaba en juego la salud pública y no podía disponerse de recursos suficientes para pagar las regalías correspondientes. Como solución de compromiso, cabe recordar al respecto la Declaración Ministerial de Doha sobre el Acuerdo sobre los ADPIC y la Salud Pública, adoptada el 14 de diciembre de 2001, que en su párrafo 19 destacó la importancia de aplicar e interpretar el ADPIC de forma favorable a la salud pública y reconoció el derecho de facilitar el acceso de la población a los medicamentos. El 30 de agosto de 2003, el Consejo General de la OMC mediante una decisión dispuso una derogación provisoria a lo previsto en el artículo 31, párrafo f), facilitando las importaciones de productos genéricos por parte de los países que no

---

adopción de derechos de propiedad intelectual, y los países en desarrollo, no favorables a esta adopción" (*La nouvelle organization mondiale du commerce*, cit, p. 256); Por su parte, Joseph E. STIGLITZ afirma que "En realidad la propiedad intelectual no pertenece al ámbito de los acuerdos comerciales. En teoría, los acuerdos sobre comercio liberalizan el intercambio de bienes y servicios entre los distintos países, pero el acuerdo sobre los ADPIC tenía que ver con un asunto completamente distinto; en cierto sentido, tenía más que ver con la 'restricción' del intercambio de conocimientos a través de las fronteras. De modo que, para encajarlo en el acuerdo comercial, los negociadores añadieron dos palabras, 'relacionados con el comercio'" (*Cómo hacer que funcione la globalización*, Taurus, Buenos Aires, 2006, p. 159).

tienen capacidad de fabricarlos[32]. Se advierte en esta temática el conflicto de fondo que se suscita entre los intereses puramente comerciales y otros intereses no económicos, como la salud pública, que como consecuencia de la ampliación de la competencia de la OMC será sometido a la decisiones de los grupos de especiales y del Órgano de Apelación, siendo que el requisito para designar a sus integrantes estriba en el destacado conocimiento del comercio internacional y no, obviamente, de la salud pública. Es decir, las buenas soluciones que puedan brindarse en estos casos, parece que dependerán más del sentido común de sus integrantes que de la aplicación de los conocimientos requeridos para el desempeño en esos cargos.

También el posible patentamiento de organismos vivos, contemplado en el artículo 27 del ADPIC ha generado grandes inquietudes, a mi entender plenamente justificadas[33].

---

[32] AZZARIA, Georges, recuerda que en el 2001 casi 40 millones de personas estaban afectadas por el SIDA, de las cuales 28 millones se encontraban en el África subsahariana, siendo la principal causa de muerte. Considera que "...para establecer una relación de reciprocidad o equilibrio entre los principios relativos a la propiedad y a la salud, habría quizás que pensar en reconocer el derecho a la salud como un concepto fundador de derechos. En la Decisión de Doha, el derecho a los medicamentos para los países más pobres está admitido como una excepción al principio general de la propiedad de las patentes y, como toda excepción jurídica, debe interpretarse restrictivamente con la idea de que ella deroga a un principio más fundamental (…); para hablar de un real equilibrio, hay que ubicar en un plano igualitario a los dos principios que deben dialogar". Concluye que "...la Decisión Ministerial de Doha promete continuar la reflexión emprendida sobre las excepciones posibles al régimen de patentes y sobre los procedimientos biológicos de obtención de vegetales o animales, así como emprender el estudio de las relaciones entre el Acuerdo de los ADPIC y la Convención sobre la Diversidad Biológica, al igual que el estudio de la protección del saber tradicional y del folclore" ("Les brévets pharmaceutiques et l'áccès aux médicaments", en DEBLOCK, Christian (dir), L'Organisation Mondiale du Commerce..., cit., ps. 248 a 252). Puede verse también a NUÑEZ, Javier, "Acuerdo sobre los ADPIC y Salud Pública. Evolución de la cuestión en la OMC y la posición asumida por la República Argentina en las negociaciones", en Patentes y medicinas esenciales (coord. SCHÖTZ, Gustavo J.,), Estudios Centro de Propiedad Intelectual, vol 2, Heliasta – Universidad Austral, Buenos Aires, 2013, ps. 209 a 268. Nos ocupamos de este tema en la obra sobre la Organización Mundial del Comercio, ya citada, ps. 557 a 559, notas 94, 95 y 96, donde se indica bibliografía al respecto.

[33] El artículo 27 del ADPIC, que determina la materia patentable, provocó importantes reacciones. Remitimos a nuestro obra sobre la OMC, ps. 554 a 556, notas 91, 92 y 93.

El Acuerdo sobre Facilitación del Comercio se aprobó dejando de lado dos importantes principios del GATT y que fueron receptados por la OMC.

En primer lugar, el principio que rige las negociaciones comerciales en las rondas, conocido como "*single undertaking*" (compromiso único), en virtud del cual el resultado que se obtenga al finalizar la ronda debe ser considerado un todo que debe aprobarse conjuntamente, evitándose así las aceptaciones parciales[34].

Además, el Acuerdo sobre Facilitación del Comercio se aprobó soslayándose el tradicional principio del consenso, para imponer a algunos países, por ejemplo, la solución impulsada por la Unión Europea en contra de la intervención obligatoria de los despachantes o agentes de aduana. Cabe recordar que el artículo IX del Acuerdo de Marrakech, referido a la "Adopción de Decisiones", en su párrafo 1 expresa que "La OMC mantendrá la práctica de adopción de decisiones por consenso seguida en el marco del GATT de 1947. Salvo decisión en contrario, cuando no se pueda llegar a una decisión por consenso la cuestión objeto de examen se decidirá mediante votación"[35]. Pues bien, en el art. 10 de Acuerdo sobre Facilitación del Comercio, en su párrafo 6 se expresa que "Sin perjuicio de las importantes preocupaciones de política de algunos Miembros que mantienen actualmente una función especial para los agentes de aduanas...", reconociéndose así la falta de consenso en la norma que afecta a los agentes de aduana, pero no obstante ello, mantiene su obligatoriedad, sin admitirse siquiera reservas al respecto.

[34] Con relación al principio del "*single undertaking*" (compromiso único), CARREAU, Dominique, y JUILLARD, Patrick, refiriéndose al programa de trabajo de la Ronda Doha, expresan: "Los resultados de estas negociaciones comerciales deberán ser consideradas como un todo, constituyendo un compromiso único de los participantes; es ciertamente la confirmación que, contrariamente a la época del GATT, no se admitiría una 'OMC a la carta' " (Droit international économique, cit., 5ª edición, p. 159, nº 385). Por su parte, ABREU, Sergio, considera con relación a este principio que "...lo fundamental es que el concepto de '*single undertaking*' se mantenga y que resulte un paquete final que transmita seguridad jurídica en el mundo del comercio y de las inversiones. La parcialización de la liberación comercial para contemplar los distintos intereses y reclamos, llevaría a desvirtuar el sistema multilateral" ("Algunas reflexiones luego de la última Reunión Ministerial de julio de 2008 en la OMC, Ginebra", Consejo Uruguayo para las Relaciones Internacionales, *Análisis* nº 06/08, Montevideo, 28 de agosto de 2008, p. 3).

[35] En atención a que se trata de un procedimiento de enmienda, la mayoría requerida se eleva a dos tercios de los votos.

Por otra parte, es de advertir que el Protocolo relativo al Acuerdo no pudo ser adoptado en la oportunidad prevista (31 de julio 2013, "como más tarde") en razón de la oposición o del veto de la India, tema que se resolvió mediante una "cláusula de paz" a su favor luego de una negociación (¿bilateral?) con los Estados Unidos[36].

El nuevo Director, Roberto Azevêdo, hasta su designación experimentado embajador de Brasil ante la OMC en Ginebra, asumió en septiembre del 2013, como resultado de una elección donde fue el candidato preferido de los países en desarrollo.

Resulta llamativo que el primer logro importante que se ve obligado a presentar en su gestión, después de años de cuasi-parálisis de la OMC, haya sido el Acuerdo sobre Facilitación del Comercio, que es un acuerdo que va a facilitar fundamentalmente el tráfico de los productos industriales[37]. Se trata de un Acuerdo impulsado sobre todo

---

[36] Documento OMC, WT/MIN/(13)/W/10, párrafo 2, del 6/12/2013; Documento Bridges Network, Bridges Weekly, volumen 18, issue 28, 31 july 2014, "WTO Trade Facilitation Deal in Limbo as Deadline Passes Without Resolution", FERRANDO, Alonso P., recuerda: que "a fin de garantizar su 'seguridad alimentaria' y contar con alimentos para sus poblaciones pobres, principalmente la India exigió poder aplicar políticas de compra de reservas a precios administrados, así como la utilización de subvenciones agrícolas y medidas compensatorias; todas políticas que están limitadas y reguladas por la OMC (en particular por su Acuerdo sobre la Agricultura) cuando sobrepasan ciertos umbrales y para ciertos tipos de ayudas internas. El objetivo de esta propuesta pretendía obtener un compromiso por parte de los restantes Miembros de no denunciar, por medio del mecanismo de solución de diferencias de la OMC, a los países en desarrollo que aplicasen estos instrumentos ni a sus políticas de 'seguridad alimentaria' hasta que 'se encontrase una solución permanente'. La discusión se centró entonces en si la mencionada 'flexibilidad' debía ser temporaria o permanente. Finalmente, se acordó una 'cláusula de paz' a favor casi exclusivamente de la India, que se aplique únicamente a aquellos países con cultivos esenciales para su régimen alimenticio, válida para aquellas políticas de 'seguridad alimentaria' existentes hoy en día (o sea que no podrá cubrir nuevas políticas) y sólo concerniente a la constitución de reservas a precios administrados y no a las subvenciones agrícolas ni a las medidas compensatorias. Se acordó también que no más tardar de la Undécima Conferencia Ministerial –finales de 2017-, se debía encontrar una solución permanente" (La Ronda Doha de la OMC: Bali 2013. El Acuerdo sobre Facilitación del Comercio, Instituto de Estrategia Internacional, Buenos Aires, enero 2014, p. 10).

[37] Conf. FERRANDO, Alonso P., quien expresa: "El AFC que se alcanzó en Bali, si bien podría generar beneficios para los productos agrícolas, principalmente para las mercaderías perecederas que son tratadas en el artículo 7 del Acuerdo, no evita ni morigera las barreras sanitarias y fitosanitarias que muchas veces se transforman en verdaderas medidas para arancelarias injustificadas que restringen el comercio de

por los Estados Unidos y la Unión Europea y que favorece especialmente al comercio de los países desarrollados. En cambio, los temas que preocupan a los países en desarrollo, entre los cuales se encuentra todavía Brasil, han quedado postergados una vez más, salvo unos tímidos y pequeños avances en materia de agricultura, donde se reconoce una protección temporal a los programas de constitución de existencias de productos alimenticios con fines de seguridad alimentaria.

25- Por consiguiente, cabe suponer que el éxito logrado en la Conferencia Ministerial de Bali debe tener algún dejo de sabor amargo para el flamante Director brasileño Roberto Azevêdo. Es de esperar que pueda compensarlo con otros éxitos en el futuro que conciten el entusiasmo de los países en desarrollo y menos adelantados.

Recuérdese que estamos frente a la Novena Ronda que lleva por denominación la "Ronda del Desarrollo", donde se supone entonces que los mayores esfuerzos deben desplegarse para lograr un comercio más justo y equilibrado que les permita desarrollarse y participar en mayor medida en el comercio internacional[38].

VII. LA PROLIFERACIÓN DE LOS ACUERDOS COMERCIALES REGIONALES Y EL DETERIORO DEL MULTILATERALISMO

Las dificultades para avanzar en el plano multilateral, se ven agravadas por la proliferación de los denominados "Acuerdos Comerciales Regionales".

---

estos bienes. El AFC es un acuerdo pensado claramente para los productos industriales" (La Ronda Doha de la OMC: Bali 2013..., cit., p. 27).

[38] RAINELLI, Michel, destaca que "La ronda de Doha debía poner la liberalización del comercio internacional al servicio del desarrollo de los países más pobres. El desarrollo de las negociaciones demostró que los países más desarrollados no estaban dispuestos a consentir las concesiones indispensables, sobre todo en el dominio agrícola, para que este objetivo pudiera lograrse, y el fin de la ronda es sin cesar postergado: al vencimiento del 1° de enero 2005 fue reportado a 2006, 2007, 2010... Esta situación recuerda los obstáculos encontrados por la última ronda del GATT, la de Uruguay, lo que puede ser tranquilizador, ya que esa ronda logró concluir. Sin embargo, la crisis actual es más grave, porque los principales países, Estado Unidos y la Unión Europea, están en tren de negociar acuerdos bilaterales de libre comercio, que llevan a pensar que la OMC ya no es más, para ellos, la mejor instancia de gobernanza del comercio mundial" (*L'Organisation...*, cit., ps. 103 y 104).

Cabe advertir en este tema el grave problema que plantea la nueva política adoptada hace algunos años por los Estados Unidos de América, que implica en los hechos un abandono del multilateralismo.

Frente a las dificultades suscitadas en las negociaciones multilaterales, Estados Unidos ha buscado avanzar por la vía de los acuerdos regionales o bilaterales. Así, en primer lugar, recordamos el Acuerdo con Canadá de 1988 creando una Asociación de Libre Comercio (*Canadian – United States Free Trade Agreement – CUSFTA*), ampliada luego con la inclusión de México, mediante el Tratado de Libre Comercio de América del Norte (*North American Free Trade Agreement o NAFTA*), suscripto en 1992.

Con un enfoque regional, pero englobando a todo el continente americano, por iniciativa de los Estados Unidos de América, se inició a partir de la reunión "Cumbre de Miami", celebrada en diciembre de 1994 entre los Jefes de Estado de treinta y cuatro países, un proceso tendiente a la constitución de un "Área de Libre Comercio de las Américas" (ALCA), que hoy se encuentra fuertemente cuestionado y paralizado, sino abandonado.

Muchos países involucrados entendieron que el proyecto de liberación del comercio propiciado por los Estados Unidos, dadas las dificultades surgidas en las negociaciones llevadas a cabo, en la práctica solo beneficiaría a los bienes industriales y que no se garantizaba el acceso al mercado norteamericano de los productos agrícolas. Frente a ello plantearon su rechazo a continuar las negociaciones. Ello constituyó, a mi entender, un grave error estratégico, pues lo aconsejable era que los países en desarrollo continuaran negociando en conjunto, sin renunciar a los legítimos intereses en juego y manteniéndose unidos en sus justas reivindicaciones. En cambio, en la Cumbre celebrada en Mar del Plata en el 2005, la falta de diálogo y la consiguiente ruptura propiciada desde varios países, con Venezuela gobernada por el entonces presidente Hugo Chávez a la cabeza, se hizo manifiesta.

Frente al fracaso de su proyecto global para las Américas, los Estados Unidos se consideraron libres para desechar la vía de la integración regional, e iniciar otro camino marcado por el bilateralismo.

Lo cierto es que los Estados Unidos van a ir concretando desde entonces la firma de acuerdos bilaterales de libre comercio con varios Estados sudamericanos. Éstos, entonces, se ven precisados a negociar en forma individual nada menos que con los Estados Unidos. Así, acontece con el suscripto con Chile el 6 de junio de 2003 (vigencia desde 1/1/2004), con Perú el 7 de diciembre de 2005 (rige desde el 1°/2/2009) y con Colombia el 27 de febrero de 2006 (vigencia desde el 15/5/2012). En cambio, el proyectado acuerdo con Ecuador no prosperó debido al cambio de Gobierno en ese país. Además, con el Estado centroamericano de Panamá se suscribió un acuerdo el 28 de junio de 2007 (rige desde el 31/10/2012).

Actualmente, en el continente americano, cabe mencionar la existencia de nuevos proyectos regionales, como el de la Unión de Naciones Sudamericanas (UNASUR: 2008), entre Argentina, Bolivia, Brasil, Chile, Colombia, Ecuador, Guyana, Paraguay, Perú, Surinam, Uruguay y Venezuela, que reemplazó a la Comunidad Sudamericana de Naciones (CSN: 2004), y que, en definitiva, encarna el proyecto de Área de Libre Comercio de Suramérica (ALCSA) que impulsara Brasil en 1993. Sin embargo, estos proyectos no superan hasta el presente las declamaciones retóricas y no presentan objetivos claros y concretos a nivel de integración económica, en las formas previstas en el Artículo XXIV del GATT, es decir para conformar una zona de libre comercio o una unión aduanera.

Por otra parte, el proceso relativo al Mercosur no progresa por falta de un liderazgo firme y adecuado, tanto en el gobierno del Brasil como en el de la Argentina.

26- La Comunidad Andina de Naciones –de la cual se retirara Venezuela en 2006 frente a los acuerdos bilaterales comerciales negociados con los Estados Unidos por Perú y Colombia-, tampoco logra consolidarse en sus objetivos. Asimismo, ha de señalarse la más reciente creación de la Alianza del Pacífico, entre Chile, Colombia, México y Perú.

Ha mencionarse también la negociación que se desarrolla entre los Estados Unidos y la Unión Europea para un acuerdo de libre comercio (Tratado Transatlántico: TTIP, en sus siglas en inglés), asi como la iniciativa de China en el ámbito del Foro de Cooperación Económica de Asia-Pacífico (APEC) para el establecimiento de la Zona de Libre Comercio Asia-Pacífico (FTAAP), que diera lugar a la Declaración de Pekín del 12 de noviembre de 2014.

La situación descripta pone de manifiesto que la vía del multilateralismo se halla gravemente amenazada[39].

---

[39] El Consejo Consultivo, citado en la nota 3, en su informe afirmó que "... le preocupa profundamente la actual expansión de los Acuerdos Comerciales Preferenciales". Considera que "La solución a largo plazo para la 'maraña' de

Ante el fenómeno de la "globalización", que coincide básicamente con el "multilateralismo", aparece el de la "regionalización", un regionalismo que se basa en el Artículo XXIV del GATT, que posibilita apartarse del principio fundamental de no discriminación. También renace, a su amparo, un nuevo "bilateralismo".

Según el Informe Anual 2014 de la OMC, de los 581 Acuerdos Comerciales Regionales notificados a la OMC al 31/12/2013, estaban vigentes 385, precisándose que la mayoría de estos acuerdos son bilaterales.

Carreau y Juillard señalan que "El fracaso del multilateralismo favorece el retorno del unilateralismo: pero es un unilateralismo que adopta la máscara del bilateralismo. La negociación multilateral, sea que siga la vía de una negociación institucional de carácter permanente, como en la OMC, o que se mantenga en la vía tradicional de la negociación inter-estatal, librada a la iniciativa de los miembros de la comunidad internacional, bien parece padecer una fase de desaceleración. El unilateralismo encuentra su lugar. Pero además debe señalarse que, cada vez con mayor frecuencia, el unilateralismo avanza disfrazado de las apariencias del bilateralismo. El actual desarrollo de glos *Preferential Trade Agreements* (PTA) es una ilustración de este fenómeno. Los PTA son acuerdos bilaterales que los Estados Unidos primero –prontamente seguidos en esto por numerosos países, como China, la India, el Japón o la Unión Europea- conciertan con los asociados de su agrado. En los términos de esos acuerdos, las dos partes se hacen concesiones mutuas en materia de acceso al mercado –concesiones que no habrían podido obtener en el marco de una negociación multilateral; y se entienden además para liberalizar entre ellos los flujos de inversiones. Por cierto, estos PTA son negociados sobre la base de la reciprocidad; pero más allá de las apariencias, son los Estados Unidos que aprovechan la apertura de los mercados para sus exportadores, y son sus asociados convencionales que se beneficiarán de los flujos de inversión que generará el acuerdo. Así opera el contorneamiento de la OMC por medio de acuerdos bilaterales que crean integraciones económicas regionales en el sentido de los acuerdos de Marrakech y, de tal forma, procuran a las partes contratantes y en particular a los Estados Unidos que son los

---

preferencias discriminatorias es la reducción efectiva de los aranceles NMF y las medidas no arancelarias en las negociaciones comerciales multilaterales. La necesidad de lograr éxito en la Ronda Doha es evidente desde esta perspectiva" (*El futuro de la OMC...*, cit., Conclusiones, puntos 2 y 3, p. 95).

propiciadores, ventajas superiores a las que habrían podido obtener de la negociación multilateral. Los PTA, aunque se presentan ostensiblemente como instrumentos de liberalización, no dejan de significar una grave amenaza sobre el sistema comercial que crearon los Acuerdos de Marrakech. Es que la liberalización se efectúa aquí en beneficio del bilateralismo, y en perjuicio del multilateralismo –siendo que, en el sistema de la OMC, liberalización y multilateralización eran indisociables uno del otro"[40].

En definitiva, después de transcurridos veinte años no puede afirmarse que la Novena Ronda del Desarrollo haya alcanzado sus objetivos, ni tampoco que esté cerca de lograrlos.

Se trata de una situación particularmente grave, porque ante el estancamiento de las negociaciones comerciales sobre los temas esenciales para establecer un comercio más justo, el multilateralismo, que es la razón de ser de la OMC, es el que está amenazado por una vuelta al bilateralismo.

Los ideales de no discriminación y trato igualitario entre los países en un comercio abierto, ceden de tal forma frente a la conformación de bloques[41] y a la proliferación de los acuerdos comerciales denominados regionales, que muchas veces ocultan la reaparición del unilateralismo de los más fuertes.

Ha de recordarse la sentencia del pensador Lacordaire que expresa "entre el fuerte y el débil es la libertad la que oprime y la ley la que libera". Para los países en desarrollo y los menos adelantados son las disciplinas de la OMC y aquellas que se vayan estableciendo en su seno mediante negociaciones comerciales multilaterales las que brindan mayores garantías[42]. Es en ese marco donde debe lucharse

---

[40] CARREAU, Dominique, y JUILLARD, Patrick, *Droit international économique*, cit., ps. 56 y 57, nros. 146 a 148.

[41] FLORY, Thiébaut, considera que los dos grandes desafíos que tiene por delante la OMC son la integración de los países en desarrollo al sistema y el relativo a la conciliación de los "bloques regionales" con las normas económicas internacionales (*L'Organisation Mondiale du Commerce. Droit institutionnel et substantiel*, Bruylant, Bruxelles, 1999, p. 213).

[42] El Consejo Consultivo, citado en una nota precedente, en su informe advirtió que "...todos los Miembros de la OMC deben tener presente que, simplemente en virtud de su poder de mercado, los gigantes del sistema pueden elegir la forma en que conducen sus relaciones comerciales. Ahora bien, mientras opten por ejercer el poder de mercado en un contexto multilateral, con arreglo a normas acordadas por todos, los pobres y los débiles no han de temer una vuelta a la ley de la selva. Todos están interesados en que la OMC siga teniendo éxito como institución, pero ningún

para que las reglas que regulen al comercio internacional sean lo más justas y equilibradas posible. Por ello es importante que las negociaciones de la Novena Ronda del Desarrollo prosigan y lleguen a buen puerto. En un sistema internacional que consagre la injusticia ningún país puede considerarse realmente un vencedor.

grupo lo está más que el de los débiles y los pobres" (*El futuro de la OMC...*, cit., ps. 19 y 20, nº 53).

L'AMICUS CURIAE, L'AUTRE « AMI » DE L'OMC

Me Patrick SAERENS[1]

Si la société civile connaît mal l'OMC, les juristes eux-mêmes ne sont pas familiarisés avec les procédures au sein de l'ORD. Parmi celles-ci, *l'amicus curiae* est sans doute l'une des plus singulières, mais son contour reste incertain.

27- Le passage du GATT à l'OMC, sous les auspices enchanteurs de Marrakech, a été bien davantage qu'une modification de sigle. Si les cycles se poursuivent, mettant en lumière des lieux qui ont connu des avancées plus ou moins significatives pour le commerce mondial (Ururguay, Doha...), la création de l'Organe de Règlement des Différends (ORD) est le Rubicon qui a transformé une organisation politique en une institution juridique.

Lorsqu'un contentieux naît entre Etats membres, un groupe spécial est constitué afin d'établir un rapport préliminaire contradictoire qui peut aboutir, à défaut d'accord entre parties, à solliciter de l'organe d'appel qu'il statue en droit. Ce dernier va énoncer des recommandations qui devront être spontanément acceptées par l'autre partie avant que l'autre Etat ne puisse procéder à des mesures de rétorsion à défaut d'accord.

Certes, tant le groupe spécial ou l'organe d'appel par l'ORD sont des émanations politiques composées des Etats membres de l'OMC. Mais comme l'accord est automatique à défaut de décision

[1] Chargé de cours à IC-HEC (Hautes Etudes commerciales) et IHECS (Institut des Hautes Etudes en Communications Sociales) à Bruxelles, professeur invité à l'Université de Lorraine, Avocat, patrick.saerens@ichec.be.

consensuelle contraire, la doctrine affirme le caractère juridictionnel du mécanisme[2].

L'idée de base de l'OMC est d'aboutir à des accords de concessions réciproques en vue de libéraliser l'économie mondiale.

Ce concept doit toutefois tenir compte de nombreuses dérogations qui déstabilisent le fragile équilibre mis en place. Par ailleurs, la philosophie générale a été mise en péril par des exceptions reconnues dans certaines matières telles l'agriculture ou la pêche, lorsqu'un État justifie d'un grave déficit ou encore parce qu'un secteur industriel doit être protégé d'urgence[3].

Ces différents moyens, assortis de la possibilité pour un État de prendre des mesures de sauvegarde concernant l'importation de produits particuliers, ont posé de nombreux problèmes et montré les limites du volet coercitif.

Dans ce contexte, le grand public comprend mal le mécanisme de négociation et moins encore la procédure contentieuse. On reproche d'ailleurs à l'OMC son manque de transparence. La quintessence de la contestation a eu lieu lors de la tentative d'adoption de l'A.M.I. (Accord Mondial sur les Investissements) où les ONG se sont mobilisées massivement pour mettre fin à ce projet considéré par d'aucuns comme ultralibéral.

Pourtant, les accords de 1994 ont débouché implicitement sur une avancée significative à travers un autre « ami », celui de la Cour ou « amicus curiae », dont la jurisprudence prétorienne de l'ORD permet désormais de cerner les contours.

Tradition anglo-saxonne, traduction latine. On pourrait croire que l'amicus curiae est issue du droit romain ; en réalité, cette institution est née sur les bords de la Tamise, il y a plusieurs siècles, où un avocat renommé était appelé en qualité de jurisconsulte pour éclairer les juges sur des questions complexes.

La situation n'a pas vraiment changé puisqu'il s'agit toujours d'une intervention volontaire en vue d'attirer l'attention de la juridiction sur un point pertinent (*relevant matter*) non évoqué par les parties au

---

[2] En ce sens, Hélène RUIZ FABRI, *« Le règlement des différends au sein de l'OMC : naissance d'une juridiction, consolidation d'un droit »*, Mélanges en l'honneur de Philippe Kahn, Litec, 2000, p.311.

[3] William PISSOORT et Patrick SAERENS, Manuel de droit commercial international, Larcier, 2013, p. 21 et s.

litige[4]. Selon le dictionnaire juridique, il s'agit d'un informateur bénévole invité par la juridiction saisie à venir à l'audience afin de fournir, en présence de tous les intéressés, des observations propres à éclairer le juge.

La pratique est bien plus développée aux USA qu'au Royaume-Uni et est fort peu usitée dans les autres pays de l'Union Européenne.

Aux Etats-Unis, l'Attorney Général fédéral peut intervenir comme amicus curiae dans les litiges de droit privé, lorsque le débat porte sur un grand principe constitutionnel. Il peut aussi intervenir comme « allié » de l'une des parties dans une vocation partisane au point que certains raillent cet « ami de la Cour » devenu l'ami de la « Cause ».

L'objectif est souvent de permettre, par le biais de mémoires (briefs) d'assurer que la décision tienne compte d'intérêts de personnes extérieures qui souhaitent interférer dans les débats.

Le système est bien rodé puisque les mémoires sont soumis à des règles rigoureuses tant sur le plan formel (couleur des couvertures, nombre de pages, …) que sur le plan du fond. Il s'agit de porter l'attention de la Cour « sur toute question pertinente sur lesquelles les parties ne sont pas impliquées »[5]. Pour éviter l'inflation de mémoires, la Cour Suprême des USA précise dans son règlement que cet éclairage doit être considérable (« *considerable help to the Court* »).

Dans un récent dossier[6] porté devant elle où la question de la recevabilité de Class Actions par des non-nationaux se posait, la France a elle-même déposé un mémoire, à l'instar d'autres pays, pour demander à la Cour Suprême de déclarer l'action irrecevable. L'objectif était clairement d'éviter que des sociétés françaises puissent, à l'avenir, être mises en cause aux Etats-Unis pour des faits similaires.

En Métropole, l'amicus est confiné à un rôle de « savant », visant uniquement à éclairer le juge. Son statut est méconnu et permet essentiellement de « mesurer la température de la réalité sociale », dégagée du litige à l'occasion duquel il est apparu. Pour peu que l'intervention respecte le principe du contradictoire et que les avocats puissent faire par la suite leurs observations, le barreau, qui avait été consulté sur son opportunité, n'y trouve d'ailleurs rien à y redire.

---

[4] Yves LAURIN, « Les notions d'amicus curiae et de parties dans la procédure », Gazette du Palais, 9 octobre 2012, p.2628.

[5] Guy CANIVET, « L'amicus curiae en France et aux Etats-Unis », R. Jur. Com, Paris, 2005, p. 99 et s.

[6] Affaire Morrison v National Australia Bank Ltd.

Quant à la cour d'appel de Paris, elle a rendu une définition en pointillé de l'amicus curiae : « *ce n'est ni un témoin, ni un expert et il n'est donc pas soumis au code de procédure civile relative à la récusation* »[7].

Derrière ces différences, on constate un décalage selon le système judiciaire en vigueur entre une procédure prétorienne dans les pays de la *common law* et un accueil circonspect dans les pays où le juge est considéré comme la « bouche de la loi ».

Mais dans les deux cas, son rôle se retrouve essentiellement dans les litiges à caractère économique pour lesquels l'exacte appréciation du réel est demandée au juge avec de plus en plus d'insistance.

Un concept à vocation internationale ? Si l'amicus est regardé avec beaucoup de circonspection par les juridictions étatiques, son impact est davantage marqué dans le cadre supra national[8].

Ainsi, tant la Cour Européenne des droits de l'homme (CEDH) que la Cour interaméricaine des droits de l'homme acceptent de recevoir des informations émanant d'un tiers.

La première a renforcé le fondement juridique de l'amicus curiae en se fondant désormais sur l'article 36§2 de la Convention européenne qui prévoit que, dans l'intérêt d'une bonne administration de la justice, toute personne intéressée autre que le requérant peut présenter des observations écrites ou prendre part à des audiences.

C'est par ce biais que la Cour a par exemple accepté dès 1996 le mémoire de la Belgique dans un dossier Lobo Machado/ Portugal au motif que cette affaire était fort proche du dossier Vermeulen / Belgique dont les arrêts seront d'ailleurs rendus le même jour. Preuve de son implication, la CEDH a récemment confirmé son existence lors de la modification de son règlement : « *la chambre peut inviter toute personne ou institution de son choix à exprimer un avis ou lui faire un rapport écrit sur toute question que la chambre juge pertinente pour l'affaire* »[9].

De même, la Cour interaméricaine a très largement admis l'amicus curiae dans le cadre de sa procédure consultative, notamment à l'égard des ONG et des associations professionnelles.

---

[7] Cour d'appel de Paris, 21/6/1988, Gaz.Palais, 1988, 2, 700, note Yves LAURIN.

[8] Pour un panorama complet, voyez Hervé ASCENSIO, « L'amicus Curiae devant les juridictions internationales », Revue générale de droit international privé, Paris, 2001/4, pp.897-929.

[9] Règlement CEDH, art.1-2.

Dans le même ordre d'idée, les juridictions pénales internationales l'ont accueilli expressément : ainsi, l'article 74 du règlement de procédure du Tribunal Pénal International pour l'Ex-Yougoslavie (TPIY) prévoit qu'une chambre peut, si elle le juge souhaitable, autoriser tout Etat, toute organisation ou toute personne à faire un exposé devant elle sur toute question qu'elle juge utile.

D'autres juridictions internationales sont plus réfractaires : ainsi, la Cour Internationale de Justice (CIJ) prévoit, en son article 34 de ses statuts, que les Etats sont les seuls qui peuvent intervenir devant elle. Il est vrai que la nature des dossiers traités justifie peut-être cette sévérité alors que l'ORD, au contraire, a vocation à s'intéresser à des contentieux où des intérêts privés sont directement impliqués.

Même le droit européen s'y est mis récemment en permettant à certaines institutions d'agir dans un contentieux où elles ne sont officiellement pas parties : ainsi par exemple, chaque autorité nationale de la concurrence peut soumettre des observations écrites aux juridictions de son Etat au sujet de l'application des articles 101 et 102 du TFUE. De même, la Commission peut aussi solliciter d'une juridiction nationale de soumettre des observations écrites ou orales dans un dossier qui la concerne.

28- L'immixtion discrète des intérêts privés. Il n'a jamais été autant question d'implications du droit international sur les particuliers avant les accords de Marrakech en 1994[10]. Il est vrai qu'au-delà de l'hypocrisie des dossiers plaidés au nom des Etats, certaines affaires sont médiatiquement liées aux entreprises à l'origine des conflits. Il n'est dès lors pas étonnant que dans certaines affaires, les avocats des Etats soient présents parmi les délégations officielles devant l'Organe de Règlement des Différends[11].

Chacun s'accorde à reconnaître que le régime juridique de l'OMC, de nature sui generis, est ambivalent : bien que de nature fondamentalement inter-étatique, il répond à des exigences des opérateurs économiques au point que dans certains litiges, les Etats ne sont que des « porteurs d'eau » de leurs multinationales. Ainsi,

---

[10] Sur le sujet, Axel DESMEDT, « L'accès des particuliers aux droits et obligations de l'OMC dans la CE », RDC, 2003, p.357-372.

[11] Entre autres dans l'affaire Brésil/ Programme de financement des aéronefs, plus connue médiatiquement sous le nom de Embraer/ Bombardier (WT/ DS46).

l'affaire Japon/ Pellicules photographiques[12] est en réalité un contentieux qui se jouait entre FUJI et KODAK.

Pour éviter que, formellement, les Etats ne représentent les intérêts particuliers de multinationales, l'amicus curiae a très tôt semblé une solution acceptable.

Une première brèche s'est ouverte lorsque s'est posée la question de représentation d'un pays par des avocats privés, non agents de cet Etat.

L'ORD a reconnu, à la demande du gouvernement de Sainte Lucie dans l'affaire CE/ Bananes III, que rien dans le droit coutumier international n'empêchait un Etat membre de choisir qui peut le représenter devant l'organe d'appel[13]. Le dossier était alors mûr pour accueillir des demandes « d'amis de la Cour », ce qui posait d'autant moins de problèmes que l'accord de Marrakech se détache ainsi de la conception contractuelle du droit international public : il établit un système propre au droit de l'OMC, fondé sur une *« lex specialis »*[14] par le biais d'une autonomie des sanctions qui ne se retrouvent pas dans le système classique du ius gentium[15].

29- Une procédure sur mesure. Ce n'est qu'à travers l'article 13 du règlement du Mémorandum visant pour le groupe spécial à demander des renseignements et avis, y compris aux acteurs privés, que ces derniers peuvent officiellement participer aux règlements des différends : le débat est désormais réglé[16] tant devant le groupe spécial (lequel se prononce sur les faits et le droit) que devant l'organe d'appel (qui, selon l'article 17.6 du mémorandum, se concentre sur les seules questions de droit).

Si l'amicus curiae pour les personnes et entreprises privées semble aller de soi puisqu'elles ne peuvent intervenir directement dans le litige, il peut arriver que même un Etat puisse estimer qu'il faut l'entendre dans une procédure qui, a priori, ne le concerne pas. C'est

---

[12] JAPON/ Pellicules et papiers photographiques, WT/ DS44/R, Rapport d'appel du 31/3/1998.

[13] Eric CANAL-FORGUES, « Les règlements des différends à l'OMC », 2ème édition, Bruxelles, Bruylant, 2004, p. 26.

[14] Charles Emmanuel COTE, « La participation des personnes privées au règlement des différends internationaux économiques », Bruxelles, Bruylant, 2007, p. 108 et s.

[15] Henri CULOT, « Les sanctions dans le droit de l'OMC », Annales de droit de Louvain, Vol.73, 2013, n°1.

[16] Mirko ZAMBELLI, « L'amicus curiae dans le règlement des différends de l'OMC : Etat des lieux et perspectives », Revue Internationale de droit Economique », 2005, p. 197-218.

ce qui s'est passé dans l'affaire CE-Sardines[17] où le Maroc a présenté devant l'organe d'appel une soumission d'amicus curiae. La question était intéressante, car l'Etat chérifien n'avait pas participé au premier degré de la procédure devant le groupe spécial, et n'avait donc d'autre moyen sa position que de passer par le biais d'un mémoire d'ami de la Cour.

Puisque les organes de l'ORD n'ont pas d'obligations juridiques d'accepter ou d'examiner les mémoires d'amicus curiae, certains textes sont intégrés dans les documents soumis par une partie : dès lors, les informations transmises acquièrent le même statut que celles des parties et les organes de l'OMC ont l'obligation d'y répondre[18].

L'amicus prend dans tous les cas la forme d'un mémoire, tant devant le groupe spécial (article 14.1) que devant l'organe d'appel (article 17.10), dès lors que la procédure orale, confidentielle, est réservée aux parties. Selon la procédure prétorienne instaurée depuis l'affaire UE/Bananes, le mémoire ne peut comporter plus de vingt pages dactylographiées et doit inclure un « exposé précis, strictement limité aux arguments juridiques »[19].

Le processus se caractérise par une grande souplesse et est assez informel, mais il faut toujours que son auteur justifie d'un intérêt particulier à participer à la procédure, lequel ne peut se confondre avec celui des parties à la cause.

Le pouvoir discrétionnaire d'autoriser ou non la présentation d'informations par un « ami de la Cour » a par exemple été explicitement précisé par l'ORD dans l'affaire dite de la « viande aux hormones »[20] où l'organe d'appel a indiqué que le groupe spécial jouissait d'un droit absolu d'accueillir ou de rejeter les informations ou encore d'en déterminer l'importance. Par cette affirmation de principe, confirmée par la plupart des juridictions internationales, on écarte ainsi le danger d'un afflux incontrôlé des demandes d'amicus curiae.

Plus délicate est par contre la question de savoir si ces documents peuvent être intégrés aux arguments d'une partie : la réponse est

---

[17] CE-Sardines, WT/ DS231/ AB/R, 21/4/2001, §§167-169.

[18] Brigitte STERN, « L'intervention des tiers dans le contentieux de l'OMC », Revue Générale de droit international public, 2003, n°2, pp.257-303.

[19] On notera avec intérêt que les 17 mémoires présentés dans ce dossier ont été déclarés non recevables.

[20] Communauté Européenne- Hormones, WT/ DS26/AB/A, rapport d'appel du 13/2/1998, § 147.

généralement négative, à tout le moins si elle est présentée sous cette forme.

Dans le dossier de l'« amiante »[21], l'ORD va mettre en œuvre une procédure ad hoc de demande d'autorisation pour que le groupe spécial puisse prendre en considération le mémoire de deux organisations non gouvernementales : il s'agissait avant tout de préciser la nature des relations que le requérant pourrait avoir avec les parties. Ce dernier point constitue souvent une pierre d'achoppement à l'acceptation du mémoire d'amicus qui peut être contesté par l'Etat en cause : dans l'affaire Thaïlande/ Droits Antidumpings[22], Bangkok a contesté devant l'organe d'appel le mémoire déposé par le CITAC, association professionnelle américaine au motif qu'il y avait un lien direct entre son rédacteur et la Pologne, qui était à la cause. Après avoir interrogé cet Etat qui ne va pas vraiment contester l'information, l'organe d'appel va accueillir ce moyen en rejetant le mémoire de la CITAC.

Avancée significative ou enjeu limité ? Certains estiment que l'accueil des mémoires d'amicus ont une portée avant tout symbolique ; l'objectif serait de permettre aux membres de la société civile de faire entendre leurs voix dans une sphère traditionnellement intergouvernementale.

Mais l'acceptation, au nom de la transparence, de ces interventions peut poser aussi un questionnement sur la légitimité de leurs intérêts personnels : faudrait-il faire une distinction entre les mémoires issus des intervenants neutres (ONG) et des multinationales ?

Une autre summa divisio est parfois préconisée : seuls seraient accueillies les demandes venant d'acteurs privés non issus d'un des pays à la cause, mais la globalisation rend complexe la définition de la nationalité d'une entreprise.

En pratique, ce sont surtout les pays développés qui disposent d'une longueur d'avance pour susciter des soumissions de tiers « amis » qui peuvent les aider à faire triompher leurs thèses. Les pays en voie de développement, a contrario, continuent massivement à s'opposer à cette pratique.

A ce jour, l'ORD a refusé d'accorder la personnalité juridique aux multinationales, pourtant concernées au premier chef par certains

---

[21] Communauté Européenne- Amiantes, WT/ DS135/AB/E : rapport d'appel du 12/3/2001, §56.

[22] Thaïlande – Droits Antidumpings, WT/ DS 122/ AB/ R, rapport d'appel du 12/3/2001, §69 et s.

contentieux, au motif notamment que certains organes juridictionnels existent déjà pour cela[23].

Cette question est d'ailleurs d'une brûlante actualité puisqu'elle est une des principales pierres d'achoppement du traité TAFCA actuellement en discussion entre l'UE et les USA dont les négociations achoppent, entre autres, par la possibilité qui serait laissée aux multinationales d'assigner directement les Etats.

L'amicus est sans doute à la croisée des chemins : encore objet de tâtonnements, il permettra peut-être, dans un futur proche, d'être le faux nez derrière lequel se cacheront les véritables enjeux.

Mais force est de constater qu'en l'état, sa portée reste assez limitée et que si la procédure méritait sans doute d'être étudiée, il n'est pas certain qu'elle nécessite qu'un nouveau cycle de l'OMC échoue sur cette thématique.

---

[23] Etats-Unis- Droits compensateurs de certains produits en acier, WT/ DS/138/ AB/R, Rapport d'appel du 10/5/2000, §42.

PARTIE II

L'OMC ET L'AMÉRIQUE LATINE

EL DERECHO ADUANERO EN AMÉRICA LATINA – RELACIÓN CON EL COMERCIO EXTERIOR

Pr. German PARDO CARRERO[1]

30- Con motivo de los veinte años de la creación de la OMC, se me ha invitado a escribir un artículo, uno de cuyos temas podía ser la evolución del derecho aduanero en América Latina durante ese tiempo. El tópico, es realmente interesante, sobre todo si se parte de la poca doctrina que hace veinte años existía y cómo, a lo largo de estas dos décadas, ha sido precisamente América Latina uno de los pilares del desarrollo del estudio del derecho aduanero, como rama especializada del derecho ligada al actual desarrollo del comercio exterior.

Desde la antigüedad han existido las aduanas, pero el derecho aduanero sistematizado solo se presenta hasta hace relativamente poco como una disciplina específica, aclarando que al mismo se le vio inicialmente como parte del derecho público y específicamente del derecho administrativo; y, luego, como parte del derecho tributario, en razón a la importancia de los recaudos aduaneros, aspecto trascendental para la historia de muchos países.

---

[1] Germán Pardo Carrero es abogado del Universidad del Rosario (1982) Bogotá. Doctor por la Universidad de Salamanca —España—. Profesor universitario hace más de 28 años. Fundador y director de la Especialización Internacional en "Derecho aduanero y comercio exterior" en la Universidad del Rosario, Bogotá. Ha participado como ponente en varios simposios y seminarios a nivel nacional e internacional. Es miembro de Número (1987) del INSTITUTO COLOMBIANO DE DERECHO TRIBUTARIO, entidad de la que fue Director del Centro de Investigaciones en Tributación (2010 a 2012); miembro fundador de la ACADEMIA INTERNACIONAL DE DERECHO ADUANERO (2007) No 7; Miembro Correspondiente del INSTITUTO ARGENTINO DE ESTUDIOS ADUANEROS (2007); y Miembro del Instituto Colombiano de Derecho Aduanero (2008).

No se desconoce que el control de las operaciones de comercio exterior ha tenido muchísimos más aspectos o finalidades que la referida al tema tributario; pero, por otro lado, posiblemente por la importancia de los recursos derivados de las aduanas, este elemento fue el de mayor trascendencia durante mucho tiempo, realidad a la que no escaparon los países Latinoamericanos. Solamente en los últimos años del siglo XX y sobre todo en razón de los atentados contra Estados Unidos del 11 de septiembre de 2001, se comienza a ver una fuerte tendencia de separar las administraciones aduaneras de las tributarias y también el derecho aduanero del derecho tributario, para considerarlo como una rama totalmente autónoma del derecho que cuenta con sus propios elementos (mercancía, territorio aduanero y tráfico de importación y exportación), sus propias instituciones, buena parte de las mismas provenientes del derecho internacional y/o multilateral, su propia normativa, con la que se ha logrado un camino de armonización legislativa entre los países, e incluso la penalización de conductas con el fin de defender el control aduanero, tales como el contrabando y otro tipo de infracciones. Así, la idea de independencia que desde hace varios decenios se predicaba de lo aduanero respecto de otras ramas del derecho y específicamente del derecho tributario solo hasta ahora adquiere un mayor eco.[2]

Así las cosas, con este escrito, se pretende dar una visión de lo que es el derecho aduanero actual enfatizando en el trabajo lo que, en el desarrollo del mismo, se ha hecho dentro o desde el continente Latinoamericano por parte de la doctrina, aclarando que se menciona

---

[2] Previamente y durante el siglo XX se realizaron importantes estudios sobre la autonomía e independencia del derecho aduanero. A estos aspectos se referían con propiedad en Latinoamérica autores como Ricardo Xavier BASALDUA, Enrique BARREIRA, entre otros; e, incluso el importante doctrinante del derecho tributario Juan Carlos LUQUI, para expresar la diferente naturaleza de las rentas tributarias y las provenientes de la importación o exportación de mercancías. Empero, estas posiciones nunca tuvieron tanta resonancia como la que adquirieron después del año 2001. No obstante, hoy aún varias de las administraciones aduaneras dentro del continente latinoamericano siguen haciendo parte de los entes encargados de la administración tributaria y le confieren el mayor énfasis a la función tributaria. Ver BASALDUA, Ricardo Xavier. Derecho Aduanero. Parte General Sujetos. Buenos Aires: Abeledo-Perrot, 1992. p. 199 y ss. Ver: LUQUI, Juan Carlos. La obligación tributaria. Buenos Aires: De Palma, 1989. p. 128 y ss. Ver: BARREIRA, Enrique. Diferencias entre la obligación jurídica tributaria y la obligación jurídica aduanera en Memorias del Tercer Encuentro Iberoamericano de Derecho Aduanero. Barcelona España 7 y 8 de junio de 2007. Los Nuevos Paradigmas del derecho aduanero. México D. F.: Ediciones Fiscales ISEF, 2008. p. 220 y ss.

también, por lo menos de manera parcial, lo que ahora se denominará el "derecho del comercio exterior", puesto que en la práctica varios doctrinantes trabajan los dos aspectos, seguramente por la relación que se encuentra entre ellos.

1. LA HISTORIA

31-Una primera legislación aduanera con una estructura que se refleja aun (en mayor o menor grado) en los Códigos Aduaneros actuales latinoamericanos, se vislumbra bajo el Reinado de Luis XIV, quien, con la inspiración de su ministro Jean Baptiste Colbert, dicta, después de la muerte de éste, la ordenanza de febrero de 1687 que se calificó como el primer Código de Aduanas de Francia. Previamente a lo anterior, se habían dictado varias tarifas con las que se procuró que los tributos aduaneros fueran específicamente instaurados por el rey y tratando de acabar los antiguos derechos de aduana internos, reemplazándolos por una tarifa única, por efecto de la importación y/o de la exportación de mercancía. Además, con las tarifas aduaneras de la época Colbert y en especial con la de 1667, se establecen derechos de aduana más elevados, con la finalidad de proteger la industria francesa, y específicamente la textil, de los productos procedentes de Inglaterra y de Holanda. Desde estos momentos se puede resaltar la importancia de los derechos de aduana para el establecimiento de las industrias en muchos países[3]. Esta característica de protección a través de altos aranceles se mantuvo a lo largo de varias centurias en los países que fueron logrando, de manera más rápida, su progreso o desarrollo, los cuales también daban al mismo tiempo gran importancia a los impuestos procedentes de la importación o exportación de mercancías desde o hacia sus territorios.

---

[3] BASALDUA, Ricardo Xavier. Introducción al derecho Aduanero. Concepto y Contenido. Buenos Aires: Abeledo-Perrot. 1988. p. 84. Comenta el profesor argentino que bajo el reinado de Luis XIV la preocupación de Colbert "por la centralización y organización racional del Estado, lo llevo a luchar contra las prerrogativas de los señores y procurar que los tributos aduaneros fueran establecidos únicamente por el rey. Consecuentemente, Colbert intenta nuevamente suprimir las aduanas interiores" y en 1664 propone una tarifa aplicable en las fronteras exteriores del reino. Citando a los profesores BERR Y TREMEAU, aduce que Colbert fue el primero en hacer del derecho aduanero el instrumento metódico de una política proteccionista.

El otro antecedente importante de los temas aduaneros llegó a la América Latina desde España[4] con la Colonia, como bien lo recuerda en profesor CARVAJAL CONTRERAS. En efecto, desde la etapa colonial se cuenta con cedulas reales, inicialmente obra de los Reyes Católicos como la denominada Carta de Burgos (1497) que establecía una desgravación aduanera a personas y frailes que vinieran a poblar las tierras recientemente descubiertas. Posteriormente se conocen cedulas reales de 1909, 1519, 1531 y 1555 que reglamentaban el comercio de la Metrópolis con sus colonias. Comenta CARVAJAL CONTRERAS que las primeras normas para la Nueva España contienen disposiciones para combatir el contrabando y se ordenaba vigilar la defraudación del derecho de Almojarifazgo y otros derechos que se causaban al venderse mercancías y frutas de otras tierras, con sanción de comiso de las citadas frutas y mercancía. Desde esta época existían derechos tales como el derecho de avería, derecho de almirantazgo, derecho de almojarifazgo o portazgo, derecho de tonelaje, derecho de alcabala, entre otros.[5]

32- Con los países de América Latina la característica predominante fue la fiscal en el sentido de impulsar las tarifas aduaneras para atender los gastos requeridos por los Estados, de manera preponderante, en relación con otras finalidades como la proteccionista, puesto que precisamente los recursos provenientes del traspaso de las fronteras y cobrados por las aduanas fueron, por mucho tiempo, los que originaron mayores ingresos para las colonias de

---

[4] Desde España el profesor César Albiñana indica que en tratándose de las rentas de aduanas se cuenta con precedentes que vienen de muy antiguo, como el *Portorium* de los romanos, los diezmos de puertos de las monarquías de la reconquista y el almojarifazgo de los árabes. Basándose en Piernas Hurtado, y en especial en su Tratado de Hacienda Pública de 1901, comenta como ya en los reinos cristianos de la edad media se cobraba "el diezmo de puertos en los mojados o de mar y en los secos, o sea, el transporte por tierra de las mercaderías que pasaban de uno a otro de aquellos Estados; pero esas exacciones se perfeccionaron con la adopción por parte de los conquistadores del almojarifazgo que los moros tenían establecido en los puertos de Andalucía, y que consistía en derechos proporcionados al valor de los artículos. Fernando III, al apoderarse de Sevilla, confirmó tales derechos y dio el primer cuaderno expresivo de todas las mercancías que quedaban sujetas a su pago. Nuestro primer arancel, lleva, por consiguiente, la fecha del siglo XIII". Ver: ALBIÑANA GARCÍA-QUINTANA, Cesar. Sistema Tributario Español y Comparado. Madrid: Tecnos, 1992. p. 549

[5] CARVAJAL CONTRERAS, Máximo. Derecho Aduanero. México: Porrúa, 2009. p. 56 ya 64

España y luego para las repúblicas nacientes[6]. Así, se coincide con los profesores MARTINEZ y CABALLERO cuando afirman la importancia en primer lugar de los derechos de aduana como mecanismo para obtener recursos, etapa o edad que, estos autores indican, va desde el Neolítico hasta finales del siglo XVII: no obstante se acepta también que esta edad, denominada por ellos, del aduanero preceptor, es en la que actualmente se encuentran algunos países de los denominados en vía de desarrollo, en los que los ingresos aduaneros representan entre el 20 y el 30 % de los ingresos del

[6] CARVAJAL CONTRERAS en su obra de Derecho Aduanero muestra la importancia de los recursos aduaneros para México durante toda la etapa de la colonia y luego durante la época independentista, aun cuando para esta última "se implantó desde el primer momento el régimen de las prohibiciones declarando vedadas las importaciones de lo que producíamos o suponíamos poder producir". Ibíd. Op.cit. p. 56 y ss. Ibíd.

En el caso colombiano los recursos provenientes de las aduanas por efecto de las operaciones de importación y exportación fueron muy importantes hasta bien entrado el siglo 20. Estos recursos importantes en la colonia lo son también en la época de la Republica pudiendo afirmarse que los impuestos de aduanas, las salinas y el papel sellado produjeron los recursos más importantes para el Estado en el siglo XIX. Para el siglo XX mantuvieron su importancia en las primeras tres décadas y su relevancia recaudatoria fue decreciendo desde 1935 cuando se introdujo el impuesto sobre la renta, aun cuando para 1990 los gravámenes procedentes de los derechos de aduana eran todavía del 25% del total de los recursos tributarios.

Para el caso argentino se dice que desde que en 1810 se declaró oficialmente el comercio libre, las entradas procedentes de la aduana formaron el principal recurso de los gobiernos patrios, realidad que no ceso durante el siglo XIX e incluso el articulo IV de la Constitución Nacional indica que "el Gobierno federal provee a los gastos de la Nación con los fondos del Tesoro nacional formado del producto de los derechos de importación y exportación, del de la venta o locación de tierras de propiedad nacional, de la renta de Correos, de las demás contribuciones que equitativa y proporcionalmente a la población imponga el Congreso General, y de los empréstitos y operaciones de crédito que decrete el mismo Congreso para urgencias de la Nación o para las empresas de utilidad nacional". Ver ALSINA, Mario A., BASALDUA Ricardo Xavier y COTTER MOINE Juan Patricio. Código Aduanero, Comentarios-Antecedentes-Concordancias Art. 585 a 672. Buenos Aires: Abeledo-Perrot. 1984. p. 185. ISBN 950-20-0304-7 rustica.

Comentan SABSAY y ONAINDIA que de la nómina de los ingresos que cita la Constitución "en la actualidad solo tienen significación los impuestos tantos externos (derechos de importación y exportación) como internos (directos e indirectos)..." SABSAY, Daniel y ONAINDIA, Juan M. La Constitución de los Argentinos. Análisis y comentarios luego de su reforma de 1994, Buenos Aires: Errepar, 2009. p. 25.

Estado.[7] Los profesores de Paris comentan que la segunda edad corresponde a la política aduanera de Colbert, ministro de Luis XIV o de Mèline, ministro de finales del siglo XIX, con los que los derechos de aduana se utilizan ante todo para proteger la economía y en donde el derecho aduanero ya no importa tanto como herramienta de percepción de ingresos pero si de filtro y de protección. En países como Francia, esta segunda etapa se puede situar desde el Código Aduanero de 1664 hasta la mitad del siglo XX con algún paréntesis librecambista entre 1860 y 1880 y, se insiste que lo importante de los derechos de aduana será proteger las manifacturas y la agricultura. En esta época, por supuesto, se encuentran hasta mucho más tarde algunos países en desarrollo[8].

Finalizada la Segunda Guerra Mundial aparece la tercera etapa aduanera, de acuerdo con los profesores MARTINEZ y CABALLERO, en una época que no dudan en definir como el "pacifismo aduanero", época dentro de la cual el mundo de la postguerra tuvo la oportunidad de desarrollar las más importantes instituciones multilaterales para el mundo de las aduanas y del comercio exterior, como la Organización Mundial de Aduanas OMA (antes denominada Consejo de Cooperación Aduanera) y por supuesto la Organización Mundial de Comercio, OMC. En esta etapa predomina la libertad del comercio y el "rechazo a las armas aduaneras". En ella ingresaron con mayor o menor convencimiento los países que se han hecho miembros de la OMC; y, se matiza o se comienza a convivir con una nueva etapa, la actual, que se origina con los atentados terroristas a los Estados Unidos del 11 de septiembre de 2001 y que los profesores citados califican como "el macartismo aduanero". Esta expresión, para enfatizar el nuevo rol o papel que se da a las aduanas, dónde ya no se trata simplemente de garantizar el ingreso fiscal (para algunas naciones), el proteccionismo económico (para otras), o la libertad del comercio a través del no uso de instrumentos aduaneros, sino que se busca que las aduanas jueguen un papel fundamental en la nueva tarea de "garantizar la seguridad". Y no es a cualquier tipo de "seguridad" al que se hace énfasis en esta etapa: se trata de que el aduanero se convierta en "cazador de terroristas

---

[7] MARTINEZ, Jean-Claude y CABALLERO, Norma. El invento de los derechos de aduana deducibles. Bogotá: Universidad del Rosario, 2009. p.35.

[8] Ibíd. Óp. cit. p.35.

sobre todo". Así, "no se trata más de hacer caer el muro aduanero, sino que se trata de hacer caer el terrorismo por medio de la aduana"[9].

Lo cierto es que desde la edad del "pacifismo aduanero", como regla general, el tema tributario a cargo de las aduanas pierde intensidad e importancia puesto que las grandes potencias reducen significativamente sus aranceles casi hasta tarifa cero, salvo en sectores como el agrícola y el textil. De otro lado, el común de los países a lo largo de las diversas rondas de negociación y a medida que la globalización y el libre comercio adquieren más fuerza, terminan también por reducir sus derechos de aduana. Con la etapa del denominado "macartismo aduanero" (MARTINEZ Y CABALLERO), se le da un golpe mayor a la función tributaria de las aduanas y se pasa por parte de muchas de estas a preponderar sin titubeo las funciones de control (que siempre tuvieron las aduanas) y la de seguridad, en virtud de la cual se busca la colaboración de las aduanas en la lucha contra el terrorismo, el crimen organizado y todas aquellas situaciones aledañas a estas[10]. Además se empiezan a vislumbrar y a fortalecer otras funciones que si bien siguen siendo colaterales a la actividad aduanera, no por ello se quiere que las aduanas dejen de participar en

---

[9] Ibíd. Óp. cit. p. 36.

[10] En razón de los atentados terroristas de este siglo, y en especial los de Nueva York, Londres y Madrid, en el entorno de la OMA en Junio de 2005 se estableció lo que se denominó el "Marco Normativo para asegurar y facilitar el comercio global" o Marco SAFE, en donde se puso de relieve que el "sistema de comercio global es susceptible de ser utilizado con fines terroristas, lo que podría ocasionar graves trastornos al conjunto de la economía mundial". Y que "las Administraciones de Aduanas, en tanto que organismos gubernamentales encargados de controlar y gestionar la circulación de mercancías, se encuentran en una posición privilegiada para ofrecer una mayor seguridad a la cadena logística global y para fomentar el desarrollo socio-económico mediante la recaudación de ingresos fiscales y la facilitación del comercio." De hecho, se buscaba contar con una estrategia respaldada por la OMA, "a fin de garantizar la fluidez del comercio global de modo que no impida, sino que, por el contrario, facilite la circulación de las mercancías." Se indica que "garantizar la seguridad de la cadena logística internacional es sólo un paso en el proceso más amplio de fortalecer y preparar a las Administraciones de Aduanas para los desafíos del siglo XXI".

Durante las Sesiones anuales del Consejo celebradas en junio de 2005 en Bruselas, los Directores Generales de Aduana en representación de los Miembros de la Organización Mundial de Aduanas (OMA) adoptaron el Marco Normativo SAFE por unanimidad. La adopción de este documento internacional dio inicio a un régimen comercial más seguro y a un nuevo enfoque de trabajo y asociación entre Aduanas y Empresas. Disponible en:
http://www.afip.gob.ar/Aduana/documentos/MARCO_NORMATIVO_SAFE.pdf

los objetivos seguidos por estas. Así, las aduanas se convierten, de una o otra manera, en protectores de la propiedad intelectual en las operaciones de comercio exterior y también en protectores de otros valores a los que hoy se les da gran importancia como la preservación del medio ambiente y otros conexos. De hecho, muchas de las aduanas modernas se han separado de los ministerios o secretarias de hacienda o finanzas, donde comúnmente se ubicaban, para independizarse como un órgano especial o en muchos de los casos como ocurre en Estados Unidos hacerse parte de los organismos de control o de seguridad de los Estados. La aduana entonces, deja por lo menos en los países más desarrollados, las funciones tributarias a un lado o minimiza estas funciones.

Empero todo lo anterior, cuando se habla de países desarrollados conviene reflexionar en que a buena parte de los países del mundo no se les podría calificar con ese tipo de apelativo. Esto más, si se propone dividir el mundo entre países desarrollados y países en vía de desarrollo o, utilizando una expresión más gráfica, aunque probablemente no más exacta, entre países ricos y países pobres, la conclusión que saltará a la palestra es que la mayor parte de los países del orbe, o por lo menos una parte muy importante, se encuentra dentro de lo que se puede catalogar como países pobres o en vía de desarrollo, calificativos que bien caben para buena parte de los países de África, Asia y por supuesto de América Latina incluyendo el Caribe. Para estos países las funciones recaudatoria y protectora, a través de derechos aduaneros, que ejercen las aduanas es y sigue siendo importante. Si el problema es de protección a las industrias, se buscará utilizar extra fiscalmente los derechos de aduana y otro tipo de gravámenes al comercio exterior. Y, si de lo que se trata es de la necesidad de recursos, los derechos de aduana cumplirán con una finalidad fiscal.

No obstante, buena parte de los países Latinoamericanos y del Caribe son miembros de organizaciones como la OMC y por tanto se encuentran cobijados por los acuerdos y vinculados a buena parte de los mismos[11], por lo que intentan, hasta donde pueden, rebajar los

[11] De acuerdo con el Artículo II del Acuerdo de Marrakech por el que se establece la Organización Mundial del Comercio, en sus apartes I y II, la OMC es el marco institucional común para el desarrollo de las relaciones comerciales entre sus Miembros, en asuntos relacionados con los acuerdos e instrumentos jurídicos conexos incluidos en los anexos del Acuerdo. Y "los acuerdos e instrumentos jurídicos conexos, incluidos en los anexos I, II y III; denominados en adelante"

gravámenes al comercio exterior e ir cumpliendo con las otras funciones que actualmente se le han ido atribuyendo a las aduanas. Así, y aquí se vuelve a citar a los profesores de Paris, es dable tener en cuenta situaciones como estas: en primer lugar, es casi imposible proponer mayores reducciones a las tarifas aduaneras, puesto que no todos los países se pueden dar el lujo de rechazar estas tarifas[12]; y, en segundo lugar, los fines similares que se proponen a nivel mundial tales como libre comercio, seguridad, prosperidad y justicia pueden ser llenados por los diferentes países con contenidos distintos[13]. Así, "la aduana debe tratar de conciliar las diferencias entre las civilizaciones. Es por esto que después de cincuenta años de cumbres del GATT o de la OMC, las políticas aduaneras de desarme aduanero no han podido triunfar"[14].

Acuerdos Comerciales Multilaterales", forman parte integrante del presente Acuerdo y son vinculantes para todos sus Miembros".
Dentro de los Acuerdos Comerciales Multilaterales anexos, se encuentran el Anexo IA que refiere a los Acuerdos Multilaterales sobre el Comercio de Mercancías, acuerdos que tocan aspectos que interesan al derecho aduanero. De otro lado, cuando se dice que dichos acuerdos son vinculantes para todos sus Miembros, la expresión "vinculantes" es un término que se acepta comúnmente como sinónimo de obligatorio. Entonces, si bien hay ciertos aspectos de los mencionados acuerdos que todavía son objeto de discusiones o falta de acuerdo, no se debe perder de vista la vinculatoriedad que se predica de los Acuerdos citados.

[12] "En la Cumbre de Hong Kong, del 13 al 18 de diciembre de 2005, se dieron cita 149 Estados para confrontar sus tarifas aduaneras. Con tantos socios de economías diferentes, culturas opuestas, intereses en franca competencia, con finalidades tan diversas, querer reducir los derechos de aduana, y a fortiori suprimirlos, era una misión técnicamente irrealizable (1°) y políticamente casi imposible (2°). MARTINEZ Y CABALLERO Óp. cit. p. 21.

[13] "Por ejemplo, la concepción de seguridad varía según los Estados: para India y África, la seguridad consiste en garantizar el aprovisionamiento agrícola; para Europa, se trata de la seguridad sanitaria, fitosanitaria y el medio ambiente; para Estados Unidos, la seguridad es, después de las Torres Gemelas, la seguridad de las fronteras".
Y en párrafo aparte agregan MARTINEZ Y CABALLERO: "en la economía mundializada es necesario garantizar el cumplimiento de cuatro desafíos: alimenticio, sanitario, militar y medio ambiental. Sin embargo, la seguridad alimenticia, no es la misma para todos. Para África, la seguridad es comer suficiente. Para Europa, es comer elegantemente. En el Sur, la seguridad es la cantidad. En el Norte, es la calidad. Para los Estados Unidos, es lo bacteriológicamente correcto. Para Europa, es lo gustativamente bueno." Ibídem. p. 38 y 39.

[14] Ibídem p. 39.

Este es entonces, el escenario que se vislumbra en los últimos años en materia aduanera[15] y dentro del cual los países del continente Latinoamericano han ido desarrollando un nuevo derecho aduanero y, desde ya, se indica que se ha realizado en este punto una tarea tan importante, que como se tuvo la oportunidad de afirmar en las Novenas Jornadas Mundiales de Derecho Aduanero realizadas en el seno de la Organización Mundial de Aduanas en Bruselas (4 a 6 de septiembre de 2013), el derecho aduanero de hoy debe también expresarse en idioma español puesto que es en esta lengua y en el continente Latinoamericano donde posiblemente ha logrado un mayor desarrollo en los últimos veinte años. Esto último, no quiere decir que se desconozca lo que a lo largo del tiempo y en los últimos años se ha desarrollado en entornos como el europeo[16], pero sin lugar a dudas el

[15] Conviene mencionar el Acuerdo sobre Facilitación del Comercio, producto de la IX Conferencia Ministerial de la OMC, celebrada en Bali en diciembre de 2013, el cual arroja o retoma una serie de herramientas o mecanismos para facilitar el comercio, crea unos nuevos, y, entrado en vigor, hará que los países orienten a sus aduanas a que sean más facilitadores en relación con el comercio internacional. El profesor ROHDE PONCE sintetiza su contenido en 1) la asunción de una consulta pública obligatoria para las normas; 2) desarrollo y aplicación de tecnologías de la información en todo el proceso y control posterior; 3) la adopción de resoluciones anticipadas; 4) control aduanero basado en análisis del riego; 5) debida motivación de las sanciones aduaneras; 6) declaración anticipada al arribo; 7) pago electrónico; 8) levante sin pago con garantía; 9) operadores autorizados; 10) envío exprés; 11) controles aduaneros conjuntos; 12) tránsito interno a las importaciones; 13) ventanilla única; 14) posibilidad de uso de copias en reemplazo de originales; 15) eliminación del mecanismo de inspección previa a la expedición y de certificaciones consulares; 16) cooperación aduanera; entre otras. Debe además procurarse a) no distorsionar las sanciones aduaneras; b) examinar y difundir los tiempos necesarios para el despacho o levante de mercancías; c) verificarse la política nacional de cada país o territorio sobre los agentes de aduanas; d) examinarse las normas internacionales pertinentes sobre formalidades y procedimientos aduaneros; e) crear comités de facilitación nacional; f) buscar la obtención de asistencia técnica y la construcción de capacidades; y, g) el establecimiento de un periodo de gracia para la aplicación de las normas y procedimientos de solución de diferencias en los procesos en contra de un país Miembro en desarrollo o menos desarrollado. Ver: ROHDE PONCE, Andrés. Tendencias de facilitación al comercio y demás reformas aduaneras a partir de los acuerdos de la Organización Mundial del Comercio. En: Estudios de derecho tributario, derecho aduanero y comercio exterior. Instituto Colombiano de Derecho Tributario. Memorias 39 Jornadas Colombianas de Derecho Tributario.

[16] Al derecho aduanero actual se reconoce aportes como los ya clásicos realizados en Francia por los profesores BERR Y TRÈMEAU. PELACHA ZOZAYA, DE LA OSSA MARTINEZ o IBAÑEZ MARSILLA en España, Massimo FABIO en Italia,

aporte de América Latina al derecho aduanero actual es, como se demostrará, de primera línea.

2. LA INTERDISCIPLINARIEDAD

33- Previo a continuar con este escrito, es importante connotar que así como el comercio exterior se desarrolla entre los países, tratándose el tema aduanero de una actividad que regula el ingreso y salida de mercancías y que supone el cumplimiento de requerimientos de varios aspectos, se encuentran también muchos autores, no todos abogados, efectuando sus aportes al estudio del tema aduanero.

Buena parte de estos aportes no solamente son valiosos sino que son destacables en la medida en que se refieren a aspectos técnicos, de aquellos que incluso no son propios de la disciplina jurídica sino que requieren otro tipo de conocimientos, tales como la clasificación de la mercancía, el origen, etc.

De hecho, se ha podido constatar que buena parte de los impulsores o promotores del estudio del tema aduanero son los agentes de aduana, los cuales son, por definición, comerciantes y que intermedian en las operaciones de comercio exterior, y sin ser abogados se encuentran muy interesados en el estudio crítico de la normativa, todavía no armonizada, puesto que éstos junto con los importadores y exportadores son, en gran medida, los usuarios y sujetos directos de las normas cuyo cumplimento se encarga específicamente a las aduanas.

Así, dentro de los nombres de doctrinantes en la materia aduanera se pueden encontrar muchos de personas que no son juristas, pero cuyo aporte no se puede desconocer.

Sin embargo, tratándose el derecho aduanero de una disciplina jurídica, buena parte de los problemas que se suscitan en la interpretación y aplicación de las normas, se debe precisamente a que muchos de sus intérpretes y aplicadores no son abogados, ni son

---

MAVRODIS desde la Universidad de Oxford, Peter VAN DEN BOSSCHE desde la Universidad de Maastricht. Los también profesores de Paris MARITINEZ Y CABALLERO, etc., por citar algunos de los autores actuales. En el siglo XX autores como Pedro GUAL VILLALBÍ o Idelfonso SANCHEZ en España o incluso muchos otros que desde la óptica primero de lo administrativo y luego desde de lo tributario ofrecieron sus aportes. Tal es el caso del profesor Paul LABAND, Otto MAYER, y tributaritas de la talla de Albert HENSEL, Aquile D. GIANINI o Antonio BERLIRI, Matías CORTES DOMINGUEZ y Francisco CLAVIJO HERNÁNDEZ, por citar algunos.

conocedores del sistema jurídico, con todos sus componentes, vigente en un país (el tipo de sistema, la jerarquía de sus normas, la vigencia espacio temporal de las mismas, las fuentes de interpretación, etc.), ni por su puesto de su hermenéutica[17].

Esta situación de la interdisciplinariedad, se insiste, debe ser tomada en consideración a la hora de ver lo existente en materia aduanera y en su doctrina y, por supuesto, para la elaboración de las normas (cuales ellas sean), es necesario considerar el conocimiento y escuchar la opinión de todos los involucrados en las operaciones de comercio exterior. Pero, a la hora de la redacción y elaboración de las normas y por sobre todo, de su interpretación y aplicación debe puntualizarse que, tratándose de derecho, son los abogados los que están más autorizados para poderlo hacer[18]. Todo lo anterior no quiere

---

[17] Esta situación genera problemas de no poca monta, cuando ingenieros industriales, ingenieros químicos, contadores, administradores de empresas, economistas, zootecnistas, médicos, etc., por diferentes razones, y, entre otras, de carácter político, forman parte de las administraciones de aduanas y son los encargados, por parte de sus instituciones (por los cargos que ocupan), de interpretar y de aplicar las normas. El resultado muchas veces de sus interpretaciones, es similar al que se puede presentar cuando el abogado se auto receta frente a sus problemas de carácter médico o sugiere la formula médica a un amigo por los problemas de salud que considera son parecidos a los suyos; o, cuando sigue su parecer para levantar un edificio en un terreno que ha adquirido, considerando que no requiere de los servicios de un ingeniero civil o de un arquitecto, sino que, en el mejor de los casos, cualquier maestro de obra, puede hacer y suministrar unos planos que él por "lógica" puede mejorar, para mandar a levantar el edificio.

[18] La elaboración de cualquier tipo de norma requiere del conocimiento de los expertos de la materia que se va a tratar. Una norma para regular el medio ambiente no puede desconocer el saber del ecologista o del ingeniero medioambiental. Ahora, si lo que se va a regular es un tema de familia, se requerirá de expertos en la materia, psicólogos, médicos y trabajadores sociales especializados en los menores de edad, etc. De hecho, el derecho recoge los fenómenos de la vida social y termina efectuando respecto de los mismos algún tipo de regulación cuando ella es necesaria para la vida en comunidad. Esto es lo que se sugiere debe verse y verificarse en el tema aduanero.

En efecto, con el derecho aduanero no debería ocurrir lo que ocurre con el derecho constitucional, entendiendo de éste la función primaria de interpretar las constituciones políticas. Las constituciones son elaboradas usualmente por representantes de los pueblos a los cuales se les va a aplicar, quienes en su papel defienden o apoderan todos sus intereses, credos, razas, ideologías, sexos, etc. Así, una constitución usualmente no define, ni tiene porque, los conceptos que son propios de una rama del derecho. La constitución no se expresa entonces, como regla general, de manera técnica-jurídica, sino que se expresa básicamente a través de principios. Estos principios serán luego objeto de su desarrollo por parte de la

decir que un juez o un funcionario de la administración aduanera que va a decidir un tema deba dejar de lado la opinión del experto técnico o específico en el caso que está analizando[19]. Pero, la decisión del mismo fundamentada en derecho debe ser proporcionada por un abogado en la administración, de la misma manera que se exige prácticamente en todos los países que sus jueces tengan como profesión de base, la de profesional en derecho. En ese sentido, la doctrina sobre las normas del derecho aduanero es, ante todo, la doctrina de los intérpretes autorizados de las normas aduaneras, es decir, de los juristas.

Estas circunstancias se puntualizan a medida que se vayan connotando autores, tratando en todos los casos de destacar los estudios de los juristas puesto que se está hablando precisamente de derecho aduanero.

3. LA ACADEMIA INTERNACIONAL DE DERECHO ADUANERO

34- Sin lugar a dudas, el paso más importante para el desarrollo actual del derecho aduanero es la constitución de la Academia Internacional de Derecho Aduanero, obra que de manera preponderante se debe al profesor mexicano Andrés ROHDE PONCE,

---

jurisprudencia de los altos tribunales y la doctrina de los tratadistas. Y, esto es lo propio de un texto constitucional, cuyo campo de aplicación y forma de expresión es diferente de la que se espera de las normativas que de manera técnica desarrollan un campo especifico del derecho como lo puede ser el derecho tributario, el derecho aduanero, el derecho minero o los ya citados derecho ambiental o derecho de familia, etc.
Ejemplificando lo anterior, refiriéndose a este tema en la materia específica del derecho tributario, los profesores AMATUCCI y GONZÁLEZ GARCÍA comentan cómo las constituciones se expresan de manera poco rigurosa en materia jurídica, dado precisamente el hecho de que la constitución obedece al querer del constituyente (el pueblo). Sin embargo, la norma constitucional, sin definir conceptos como el de "tributo", si recoge principios "que establecen direcciones y limites positivos y negativos en la elaboración de ellos por parte del legislador". Y agregan que "el concepto legislativo de tributos que está en continua evolución si se contrapone con aquellos direccionamientos y limites, es ilegitimo, …". AMATUCCI, Andrea y GONZÁLEZ GARCÍA Eusebio. El concepto de Tributo. En: AMATUCCI, Andrea et al. Tratado de derecho Tributario, Tomo II, la Relación Jurídico Tributaria, el procedimiento de aplicación de la norma tributaria. Bogotá: Temis. 2001. p. 1 a 14.

[19] El juez o la administración de aduanas siempre podrá asesorarse por peritos, expertos específicos en las materias que analice.

quien es el responsable directo de su creación al igual que de la promoción de los encuentros anuales de derecho aduanero que, comenzando en Guadalajara en el año 2005, celebrarán su undécimo encuentro en Ginebra en la sede de la OMC en el año 2015. El profesor ROHDE PONCE con el patrocinio del Instituto Interamericano de Fronteras y Aduanas IIFA (institución también nacida en México), se ha encargado de reunir a los autores del tema aduanero, primero dentro del ámbito iberoamericano y luego en el mundial.[20]

Dentro del tercer encuentro realizado en Barcelona en la sede del Colegio de Abogados de dicha ciudad, se dio lugar al nacimiento de la Academia Mundial de Derecho Aduanero o "International Customs Law Academy", por su nombre en inglés. Esta entidad, que, como su nombre lo indica, es académica, se trata de una institución de ambiente jurídico y científico, dedicada al estudio del derecho aduanero y temas afines. Reúne hoy a los más grandes expertos no solamente de Iberoamérica sino que a la misma se han sumado expertos de Norte América, Europa y del resto del mundo. De ahí, lo encomiable de la labor, aduciendo que en el seno de la Academia, es precisamente doctrina en materia aduanera lo que se está efectuando, entendiendo por doctrina, en palabras del profesor ROHDE PONCE "el estudio científico del derecho, es decir, la sistematización interpretación y análisis de una entidad jurídica, que en el caso del derecho aduanero, son las normas jurídicas sobre la actividad aduanera para construir teorías, que una vez comprobadas, pueden llegar a ser principios jurídicos aduaneros." Previamente ha dicho el citado profesor que la expresión "doctrina jurídica" se usa en los términos que expone el profesor MERRYMAN de la Universidad de Stanford, "para referirse a los libros y los artículos de los jurisconsultos". "Los juristas deben ordenar un orden jurídico que no suele estar ordenado, extraer del texto literal de los ordenamientos el sentido real deseado por el legislador y analizarlos conforme a los objetivos y los valores fijados por la sociedad y para ello deben hacerse las siguientes preguntas: ¿Se va haciendo una realidad y el

[20] Como encuentros iberoamericanos se realizaron reuniones en Guadalajara 2005, Montevideo 2006, Barcelona 2007 y Cartagena de Indias 2008. Ya como encuentros mundiales figuran la Reunión de Lisboa en 2009, Belo Horizonte en 2010, Buenos Aires 2011, Cancún 2012, Bruselas en el seno de la OMA 2013, Nueva York en las instalaciones de la Corte Internacional de Comercio de Estados Unidos de 2014 y la próxima reunión en Ginebra en la sede de la OMC para septiembre de 2015.

derecho va por detrás mecánicamente recolectando las normas? Por el contrario, ¿La sociedad se fija metas y objetivos y para ello luego crea o modifica el derecho?... Las respuestas conducirán al jurista por el sutil camino de las escuelas, como la histórica, el Ius naturalismo o el positivismo, y con ellas formará su espíritu y criterio jurídicos, cualidades que distinguen al jurista de aquel que solo conoce las reglas legales"[21].

En efecto, la doctrina es viva, critica, cambiante, puesto que "la misión del jurista incluye la exposición de sus estudios a través de la publicación de sus obras y la enseñanza frente a alumnos y profesores, a los primeros en su deber educativo y a los segundos en el deber científico de confrontarse con la crítica de sus colegas, pues como señala RADBRUCH, de la Universidad de Heidelberg, los doctrinarios siempre se critican, siempre confrontan sus teorías con las ajenas".[22]

Así, se enfatiza la labor de los doctrinantes, hoy muchos de ellos reunidos en la Academia y cuyo trabajo de compartir y enfrentar sus ideas, tiene también como fin, además de su conocimiento, su armonización y simplificación, delimitar el sentido de las normas jurídicas dentro de los contextos de lo que se entiende por seguridad jurídica en términos de predictibilidad y transparencia[23]. Sin embargo, y de manera no menos importante, aclara el profesor mexicano, para entender el contexto real de la doctrina, es menester recordar que la misma no es fuente de Derecho, en el sentido que ella misma no genera derecho alguno "por más autorizada e influyente que sea la opinión de quien la expone pues desde el *Espíritu de las leyes* de Montesquieu y la Declaración francesa de los Derechos del Hombre y del ciudadano", se dio inicio a lo que "hoy es un principio firme: el Derecho solo lo crean los legisladores a través de la Ley o los jueces a través de su sentencias en el sistema del *Common Law*, y en esta era de la globalización, los tratados internacionales, sin que omitamos que en algunos casos el legislador eleva la doctrina a ese rango, como

[21] ROHDE PONCE, Andrés. La Doctrina del Derecho Aduanero. Palabras de Clausura en la Novena Reunión Mundial de Derecho Aduanero OMA-ASAPRA-ICLA Organización Mundial de Aduanas, Bruselas 2013. En; Instituto Colombiano de Derecho Aduanero. Revista Derecho Aduanero No 6, 2014. p. 173 y ss.

[22] Ibídem. Óp. cit. p. 173 y ss.

[23] Ibídem. Óp. cit p.174

ocurre en el artículo 38 del Estatuto de la Corte Internacional de Justicia".[24]

Este trabajo de haber conformado la Academia y de crear, patrocinar o promocionar los foros o reuniones mundiales ha sido entonces de la mayor trascendencia, pues ha permitido un espacio común a los académicos o doctrinantes en la materia aduanera a nivel mundial, espacio dentro del cual tienen un papel muy importante los autores iberoamericanos, los primeros que se agruparon en el entorno de la actual Academia.

4. LATINOAMÉRICA Y LOS AUTORES

35- En el continente Latinoamericano el impulso que ha venido teniendo el derecho aduanero parte, por diversas razones, desde sus extremos, Argentina y México. También, hay un desarrollo interesante en otros países como Perú, Colombia, Brasil, Venezuela y Uruguay.

A continuación, se resaltará por país los principales autores de la materia aduanera, acotando que es precisamente gracias a la obra de la Academia (ICLA), en buena parte, por lo que los autores hoy se conocen, intercambian sus ideas, sus obras, se prestan colaboraciones, son objeto de invitación a diversos países, etc. Conviene también manifestar que solo se resaltan los autores con libros publicados, siendo conscientes de que existen muchos artículos sobre la materia haciendo parte de libros y revistas especializadas. De toda forma, los autores cuyos artículos se hayan podido ubicar serán mencionados en nota de pie de página. También es importante recalcar que bajo el nombre de derecho aduanero se manejan a veces temas propios de comercio exterior y, como se verá, las Universidades y los autores a veces tienden a agrupar, bajo el nombre de Derecho Aduanero, temas de aspectos más propios de otros ámbitos tales como comercio internacional, logística, etc. Por esta razón, este trabajo se ha

---

[24] Ibídem. Op. cit p. 174.
En efecto el artículo 38 del Estatuto de la Corte Internacional de Justicia señala que la Corte cuya función es decidir conforme al derecho internacional las controversias que le sean sometidas, deberá aplicar, entre otras, "d. las decisiones judiciales y las doctrinas de los publicistas de mayor competencia de las distintas naciones, como medio auxiliar para la determinación de las reglas generales de derecho," sin perjuicio de entender que la decisión de la Corte solo es obligatoria para las partes del litigio y respecto del caso que ha sido decidido, en los términos del artículo 59.

denominado "El Derecho Aduanero en América Latina- Relación con el Comercio Exterior".

En síntesis, en primer lugar se destacará lo que es propiamente aduanero, mencionando también algunos autores que tocan temas de aduanas y de comercios exteriores o muy relacionados con lo aduanero. Esto recordando además, que se le da preferencia a la cita de las obras de los juristas, sin desconocer la presencia de autores de otras profesiones, pero que su obra en lo aduanero o temas relacionados ha alcanzado alguna relevancia[25].

4.1. Argentina

Es en este país austral, en donde el estudio del derecho aduanero ha tenido el mayor desarrollo. De hecho, como ya se comentó, la materia aduanera cuenta con raigambre constitucional directo y el tema aduanero no solamente ha sido objeto de estudio por parte de la doctrina, sino que el mismo es de análisis cotidiano en el Tribunal Fiscal de la Nación, los Jueces de Cámara y la Corte Suprema.

Cuenta Argentina con un hito especial en materia aduanera, cual es el estudio, elaboración de proyecto y posterior expedición del Código Aduanero argentino de 1981 o Ley 22.415 de dicho año. Lo importante de esta obra, que con algunas modificaciones sigue regulando el tema aduanero en dicho país, es el hecho de que para la elaboración del mismo se reunió a un grupo de profesionales que por término de varios años, trabajaron en la elaboración de la legislación, mirando para ello lo que para dicho momento constituían los avances más actuales de la materia y el derecho comparado[26].

---

[25] Desde una óptica estrictamente técnica y científica es cuestionable mezclar el derecho aduanero con el comercio exterior, a pesar de su interrelación temática. No obstante, lo que se ha pretendido con este estudio es mostrar una especie de radiografía de cómo se encuentra el tratamiento, estudio y divulgación del derecho aduanero a la fecha en el continente latinoamericano; y, desde esta óptica, atendiendo a la realidad, no se pueden negar situaciones como las mencionadas, es decir, que se relaciona el derecho aduanero con el comercio exterior y que estos temas son tratados no solo por profesionales que tienen el derecho como carrera de base.

[26] "La tarea realizada por la Comisión Redactora fue ardua y compleja, el trabajo demandó varios años de estudio y elaboración. El esfuerzo se vio recompensado, los resultados fueron fructíferos. La obra elaborada resultó un verdadero estudio de avanzada en materia aduanera y su permanencia en el tiempo, con pocos cambios, evidencia su valía científica". COTTER, Juan Patricio. Presentación en: COTTER

Así, en el anteproyecto de la ley general de aduanas participaron directamente profesionales como Ricardo Xavier BALSALDUA, Juan Patricio COTTER MOINE, Julio T. RUBENS Y ROJO y Juan José A. SORTHEIX, en trabajo que fue base o guía del Código Aduanero y uno de sus más valiosos antecedentes[27]. La exposición de motivos además de los nombres de BASALDUA y COTTER MOINE consigna los de: Mario A. ALSINA, Enrique Carlos BARREIRA, Rodolfo H. CAMBRA, Laureano FERNÀNDEZ, Francisco Mario GARCÌA y Héctor Guillermo VIDAL ALBARRACÌN. Lo importante de citar estos nombres es entender que entre ellos se encuentran muchos de los autores más importantes del derecho aduanero argentino actual, y seguramente de los autores mundiales en la materia. Tal es el caso de los profesores Mario ALSINA (Q.E.P.D), Enrique Carlos BARREIRA, Ricardo Xavier BASALDUA, Juan Patricio COTTER MOINE (Q.E.P.D) y Héctor VIDAL ALBARRACIN quienes emprendieron la titánica tarea de efectuar un Código Aduanero comentado que finalmente salió a la luz en 1984, en ocho volúmenes, y que, se insiste, constituye una de las principales obras que ayudan a entrever buena parte del derecho aduanero actual[28]. Con motivo, de los 30 años del Código Aduanero argentino, se realizaron dos trabajos que vale la pena mencionar específicamente: una nueva edición en tres tomos del Código Aduanero Comentado[29] y

---

Juan Patricio et al. Estudios de Derecho Aduanero Homenaje a los treinta años del Código Aduanero. Buenos Aires: Abeledo Perrot, 2011. P. 1 y 2.

[27] En la presentación del libro Homenaje a los treinta años del Código Aduanero se indica cómo la Comisión Redactora trabajó y revisó la legislación vigente para ese momento, a partir de las Ordenanzas de aduana de 1876, la Ley de Aduanas de 1923 con su última revisión de 1962 y muchas otras normas que fueron incorporándose a la ley de Aduanas. También se consideró el ante proyecto de Ley General de Aduanas ya referido y se tuvo en cuenta antecedentes internacionales tales como las leyes de Suiza, Bélgica, España, Francia, Italia; la legislación Anglo Sajona (Gran Bretaña y Estados Unidos), el Cauca, las leyes aduaneras de Bolivia, Brasil, Chile, Paraguay, Perú y Uruguay entre otras. Ibídem Óp. cit. p. 2.

[28] Respecto de los tomos del "Código Aduanero. Comentado, Antecedentes y Concordancias", indican en el Prólogo del Nuevo Código Aduanero Comentado los profesores BARREIRA, BASALDUA Y VIDAL ALBARRACIN que "la extensa obra realizada que alcanzó ocho tomos, quedó sin embargo incompleta, pues faltaron los comentarios de los arts. 410 a 465 y 892 a 1190". BARREIRA Enrique C., BASALDUA Ricardo Xavier y VIDAL ALBARRACIN HECTOR G. prólogo. En: ALSINA MARIO A. et al, Código Aduanero Comentado. Buenos Aires: Abeledo Perrot, 2011. 1 ed. p. IX.

[29] ALSINA MARIO A. et al, Código Aduanero Comentado. Buenos Aires: Abeledo Perrot, 2011. 1 ed. p. IX. ISBN 978-950-20-2269-7.

un libro denominado Estudios de derecho Aduanero en Homenaje a los treinta años del Código Aduanero[30].

La nueva edición del Código Aduanero Comentado contó además con la participación de Juan Patricio COTTER hijo, Ana L. SUMCHESKI y Guillermo VIDAL ALBARRACIN hijo, los que se unieron a los profesores Enrique Carlos BARREIRA, Ricardo Xavier BASALDUA, Héctor Guillermo VIDAL ALBARRACIN y Mario ALSINA. Los nombres de los profesores BASALDUA, BARREIRA, VIDAL y COTTER hijo, son hoy muy importantes en el ámbito de la doctrina aduanera actual. Los citados autores han desarrollado a lo largo del tiempo un importante trabajo bibliográfico[31] y académico,

---

[30] Estudios de Derecho Aduanero. Homenaje a los 30 años del Código Aduanero, Buenos Aires: Abeledo Perrot, 2011, ISBN 978-950-20-1418-0.

[31] Es a Ricardo Xavier BASALDUA a quien se le reconoce hoy ser uno de los doctrinantes más relevantes en el mundo. La obra de BASALDUA es realmente copiosa y profunda. Destacamos entre sus publicaciones además de los Códigos Aduaneros Comentados de 1984 y en la versión de 2011 (Tomo I ISBN 978-950-20-2270-3, Tomo II ISBN 978-950-20-2258-1 y Tomo III ISBN 978-950-20-2259-8), ya citados: 1. BASALDUA, Ricardo Xavier. Introducción al Derecho Aduanero Concepto y Contenido. Buenos Aires: Abeledo-Perrot, 1988. ISBN 950-20-0470-1. 2. BASALDUA, Ricardo Xavier. Derecho Aduanero Parte General. Sujetos. Buenos Aires: Abeledo-Perrot. 1992. ISBN 950-20-0675-5. 3. BASALDUA, Ricardo Xavier. MERCOSUR Y Derecho de la Integración. Buenos Aires: Ed. Abeledo-Perrot, 1999. ISBN 950-20-1225-9. 4. BASALDUA, Ricardo Xavier. Tributos al Comercio Exterior. Buenos Aires: Abeledo-Perrot, 2011. ISBN 978-950-20-2178-2. 5. BASALDUA, Ricardo Xavier. La Organización Mundial del Comercio y la regulación del comercio internacional. 2da ed. Buenos Aires: Ed. Abeledo-Perrot. 2013. ISBN 978-950-20-2454-7.

No menos importante resulta la obra de Enrique Carlos BARREIRA, quien además de participar en la Edición de los Códigos Aduaneros Comentados, son de su autoría exclusiva los Tomos 2 A y 2 B del Código Aduanero Comentado Inicial; coautor del Código Aduanero Comentado de 2011. El profesor BARREIRA fue desde el primer número de la Revista de Estudios Aduaneros del Instituto Argentino de Derecho Aduanero miembro del Comité de Publicaciones y ya desde el cuarto volumen hasta la época actual se desempeña como su director. Es encomiable el esfuerzo y la constancia con que ha mantenido dicha obra a lo largo ya de un cuarto de siglo.

Por su lado, el profesor Héctor Guillermo VIDAL ALBARRACIN también corredactor del Código se ha destacado por sus estudios específicos sobre delitos aduaneros, tema al cual ha dedicado buena parte de su copiosa obra recopilada en sus libros y en otras obras que ha venido desarrollando con temas como la responsabilidad práctica del despachante de aduanas, el crimen organizado en el comercio internacional, la lucha contra el contrabando y estupefacientes, cigarrillos, mercancía falsificada y copias piratas, entre otros. Su libro Delitos Aduaneros, fue publicado en Buenos Aires, por Mave, 2010. ISBN 978-987-9367-54-4. Entre las obras de VIDAL ALBARRACÍN se citan las siguientes realizadas en colaboración:

como profesores de diversas universidades, entre las que cuentan la Universidad de Buenos Aires y la Universidad del Rosario en Bogotá, Colombia.

Estos autores, junto con otros estudiosos del derecho aduanero, son parte del Instituto Argentino de Estudios Aduaneros, ente de carácter académico que viene realizando una importante labor de difusión y que, como ya se mencionó, cuenta con una publicación denominada Revista de Estudios Aduaneros cuyo primer número data de enero de 1990. Y su último número, a la fecha, es el 21 y responde al primer semestre de 2013.

Merecen también especial mención en el derecho aduanero argentino, por sus trabajos, los profesores Daniel ZOLEZZI[32], experto

1. VIDAL ALBARRACÍN, Hector G. VIDAL ALBARRACÍN Guillermo, SLUMAN Juan M., La Responsabilidad del Despachante de aduanas, Buenos Aires: Guía Práctica y Editores Jara, 2009, ISBN 978-950-9130-03-6. 2. VIDAL ALBARRACÍN Hector G., TESOREIRO Juan C., VIDAL ALBARRACÍN Guillermo. Jornadas de Trabajo de Derecho Aduanero. Lucha contra el contrabando de estupefacientes, cigarrillos, mercadería falsificada y copias piratas. Buenos Aires: Abeledo- Perrot, 2010. ISBN 978-950-20-2012-9. 3. VIDAL ALBARRACÍN Hector G. et al. Segundas Jornadas Sobre Prácticas Preventivas. El crimen Organizado en el Comercio Internacional. Buenos Aires: Guía Práctica, 2012. ISBN 978-950-9130-66-1.

Juan Patricio COTTER hijo, quien además de obras dirigidas (Estudios de Derecho Aduanero. Homenaje al Dr. Juan Patricio COTTER MOINE. Buenos Aires: Abeledo-Perrot, 2007, ISBN 978-987-592-298-3 y Estudios de Derecho Aduanero. Homenaje a los 30 años del Código Aduanero, Buenos Aires: Abeledo Perrot, 2011, ISBN 978-950-20-1418-0), cuenta con una denominada Las Infracciones Aduaneras. Buenos Aires: Abeledo Perrot, 2011, ISBN 978-950-20-2221-5, y una obra de derecho aduanero en tres tomos: 1. COTTER, Juan Patricio. Derecho Aduanero. Tomo I. Buenos Aires: Abeledo-Perrot, 2014. ISBN 978-950-20-2615-2. 2. COTTER, Juan Patricio. Derecho Aduanero. Tomo II: Abeledo-Perrot, Buenos Aires. 2014. ISBN 978-950-20-2616-9. 3. COTTER, Juan Patricio. Derecho Aduanero. Tomo III: Abeledo-Perrot, Buenos Aires. 2014. ISBN 978-950-20-2617-6. El ISBN de la obra Completa es 978-950-20-2614-5. Particular comentario merece el Título V de la obra, Ubicado en el Tomo III que denomina el Derecho Aduanero Comparado y en donde se encuentran capítulos referidos al derecho aduanero en Brasil (Fernando PIERI LEONARDO), el derecho aduanero en Chile (Juan José PEREZ-COTAPOS CONTRERAS), el derecho aduanero en Colombia (German PARDO CARRERO), el derecho aduanero en México (Máximo CARVAJAL CONTRERAS), el derecho aduanero en Perú (Fernando COSIO JARA) y el derecho aduanero en Uruguay (Pablo LABANDERA).

[32] ZOLEZZI, Daniel. Valor en aduana: Código Universal de la OMC, 2 ed. actualizada y ampliada, Buenos Aires: La Ley, 2008. ISBN 978-987-03-1178-2.

mundial en valoración aduanera, Julio Carlos LASCANO[33], reconocido autor en tema de derechos de aduana, valor aduanero y procedimientos, Juan Martin JOVANOVICH con sus aportes sobre valoración aduanera y precios de trasferencia, Horacio ALAIS[34], Jorge LUIS TOSI[35] y el profesor Alfredo Ernesto ABARCA[36] quien además de ser un autor en la materia específicamente de procedimientos aduaneros, es el director de los estudios de postgrado de derecho aduanero de la Universidad de Buenos Aires en donde buena parte de estos doctrinantes desempeña su labor docente. Previo a estos debe también mencionarse a los autores Pedro FERNANDEZ LANANNE[37] Y Juan José SORTEIX, quien aparte de trabajar en el proyecto del actual Código Aduanero dejó importantes trabajos aunque desafortunadamente su trabajo no se recoja en libros[38]. En fin, hay otros autores en el ámbito argentino en la materia y el hecho de que no sean mencionados específicamente se debe a falta de mayor conocimiento de quien escribe, pero no a la falta de importancia de esos doctrinantes.[39]

---

[33] LASCANO, Julio C. Los Derechos de Aduana, 1 ed. Buenos Aires: Osmar Buyatti Librería Editorial, 2007. ISBN 978-987-1140-53-3. LASCANO, Julio C. El valor en aduana de las mercancías importadas, 2ed., Buenos Aires: Osmar Buyatti Librería Editorial, 2007. ISBN 978-987-1140-76-3. LASCANO, Julio C. Procedimientos Aduaneros, 1 ed. Buenos Aires: Osmar Buyatti Librería Editorial, 2011. ISBN 978-987-1577-52-1.

[34] ALAIS, Horacio. Principios del derecho aduanero, 1ed. Buenos Aires: Marcial Pons Argentina, 2008. ISBN 978-987-24144-4-3. ALAIS, Horacio. Régimen infraccional aduanero, 1ed. Buenos Aires: Marcial Pons Argentina, 2011. ISBN 978-987-1775-04-0.

[35] TOSI, Jorge Luis. Derecho Comunitario Aduanero. Buenos Aires: Ciudad Argentina, 2002.ISBN 987-507-239 e ISBN 84-95823-24-1.

[36] ABARCA, Alfredo Ernesto. Procedimientos Aduaneros, 2ed. Buenos Aires: ed. Universidad. 1999. ISBN 950-679-250-X.

[37] FERNANDEZ LANANNE, Pedro. Derecho Aduanero. T 1. Buenos Aires: De Palma. 1996.

[38] De todas maneras conviene destacar por su importancia el escrito de SORTHEIX denominado "Estructura del hecho gravado por los derechos de importación en Revista de Derecho Aduanero: Contabilidad moderna. Buenos Aires: T V-A (3 publicaciones). 1993.

[39] Importa también mencionar los nombres de: Gustavo AROCENA, María Laura BACIAGALUPO, Lorena BARTOMIOLI, Carlos BONZÓN RAFART, Miguel BUENO, Guillermo CABANELLAS DE LAS CUEVAS, Fernando G. CAMAUÈR, Jorge DI FIORI, Patricia FELICIANO, Flavio FLOREAL GONZALEZ, Aldo FRATALOCHI, Roberto FREYTES, Horacio GALARZA DE LA CUESTA, Catalina GARCIA VIZCAINO, Marcelo GOTTIFREDI, Mateo McCORMACK, Pablo MEDRANO, Francisco MENÉNDEZ, Adrián MIGUEZ, Carlos MONZO,

4.2. México

36- México cuenta con autoridades internacionales como los doctores Máximo CARVAJAL CONTRERAS[40] y Jorge WITKER VELAZQUEZ[41] responsables de haber sido profesor de muchísimas generaciones que estudiaron el derecho aduanero. Los dos autores citados, se relacionan por su labor como profesores e investigadores de la UNAM. También, el maestro Andrés ROHDE PONCE con su conocida obra de derecho aduanero mexicano en dos tomos y su

---

Luis MUNZO, Javier NUÑEZ, Jorge Celso SARLI, Nicolás PRANTEDA, Jorge PETERSEN, Carolina ROBIGLIO, Bernardo SARAVIA, Juan M. SLUMAN, Ana L. SUMCHESKI, Juan Carlos TESORIERO, Eduardo Javier VICENTE, Guillermo VIDAL hijo, Mario VILLAR, Gustavo ZUNINO insistiendo que los nombres no citados, como sucederá en todos los casos, se deben a la falta de conocimiento de quien escribe.

[40] CARVAJAL CONTRERAS, Máximo. Derecho Aduanero. 15ª ed. México D. F.: Porrúa, 2009. ISBN 978-607-09-0148-5.

[41] El profesor de la Universidad Nacional Autonomía de México es autor de varios libros dentro de los cuales se destacan: 1. WITKER VELAZQUEZ, Jorge. Derecho Tributario Aduanero. México D.F.: Mc Graw Hill. 1999. ISBN 968-36-7094-6. 2. WITKER VELAZQUEZ, Jorge. Introducción a la Valoración Aduanera de las Mercancías, México D.F.: Mc Graw Hill, 1997. ISBN 970-10-2067-7. 3. WITKER VELAZQUEZ, Jorge (Coordinador). El Tratado de Libre Comercio de América del Norte: análisis, diagnóstico y propuestas jurídicas, T. 1. México: UNAM, 1993. ISBN 968-36-3478-8. WITKER VELAZQUEZ, Jorge (Coordinador). El Tratado de Libre Comercio de América del Norte: análisis, diagnóstico y propuestas jurídicas, T. 2. México: UNAM, 1993. ISBN 968-36-3479-6 tomo 2. Obra completa con ISBN 968-36-3477-X. 4. WITKER VELAZQUEZ, Jorge et al. El Tratado de Libre Comercio de América del Norte: evaluación jurídica: diez años después. México D. F.: UNAM. 2005. ISBN 970-322735-X. 5. WITKER VELAZQUEZ, Jorge. Derecho del Comercio Exterior. México D. F.: Asociación de Agentes Aduanales del Aeropuerto de México. 2011. ISBN 978-607-02-2176-7. 6. WITKER VELAZQUEZ, Jorge et al. (coordinador). Aspectos jurídicos del tratado de libre comercio. México D.F.: UNAM. 1992 ISBN 968-36-26-12-2. 7. WITKER VELAZQUEZ, Jorge y JARAMILLO, Gerardo. Comercio Exterior de México, Marco Jurídico y Operativo. México D.F.: Mc Graw Hill. 1996. ISBN 970-10-0998-3. 8. WITKER VELAZQUEZ, Jorge y HERNANDEZ, Laura. Régimen Jurídico del Comercio Exterior. 2da edición. México D.F.: UNAM. 2002. ISBN 978-36-97-73-9. 9. WITKER VELASQUEZ, Jorge. Las reglas de origen en el comercio internacional contemporáneo. México D.F.: UNAM, 2005. ISBN 970-32-2412-1. 10. WITKER VELAZQUEZ, Jorge y BELLO GALLARDO, Nohemí. La Valoración Aduanera en el Comercio Exterior de México. México D.F.: Porrua. 2010. ISBN 978-607-09-0578-0.

última obra de actualización[42]. Es además la labor del profesor ROHDE la que se debe verificar al momento de hablar de las reuniones mundiales y de la Academia Mundial de Derecho Aduanero, puesto que, como ya se ha dicho, él personalmente se ha encargado de coordinar los tópicos y las Memorias de los encuentros Iberoamericanos y con posterioridad de las Reuniones Mundiales[43].

Por lo demás, desde México en la "actualidad" se presentan importantes aportes a la doctrina tales como los de los profesores Carlos AGUIRRE CARDENAS[44] y Nohemí BELLO GALLARDO[45].

---

[42] ROHDE PONCE, Andrés. Derecho Aduanero Mexicano tomos I y II. 1 ed. México: Ediciones Fiscales ISEF, 2001. ISBN 970-676-034-2. ROHDE PONCE, Andrés. Reformas Fiscales en Materia Aduanera. 1ra ed. México D. F.: ISEF, 2014.

[43] (i) Memorias del Primer Encuentro Iberoamericano de Derecho Aduanero, Guadalajara 9 y 10 de julio de 2005. México: IIFA, 2006. ISBN 970-676-905-6. (ii) Memorias del Segundo Encuentro Iberoamericano de Derecho Aduanero, La Cooperación para el Desarrollo, la Integración Económica y la Seguridad Internacional. Montevideo 25 y 26 de mayo de 2006. México: IIFA, 2007. ISBN 970-811-050-7. (iii) Memorias del Tercer Encuentro Iberoamericano de Derecho Aduanero. Barcelona 7 y 8 de junio de 2007. Los Nuevos Paradigmas del Derecho Aduanero. México: IIFA, 2008. ISBN 978-970-811-190-4. (iv) Memorias del Cuarto Encuentro Iberoamericano de Derecho Aduanero. Los Tratados Internacionales en Materia Aduanera en el entorno Mundial del Siglo XXI. Cartagena de Indias 19 y 20 de junio de 2008. México: IIFA, 2009. ISBN 978-607-406-058-4. (v) Crisis Financiera Global Impactos en la Actividad Aduanera. Reunión Mundial de Derecho Aduanero. Lisboa 4 y 5 de junio de 2009. México: IIFA, 2010. ISBN 978-368-726-559-7. (vi) La Actividad Aduanera y los retos del Futuro. 6ta Reunión Mundial de Derecho Aduanero. Belo Horizonte 17 y 18 de agosto de 2010. México: Academia Internacional de Derecho Aduanero, 2011. (vii) Memorias de la 7ma y 8va Reunión Mundial de Derecho Aduanero, Buenos Aires 4 y 5 de agosto de 2011 y Cancún 23 y 24 de agosto de 2011. México: ISEF, 2013. ISBN 978-607-406-543-3. (viii) Las memorias de los encuentros de Bruselas y Nueva York están próximas a ser editadas en Bogotá por editorial Temis.

[44] AGUIRRE CARDENAS, Carlos. El Comercio de Bienes en los tratados de libre comercio. Un análisis comparativo. 2da ed. México, D.F.: Tax Editores Unidos, 2008. ISBN 978-970-716-621-9. Y, AGUIRRE CARDENAS, Carlos. El origen en los TLC's de América Latina con los de EE.UU y otros temas relacionados. 1ra ed. México, D.F.: Tax Editores Unidos, 2009. ISBN 978-607-440-037-3.

[45] BELLO GALLARDO, Nohemí et al. La tecnología de Información en las Aduanas y sus efectos jurídicos (México, Argentina y Colombia). 1 ed. México, Querétaro: Fundación Universitaria de Derecho Administración y Política, S.C. 2012. ISBN UAQ 978-968-5435-98-7. Y, BELLO GALLARDO, Nohemí. Estudio Jurídico de las Reglas de Carácter General en Materia de Comercio Exterior. 1 ed. México, Querétaro: Fontamara. 2012. ISBN Fontamara 978-607-8252-18-3. ISBN UAQ 978-607-513-024-8.

En materias muy afines: Elvia Arcelia QUINTANA ADRIANO[46] y Filiberto PACHECO MARTINEZ[47], entre otros[48].

4.3. Colombia

37- El derecho aduanero en Colombia fue por mucho tiempo objeto de muy poca atención por parte de los juristas. Así, son muy pocas las obras que se conocen desde la vigencia de la Ley 79 de 1931[49], hasta la última década del siglo pasado e incluso hasta entrado este siglo[50]. Del siglo XX merecen especial atención los nombres de los profesores Martin Gustavo IBARRA PARDO con una muy interesante tesis sobre la obligación jurídica aduanera[51] y Guillermo CHAÌN

---

[46] QUINTANA ADRIANO, Elvia A. El Comercio Exterior de México. Marco Jurídico Estructura y Política. México D.F.: Porrúa. ISBN 978-607-09-005-88-9.

[47] PACHECO MARTINEZ, Filiberto. Derecho de comercio exterior. México, D.F.: Porrúa, 2013. ISBN 978-607-09-1238-2.

[48] Además están autores como Felipe ACOSTA ROCA, Daniel AMESQUITA DÍAZ, Julio Manuel CARBAJAL SMITH, Francisco CORTINA VELARDE, Oscar CRUZ BARNEY, Rogelio CRUZ VERNET, Edmundo ELIAS-FERNANDEZ, Gregorio GIACINTI VALDEZ, Ricardo HORTAL LOPEZ, Jorge Enrique LOERA, Alfredo MONTES CAMPOS, Felipe MORENO YEBRA, Jorge RIVERA VASQUEZ, Arturo ROJAS RIVAS, Carlos SARABIA DÌAZ, entre otros de los muchos nombres que se podrían citar.

[49] Código de Aduanas que rigió hasta la década de 1980 e incluso algunas de sus normas hasta 1991.

[50] Se destacan obras como: CASTILLO CASTILLO, Arístides. Legislación Aduanera Colombiana (Ley 79 de 1931). 2da ed. Bogotá: Temis, 1971. GOMEZ PIEDRAHITA, Hernán. Fundamentos de derecho administrativo aduanero. Bogotá: Librería del profesional, 1984. MEISEL LANNER, Roberto. Código de Aduanas: Comentarios al Código de Aduanas. Bogotá: Temis, 1986. FIGUEROA MARTINEZ Luis J. Código de Aduanas de Colombia. Convenio Internacional de Kyoto. Bogotá: Beta Impresores, 1991. IBARRA PARDO Gabriel. Naturaleza jurídica del derecho antidumping en Colombia. En: Memorias de las XXV Jornadas Colombianas de Derecho Tributario. Bogotá: Instituto Colombiano de Derecho tributario, 2001.
Destaca también para esta época los aportes que en escritos especializados tienen los juristas Ramiro ARAUJO SEGOVIA, Rogelio PERILLA GUTÌERREZ, Hugo OSPINA PARRA, Pedro SARMIENTO PEREZ y Julia Inés SANCHEZ ARIAS. De esta última autora existe un interesante trabajo denominado: SANCHEZ ARIAS. Julia. Valoración aduanera en Colombia. Compilación Normativa Básica. Bogotá: Dirección de Impuestos y Aduanas Nacionales, 1994.

[51] IBARRA PARDO, Martin G. La obligación aduanera. Bogotá: Tesis - Pontificia Universidad Javeriana, 1976. IBARRA PARDO, Martin G. Marco constitucional de la legislación sobre el comercio en Colombia. Bogotá: Universitas Revista jurídica de la Pontificia Universidad Javeriana. 1982.

LIZCANO[52] con su obra de comercio exterior. Por lo demás se podría afirmar que la mayor parte del derecho aduanero se desarrolló por parte de la autoridad aduanera, quien a lo largo del tiempo fue trabajando y expidiendo normas sobre la base de ajustarlas para que funcionaran o a que respondieran a la realidad de los hechos o a las finalidades de la misma autoridad[53].

Ya para la primera década del siglo XXI aparecen obras de autores como Juan Manuel CAMARGO GONZALEZ con su excelente obra de derecho aduanero colombiano; German PARDO CARRERO, quien escribe estas líneas, con su libro de tributación aduanera[54]. También el libro de Hugo PARRA OSPINA sobre la clasificación arancelaria de las mercancías[55], el libro sobre reglas de Origen de Gustavo GUZMAN MANRIQUE[56], incluso un libro denominado Derecho Administrativo Aduanero de Cesar Antonio COECHA LEÒN[57]. Apareció también un libro denominado "La valoración aduanera en Colombia", de autores varios[58].

Estas como obras de estudio de la materia aduanera. Nace también el denominado Instituto Colombiano de Derecho Aduanero (ICDA) el cual reúne a los estudiosos de la materia y produce la Revista de Derecho Aduanero que aparece en 2011 y ya para 2015 cuenta con su séptimo Volumen.

Con la colaboración de varios autores nacionales y extranjeros en el seno de la Universidad del Rosario se han escrito dos libros recopilatorios de artículos sobre estas materias de derecho aduanero y

---

[52] CHAÌN LIZCANO, Guillermo. Comercio Exterior. Parte General e Importaciones, Teoría y Práctica. 2nd ed. Bogotá.

[53] Del trabajo elaborado por funcionarios de la DIAN destacan obras como la de FINO SERRANO Guillermo, VECINO ARENAS Carlos Enrique y VASCO MARTINEZ Rubén. El Sistema Aduanero en Colombia. Teoría y Práctica. Bogotá: Ediciones Jurídicas Gustavo Ibáñez, 2003. ISBN 958-8192-39-0.

[54] PARDO CARRERO, German A. Tributación Aduanera. 1ra ed. Bogotá: Legis, ISBN 978-958-653-766-7.

[55] PARRA OSPINA, Hugo. La Clasificación Arancelaria de las Mercancías en Aduanas. Bogotá: Centro de Estudios y Negocios Internacionales CENI S.A., 2003. ISBN 958-17-0093-5.

[56] GUZMAN MANRIQUE, Gustavo. Las Reglas Internacionales del Origen del Comercio Internacional. 1 ed. Bogotá: Legis, 2012. ISBN 978-958-653-970-8.

[57] COHECHA LEÒN, Cesar A. Derecho Administrativo Aduanero. Aspectos Generales y Principios rectores. Bogotá: Ibáñez, 2008. ISBN 978-958-8381-37-4.

[58] POTDEVIN STEIN, Nicolás y BARBOSA MARIÑO, Juan David. La valoración aduanera en Colombia. Bogotá: Legis, 2015. ISBN 978-958-767-195-7.

de comercio exterior[59]; y, con formato parecido se está trabajando en dos más con el Instituto Colombiano de Derecho Tributario[60], los cuales he tenido la oportunidad y el honor de coordinar. En fin el tema del derecho aduanero y aspectos relacionados con el mismo, poco a poco, va creciendo en Colombia donde hay todo un conjunto importantes de autores[61] además de la labor propia de Rogelio PERILLA GUTIERREZ[62].

4.4. Uruguay[63]

38- De acuerdo con el profesor GONZALES BIANCHI, no existen en Uruguay muchas obras de carácter general sobre temas de derecho aduanero. Hay un viejo "Tratado de Derecho Aduanero" de Ariosto J. GONZÁLEZ, en 2 tomos, que data de 1962. No obstante, en general, es de referencia obligatoria en Uruguay y Argentina. También, un

---

[59] PARDO CARRERO, German et al. Derecho Aduanero en el siglo XXI. Bogotá: Universidad del Rosario, 2009. ISBN: 978-958-738-065-1.
PARDO CARRERO, German et al. Acuerdos Comerciales y Aspectos relacionados con el Comercio Exterior. Bogotá: Universidad del Rosario, 2014. ISBN 978-958-738-494-9 (Rustica) y 978-958-738-495-6 (Digital).

[60] Estos dos libros que publicará el Instituto Colombiano de Derecho Tributario, en el primer semestre de 2015, se refieren a dos aspectos del derecho aduanero con gran incidencia en el derecho tributario cuales son el origen y la valoración aduanera. Llevan por nombre Aspectos relacionados con la valoración en aduana y su incidencia en la tributación; e, Incidencia del origen de la mercancía en materia tributaria.

[61] Entre estos autores se encuentran José Alejandro ABUSAID GOMEZ, Ramiro ARAUJO SEGOVIA, Juan David BARBOSA MARIÑO, Tomas BARRETO RAMIREZ, Oscar BUITRAGO RICO, Cesar Camilo CERMEÑO, Ingrid M. DIAZ RINCÓN, Andrés FORERO MEDINA, José Luis GOMEZ, Diego GOMEZ CASTAÑO, Juan Carlos HENAO PELAEZ, Francia HERNANDEZ DIAZ, Gabriel IBARRA PARDO, Juan José LACOSTE, Ricardo LOPEZ SANCHEZ, José Gustavo LORENZO ORTIZ, Francisco MAFLA RUÌZ, Ciro MESA MARTINEZ, Alfredo MORENO DAVILA, Nicolás POTDEVIN STEIN, Diana RODRIGUEZ BERMUDEZ, Diana RICHARDSON PEÑA, Carlos RODRIGUEZ CALERO, María Paula SANCHEZ NIÑO y Pedro SARMIENTO PEREZ.

[62] El profesor PERILLA GUTIERREZ se ha encargado de compilar la legislación aduanera colombiana desde hace ya varios años y también desde 1999 ha publicado su Manual de Importaciones y Exportaciones Guía Práctica para la Operación de Comercio Exterior de mucho nombre en el país. Ver: PERILLA GUTIERREZ, Rogelio. Manual para Importadores y Exportadores. 14va ed. Bogotá: Impresiones Grafiweb, 2012. ISBN 978-958-44-4882-8.

[63] Información gentilmente suministrada por el profesor Pablo González Bianchi, vía correo electrónico.

"Tratado de Derecho Aduanero y Portuario" en dos tomos de Juan Pedro FARACCHIO que es de 1973. También otro libro de "Derecho Aduanero y Portuario", escrito por Juan Pedro FARACCHIO y Javier Pablo FARACCHIO de 1999. Este libro, a diferencia del "Tratado", es simplemente una recopilación ordenada de normas. Y finalmente el libro "Derecho Aduanero y Comercio Exterior (normativa vigente anotada y concordada)" del doctor Pablo LABANDERA.

Lo más moderno que se ha escrito en materia de derecho aduanero son los textos de valoración aduanera de Pablo GONZALEZ BIANCHI[64], mereciendo especial mención los aportes del ya citado profesor Pablo LABANDERA IPATA y a su lado el trabajo de Raúl GONZALES BERRO, Ariosto GONZALEZ CUÑARRO, Marcelo SICA PEREZ, Adrián OJEDA GONZALEZ y Flavia FIGUEREO OMODEY.

4.5. Venezuela[65]

39- Venezuela a lo largo de los años ha ido desarrollando también su bibliografía en derecho aduanero y una particular interpretación de lo que se entiende por el mismo. Destaca la obra del profesor Marco Antonio OSORIO CHIRINOS con sus libros sobre mercancía y territorio aduanero, entre otros[66]. También merecen mención los trabajos de Carlos ASUAJE SEQUERA[67], Tiuna de BENITO, Julio Enrique CARRAZANA GALLO[68], José A. LÓPEZ SOTO, Marco

---

[64] GONZALEZ BIANCHI, Pablo. El Valor en Aduana. La valoración de mercancías en el sistema GATT/OMC. V. I. Montevideo: Universidad de Montevideo. 2003; y GONZALEZ BIANCHI, Pablo. El Valor en Aduana. La valoración de mercancías en el sistema GATT/OMC. V.II. métodos secundarios-normas formales-infracciones aduaneras. Montevideo: Universidad de Montevideo. 2010.

[65] Parte de la información fue suministrada vía correo electrónico por el profesor Pedro Olinto Mojica Olaya.

[66] OSORIO CHIRINOS, Marco A. El Territorio Aduanero y la Legislación Venezolana. Monografías de Derecho Aduanero. 1 ed. Caracas: Lizca Libros Librería Técnica, 2012. ISBN 978-980-6614-10-9. Y, OSORIO CHIRINOS, Marco A. Las Mercancías. Monografías de Derecho Aduanero. 1 ed. Ed. Caracas: Aforo, 2008. ISBN 978-980-6820-01-2.

[67] ASUAJE SEQUERA, Carlos. Derecho Aduanero. 2 ed. Caracas: Edita Carlos Asuaje Sequera, 2002. ISBN 980-07-6495-X.

[68] Con motivo de las XIII Jornadas Venezolanas de derecho Tributario realizadas en Caracas en noviembre de 2014 se lanzó un pequeño libro denominado Aduanas en Venezuela y MERCOSUR, cuyo contenido fue dirigido por Marco Antonio OSORIO. También pertenece a la Asociación Venezolana de Derecho Tributario el Libro de las IX Jornadas Venezolanas de Derecho Tributario de Maracaibo 2009,

Antonio OSORIO UZCATEGUI[69], María del Carmen RAMOS LOPEZ[70], Freddy RÍOS RÍOS, Hayle J. RIVAS C.[71], Pedro OLAYA MOJICA, Nerwín SANCHEZ DIAZ, entre otros.

4.6. Perú[72]

40- El derecho aduanero peruano también ha tenido en los últimos años un desarrollo significativo destacándose el nombre del profesor Fernando COSIO JARA con sus distintas obras[73]. Anterior a la obra del profesor COSIO JARA, existieron trabajos importantes de Jesús MUNIVE TAQUIA[74] y Alberto TOCUNAGA, quienes comentaron las leyes aduaneras anteriores a la Constitución de 1993.

En los últimos años también han efectuado algunas publicaciones vinculadas a la temática aduanera Marcos HUAMAN SIALER[75], Rafael REAÑO AZPLICUETA[76], Oscar VAZQUEZ NIEVA[77] y

---

que cuenta con artículos dedicados al tema aduanero en publicación dirigida por Pedro MOJICA OLAYA,

[69] OSORIO UZCATEGUI, Marco A. Aduanas en Venezuela y MERCOSUR. Caracas: Asociación Venezolana de Derecho Tributario, 2014. ISBN 978-7304-19-1, ya referenciado.

[70] RAMOS LOPEZ, María. Compendio de Normas e Instrumentos Técnicos de Valoración Aduanera. Ata ed. Caracas: Aforo, 2009. ISBN 980-6820-00-2.

[71] RIVAS C. Hayle. Legislación Aduanera. 3ra ed. Caracas: Editorial Volumen, 2009. ISBN 980-07-6795-9.

[72] Con la información de Perú colaboró el profesor Fernando Cosio Jara, vía correo electrónico.

[73] COSIO JARA Fernando. Manual de Derecho Aduanero. Doctrina- Jurisprudencia. Ed. 2. Lima: Ed. Rodhas, 2007. ISBN 978-603-45063-0-5.
COSIO JARA Fernando. Comentarios a la Ley General de Aduanas Decreto Legislativo No 1053, Lima: Jurista editores, 2012. Tratado de Derecho Aduanero. ISBN 978-612-4066-80-1.
COSIO JARA Fernando. Tratado de Derecho Aduanero. Lima: Ed. Juristas editores, 2014. ISBN 978-612-4184-36-9.

[74] MUNIVE, Jesús. Fundamentos de Derecho Aduanero. Lima: Ediciones Palma S.R.L. 1995.

[75] HUAMAN SIALER, Marcos (Compilador). Compendio Derecho Aduanero y Tributario. Lima: Editado por la Facultad de Derecho de la Universidad Alas Peruanas (2009).

[76] REAÑO, Rafael. Tributación Aduanera. Lima: Palestra Editores, 2010.

[77] VASQUEZ NIEVA, Oscar. Los regímenes de drawback o de devolución de aranceles regulados en el Perú. Lima: Asesoría y Consultoría Inversiones, 2010. Pág. 194.

Roberto ZAGAL PASTOR[78]. Vinculados al tema aduanero también han publicado importantes trabajos sobre Valoración los economistas Luis Ernesto ORTEGA PORTELLA[79] y Luis SANDOVAL AGUILAR[80]. Además, son importantes los nombres de Eduardo GONZALEZ ESPINOZA, Julio GUADALUPE BASCONES, James REATEGUI SANCHEZ, Ricardo ROSAS BUENDIA y Fernando ZIMIC ESCURRA entre otros.

4.7. Brasil[81]

41-Los primeros autores en escribir de manera constante sobre Derecho Aduanero en Brasil fueron Roosevelt Baldomir SOSA[82] y de José Lence CARLUCCI[83], en el siglo pasado. Actualmente los autores que más publican son Liziane ANGELOTTI MEIRA[84] y Rosaldo TREVISAN[85]. Se encuentran también algunas otras de aduanas y

---

[78] ZAGAL PASTOR, Roberto. Derecho Aduanero. Lima: San Marcos, 2008. ISBN 997-271-62-32. ZAGAL PASTOR, Roberto. Operativa de Comercio Exterior y Regímenes Aduaneros. Lima: San Marcos, 2009 ISBN 978- 997- 2388-576.

[79] ORTEGA PORTELLA, Luis Ernesto. Cien casos de Valoración Aduanera. Lima: Sunat, 2012.

[80] SANDOVAL, Luis. Derecho Tributario Aduanero: Valor en Aduana y su Aplicación en el Perú. Trujillo: Editorial Normas Legales, 2006. SANDOVAL, Luis. Logística Internacional de Importaciones. Lima: Producciones Gráficas Peruanas, 2002.

[81] En Brasil se contó con información suministrada por los profesores Rosaldo TREVISAN y Fernando PIERI LEONARDI.

[82] Son de su producción: 1. SOSA, Roosevelt Baldomir. Comentários à Lei Aduaneira. São Paulo: Aduaneiras, 1992. 2. SOSA, Roosevelt Baldomir. O controle do valor aduaneiro. São Paulo: Aduaneiras, 1998. 3. SOSA, Roosevelt Baldomir. A Aduana e o Comércio Exterior. São Paulo: Aduaneiras, 2000. ISBN 978-85-7129-165-2. Y 4. SOSA, Roosevelt Baldomir. Temas aduaneiros: estudos sobre problemas aduaneiros contemporâneos. São Paulo: Aduaneiras, 1999. ISBN 978-857-129-21-30.

[83] 1. CARLUCCI, José Lence. Uma introdução ao sistema aduaneiro. São Paulo: Aduaneiras, 1996. 2. CARLUCCI, José Lence. Uma Introdução ao Direito Aduaneiro. São Paulo: Aduaneiras, 1997.

[84] 1. ANGELOTTI MEIRA, Lizaine. Regimes Aduaneiros Especiais. São Paulo: IOB, 2002. 2. ANGELOTTI MEIRA, Lizaine. Regime jurídico dos tributos incidentes sobre o comércio exterior de bens. Tese (doutorado em Direito) - Setor de Ciências Jurídicas, PUC/SP, São Paulo, 2007.

[85] Dentro de las obras de este autor se destacan: 1.Trevisan Rosaldo. Atuação estatal no comércio exterior, em seus aspectos tributário e aduaneiro. 280f. Dissertação (mestrado em Direito) - Centro de Ciências Jurídicas e Sociais, PUC/PR, Curitiba, 2008. 2. TREVISAN, Rosaldo. (org) Temas atuais de Direito Aduaneiro. São Paolo:

comercio exterior que merecen ser revisadas, escritas por autores como: Leonardo CORREIA LIMA MACEDO[86], Osíris DE AZEVEDO LOPES FILHO[87], Cleusa MAGALHÃES[88], Flávio José PASSOS COELHO[89], Vladimir PASSOS DE FREITAS[90], Fausto VIEIRA COUTINHO[91]. Además, Ana Clarissa MASUKO DOS SANTOS ARAUJO y Angela SARTORI[92] y André PARMO FOLLONI[93]. También son objeto de atención, Dalton Luiz DALLAZEM, Vera Lúcia FEIL PONCIANO, Fernando PIERI LEONARDO, Mario Lucio QUINTÃO, Heleno TAVEIRA TÔRRES, Antenori TREVISAN NETO Y Paulo WEMESK.

4.8. Otros países

42-En Chile se conoce de la obra de los profesores Ramos ELIZALDE ALDUNATE, Rolando FUENTES RIQUELME[94], Rodrigo GÓNZALEZ HOLMES[95], Carlos OLIVIER CARDENAS,

---

Lex Editora S.A, 2008. 3. TREVISAN, Rosaldo (org.). Temas atuais de Direito Aduaneiro. v.2. São Paulo: Lex Editora, 2015 (no prelo).

[86] CORREIA LIMA MACEDO, Leonardo. Direito Tributário no comércio internacional: acordos e convenções internacionais - OMC, CCA/OMA, Aladi e Mercosul. São Paulo: Aduaneiras, 2005.

[87] DE AZEVEDO LOPES FILHO, Osíris. Regimes aduaneiros especiais. São Paulo: Revista dos Tribunais, 1983.

[88] Coautora del libro VIEIRA COUTINHO, Fausto. MAGALHÃES, Cleusa. Anotações ao Regulamento Aduaneiro- Decreto N° 6.759/2009. 2. Ed. São Paulo: Lex Editora, 2011. ISBN 857721123-1.

[89] PASSOS COELHO, Flávio José. Facilitação comercial: desafio para uma Aduana moderna. São Paulo: Aduaneiras, 2008.

[90] PASSOS DE FREITAS, Vladimir (coord.). Importação e exportação no direito brasileiro. São Paulo: Revista dos Tribunais, 2004.

[91] Coautor también del libro VIEIRA COUTINHO, Fausto. MAGALHÃES, Cleusa. Anotações ao Regulamento Aduaneiro- Decreto N° 6.759/2009. 2. Ed. São Paulo: Lex Editora, 2011. ISBN 857721123-1.

[92] MASUKO DOS SANTOS ARAUJO Ana Clarissa; SARTORI, Angela. Drawback e o comércio exterior: visão jurídica e operacional Editora: São Paulo: Aduaneiras, 2004.

[93] Son de su autoria: 1. FOLLONI, André Parmo. Tributação sobre o Comércio Exterior. São Paulo: Dialética, 2005 y 2. FOLLONI, André Parmo. Tributos sobre o comércio exterior. São Paulo: Saraiva, 2012. ISBN 857-500-1345 (2) 005.

[94] PRADO CADAS, Benjamín y FUENTES RIQUELME, Rolando. Ordenanza de Aduanas. Jurisprudencia, Anotaciones, Concordancias e Índice Temático. Santiago de Chile: Thomson Reuters, 2013. ISBN 978-956-3463-32-3.

[95] GONZÁLEZ HOLMES, Rodrigo. RIOS ALVAREZ, Rodrigo. Manual de derecho aduanero: despacho de mercancías, tribunales tributos y aduaneros y aspectos

Juan José PEREZ-COTAPOS CONTRERAS, Benjamín PRADO CASAS, Rodrigo RIOS ALVAREZ[96], Rodrigo SILVA MONTES[97], Monserrat VENDRELL[98] y Fabián VILLAROEL RIOS.

Por Bolivia Alberto GOITIA MALAGA, Ramiro ITURRI ZAMORANO, Juan Carlos VILASECA GONZALES y Yakeline VILLEGAS DE MONTES.

Por Paraguay Osvaldo MOLINAS RISO, Miguel A RUIZ VIEIRA, Edwin VIDOVCH DOCTERS y Enrique VALENZUELA.

Y, por Centro América los profesores Joe Henry THOMPSON ARGUELLO (Nicaragua), Rodolfo ARCE PORTUGUEZ, Christian HESS ARAYA y Carlos VALENCIANO JIMENEZ (Costa Rica).

Para finalizar este acápite conviene volver a resaltar que puede haber otros autores que desafortunadamente no se ha podido conocer y por tanto no se ha mencionado específicamente.

5. LA ENSEÑANZA DEL DERECHO ADUANERO EN LATINOAMÉRICA

El derecho aduanero como rama específica o autónoma del derecho no fue objeto de estudio especializado por mucho tiempo, entre otras cosas, porque se le consideró durante la mayor parte del siglo XX como un anexo del derecho tributario y previamente del derecho administrativo. Como quiera que los impuestos aduaneros fueron perdiendo repercusión o importancia económica desde la aparición del GATT de 1947 (por lo menos para los países más desarrollados) y por fenómenos como la integración de los países europeos, el tema jurídico aduanero fue dejado de lado y solamente fue objeto de estudios ocasionales. En efecto, mientras para los países de Europa los impuestos aduaneros fueron importantes, los doctrinantes de esos países estudiaron el tema aduanero, por lo menos, desde la óptica de las obligaciones tributario-aduaneras o aduanero-tributarias. También

---

penales. Santiago de Chile: Legal Publishing Chile: Thomson Reuters, 2014. ISBN 978-956-3465-24-2.

[96] También coautor de GONZÁLEZ HOLMES, Rodrigo. RIOS ALVAREZ, Rodrigo. Manual de derecho aduanero: despacho de mercancías, tribunales tributos y aduaneros y aspectos penales. Santiago de Chile: Legal Publishing Chile: Thomson Reuters, 2014. ISBN 978-956-3465-24-2.

[97] SILVA MONTES, Rodrigo. Manual de Procedimiento tributario y aduanero. Santigao de Chile: Jurídica de Chile, 2010. ISBN 978-956-10-2020-7.

[98] VENDRELL, Monserrat. Ordenanza de aduanas anotada, comentada y normas anexas. Santiago de Chile: Legis Chile, 2013. ISBN 978-956-7987-58.

se estudiaron ciertas barreras aduaneras con las que se ha pretendido a lo largo de los tiempos cumplir con fines de carácter extra fiscal, v. y gr la protección de las industrias nacionales e incluso hoy la protección de sectores como el agrícola y el textil cuyo desarrollo sigue siendo crucial para los países del primer mundo como Estados Unidos y Europa, productores de este tipo de mercancías.

Entre tanto, en el entorno Latinoamericano, como ya se ha venido connotando, el tema aduanero fue también objeto de poco estudio hasta no hace mucho tiempo y, es seguramente Argentina donde los temas aduaneros se han trabajado más y en donde siguen siendo relevantes los impuestos generados en las operaciones de comercio exterior y especialmente los derechos que se cobran sobre las exportaciones.

Hasta la fecha por lo menos en América Latina, no hay estudios de doctorado en esta materia, pues se trata precisamente de un área hasta ahora en desarrollo y en dónde la mayor parte de los autores juristas vienen o tienen su formación extraída de muchos otros campos del derecho. En efecto, a nivel de educación superior el tema del estudio del derecho aduanero continua siendo insipiente. Como lo afirma el profesor RHODE PONCE en Bruselas en 2013, en un estudio reciente se "mostro que de novecientas universidades que aproximadamente existen en Latinoamérica menos del 2% tienen esta asignatura jurídica en sus carreras de derecho, situación semejante a lo que ocurre en otras regiones del mundo donde con el nombre de "ley de aduanas" se estudia el régimen jurídico del comercio internacional"[99]. A continuación comenta que "estos datos muestran que la asignatura de derecho aduanero carece de un lugar específico en las universidades, lo cual es inexplicable no solo por su autonomía científica, sino por su importante papel en la economía global y su utilidad en la protección y seguridad de las personas"[100]. Indica el profesor mexicano que tal vez esta apatía con el estudio del derecho aduanero se deba al hecho de que "cuando las aduanas fueron saliendo del Derecho Militar, fueron cayendo en el derecho tributario y este limito lo aduanero a la obligación de pagar aranceles por introducir o extraer mercancías en el territorio, dejando de lado el estudio de lo esencial del derecho aduanero que es el control aduanero." Y agrega que "sigue siendo tan

[99] ROHDE PONCE, Andrés. La doctrina del Derecho Aduanero. Op. cit p. 175
[100] ROHDE PONCE. Andrés. La doctrina del Derecho Aduanero. Op. cit p. 175

estrecho el estudio aduanero en ese Derecho que todavía ni siquiera se alcanza a precisar el hecho imponible del impuesto aduanero"[101]

Así las cosas, con este panorama y sin pretender ser exhaustivos se comenta a continuación sobre algunos programas de derecho aduanero de los que se tiene conocimiento, acotando que existen estudios de posgrado que incluyen la expresión derecho aduanero, con los que se pretende estudiar en cerca de 300 horas materias de derecho tributario, derecho aduanero, comercio exterior y derecho cambiario, con lo que el estudio de derecho aduanero, como tal, queda relevado a pocas horas y a veces a aspectos más técnicos que jurídicos. A este tipo de programas no se refiere este escrito.

5.1. Argentina

En argentina se tiene conocimiento de la existencia de cursos de posgrado en derecho aduanero en la Universidad de Buenos Aires, y un posgrado[102] específico dirigido por el profesor y tratadista Alfredo Ernesto ABARCA. También hay registro de la existencia de un Diplomado de Derecho Aduanero en la Universidad Austral. El curso de la Universidad de Buenos Aires es afamado por contar entre sus docentes con los tratadistas más importantes del tema aduanero en la Argentina, doctrinantes de fama mundial.

5.2. México

En México, de derecho aduanero como tal no se conoce la existencia de importantes estudios de posgrado, aun cuando si los hay en materias relacionadas de logística, comercio exterior y operativa aduanera, tal como el caso de la maestría de la Universidad de la Salle Bajío.

Sin embargo, es precisamente desde México desde donde se oye la idea de abrir, en tiempos no lejanos, un doctorado que tendrá como sede una de las Universidades del Distrito Federal. Se tiene además

---

[101] ROHDE PONCE, Andrés. La doctrina del Derecho Aduanero. Op. Cit. p. 175 a 176.

[102] Se entiende en este escrito por estudio de posgrado o especialización un curso con una intensidad superior a 300 horas repartidas en un término de aproximadamente un año y que suponen cierto nivel de exigencia académica y calificación, para la obtención de un título. Por diplomados y otros cursos, espacios académicos más cortos y usualmente sin mayor exigencia académica ni acreditación de título universitario diferente a certificación o constancia de curso.

conocimiento de que la Universidad de Guanajuato está programando la implementación de una maestría en la materia con lo que seguramente en poco tiempo se contará con importantes estudios de posgrado en derecho aduanero desde México.

5.3. Colombia

En el caso de Colombia ya para finales del siglo XX se crea por parte de la Universidad Externado de Colombia la primera especialización o estudio de postgrado de derecho aduanero, que se considera un hito por querer ordenar el estudio de esta materia de manera estructurada y a nivel de postgrado universitario, por primera vez en el país.

También en el 2011 comienza a funcionar en la Universidad del Rosario en Bogotá un estudio de postgrado, que tuve la posibilidad de diseñar, estructurar y que dirijo, (denominado Derecho Aduanero y de Comercio Exterior), para estudiar las materias mencionadas, sobre la base de que su estudio no solamente se refiere o puede referirse a la legislación nacional, sino que, como quiera que la aduana y el comercio exterior se explican en el traspaso de fronteras, el componente más interesante de este estudio de posgrado, y que lo diferencia claramente del de la Universidad Externado, es su idea del estudio del derecho aduanero y del comercio exterior a través del Derecho Comparado. En este cometido, a lo largo de estos años se ha logrado vincular como catedráticos, entre otros, además de los profesores colombianos, a profesores de la talla de Alfredo Ernesto ABARCA, Ricardo Xavier BASALDUA, Enrique Carlos BARREIRA, Juan Patricio COTTER, Julio Carlos LASCANO, Guillermo VIDAL ALBARRACIN y Daniel ZOLEZZI de Argentina; Andrés RHODE PONCE, Felipe MORENO YEBRA y CARLOS AGUIRRE CARDENAS de México; Santiago IBAÑEZ MARSILLA y Francisco PELECHA ZOZAYA de España; Marco Antonio OSORIO CHIRINOS y Pedro MOJICA OLAYA de Venezuela; Fernando COSIO JARA y Eduardo GONZALEZ ESPINOZA de Perú y Pablo GONZALEZ BIANCHI de Uruguay.

En Medellín la profesora Francia HERNANDEZ DIAZ dirige en los últimos años cursos de posgrado en materia aduanera y actualmente un estudio de especialización, con énfasis más marcado en temas logísticos que en temas jurídico aduaneros.

5.4. Venezuela

En Venezuela cuenta con formación a nivel de "Especialistas en Aduanas" a través del Programa de Especialización en Gerencia Aduanero y Comercio Exterior (PEGACE) de la Escuela Nacional de Administración y Hacienda Pública, que otorga un grado de licenciatura.

5.5. Perú[103]

El desarrollo académico de la materia fue impulsado en principio por la Escuela Nacional de Aduanas, órgano perteneciente a la administración aduanera y que estaba encargada de la formación de especialistas, oficiales y Agentes de Aduanas, que luego de la absorción de las aduanas por la Administración tributaria (2002) paso a denominarse Instituto Aduanero y Tributario. Posteriormente el Derecho Aduanero ha ido difundiéndose en las principales universidades y centros de enseñanza del país.

Así las principales universidades del país, la Pontificia Universidad Católica del Perú y Universidad Nacional Mayor de San Marcos incluyen en sus facultades de Derecho y Ciencias Políticas, la cátedra de Derecho Aduanero desde el año 2000. Dicho ejemplo ha sido seguido por la mayoría de universidades de Lima y provincias, que incluyen en su oferta académica no solo este curso a nivel pre-grado, sino que también incluyen para profesionales y egresados diplomados y especializaciones en la materia. Inclusive se han iniciado programas de Maestría en Derecho Aduanero (Universidad Nacional Federico Villareal y Universidad Alas Peruanas).[104]

La investigación científica también es incentivada por la propia Administración Tributaria con concursos anuales de Ensayos sobre la materia y por la Defensoría del Contribuyente y Usuario Aduanero a

---

[103] Información suministrada por el profesor Fernando Cosio Jara.

[104] Los centros de formación de las administraciones públicas, gremios empresariales y profesionales también ofertan a sus miembros Diplomados en Derecho Aduanero, como ocurre en la Academia de la Magistratura y el Colegio de Abogados de Lima, así como en la Cámara de Comercio de Lima, la Asociación de Exportadores (ADEX) y la Cámara de Comercio Americana (AMCHAM). De acuerdo con COSIO JARA, en el Perú los estudiosos de la materia se han agrupado en asociaciones y círculos de estudios, siendo el de mayor desarrollo la Asociación Peruana de Derecho Aduanero y Comercio Internacional (APDACI), que agrupa a los abogados aduaneros del país, algunos de cuyos past-president se han incorporado a la Academia Internacional de Derecho Aduanero.

través de su biblioteca digital[105]. A nivel universitario vienen aumentando las tesis sobre temas aduaneros, no siempre enfocados al derecho, no solo en las facultades de Derecho sino también de Economía y Contabilidad[106].

5.6. Brasil[107]

Se conoce de un curso de especialización en Derecho Aduanero en UNICURITIBA - UNIVERSIDAD CENTRAL Curitiba; curso de extensión en la Ley de Aduanas en UMF – COLEGIOS NACIONES METROPOLITANA (Sao Paulo)[108].

5.7. Chile[109]

No propiamente referido al Derecho Aduanero, sino más bien a la gestión en Aduanas, en los últimos años la Universidad de Chile, en su Magíster en Gestión y Políticas Públicas (Facultad de Ciencias Físicas y Matemáticas) se han hecho diversas tesis sobre temas aduaneros: gestión de riesgo, OEA, VUCE, gestión Coordinada en fronteras. Adicionalmente, la Facultad de Economía de la U de Chile (FEN) ofrece hoy un diplomado en Tributación Internacional, dónde existe el módulo de Tributación Aduanera.

---

[105] Perú. DEFENSORIA DEL CONTRIBUYENTE Y USUARIO ADUANERO. Ensayos sobre Valoración Aduanera. Aportes de la realidad peruana a los derechos de los usuarios aduaneros. Libro digital 2014. Lima: Editorial Palestra, 2014.

[106] Al respecto resultan relevantes las tesis en Derecho de MARTEL SANCHEZ sobre la Clasificación Arancelaria como método de interpretación jurídico (PUCP 2013) y de LENIN AHAB DE LA FUENTE sobre el Régimen de Reposición de mercancías en Franquicia (PUCP 2013). A nivel maestría son fuente bibliográfica las tesis de JINS ORDOÑEZ Impacto de las medidas de control en la declaración de los cánones y derechos de licencia (regalías) como parte del valor en aduanas (Universidad Nacional Mayor de San Marcos 2007) y de ELIAS ACERO sobre la Administración Aduanera (Universidad Nacional Mayor de San Marcos, 2013).

[107] Información suministrada por el profesor Rosaldo Trevisan.

[108] Relacionados MBA en costumbres sistemática en Universidad de Santos (Sao Paulo); Especialización en Derecho Marítimo, Puerto y Petróleo en UNISSAU – CENTRO UNIVERSITARIO NASSAU MAURICIO (Recife); Especialización en derecho internacional y las costumbres en Unibrasil (Curitiba); Posgrado en derecho marítimo y el puerto de VSF (Victoria).

[109] Información suministrada por el profesor Fabián Villarroel Ríos.

6. LA CODIFICACIÓN DEL DERECHO ADUANERO EN AMERICA LATINA

43- En los tiempos que corren hoy, el papel de las aduanas se ha modificado de manera importante a nivel mundial. Se puede afirmar, sin asomo de dudas, que, con independencia de los trascendente que pueda resultar el ingreso tributario que reciben los países por parte de sus aduanas o como consecuencia de su comercio exterior, no cabe duda alguna que el rol o la finalidad preponderante de las aduanas, es el control. De hecho la razón de las aduanas no es en sí misma facilitar el comercio en el sentido de que la aduana dentro de un país no es ni debe ser el órgano de promoción de importaciones o exportaciones. El rol principal de la aduana es el del control y como lo diría el profesor BASALDÙA, en su conferencia de Bruselas, una buena aduana será aquella que ejerza su papel de control sin proponer obstáculos innecesarios al comercio exterior de su país. Esta visión es la que podría hoy extractarse de los diversos convenios internacionales, seguramente matizada después de 2001 y específicamente después del 2005 por la nueva labor de las aduanas de lucha contra el terrorismo, narcotráfico, lavado de activos y en general la criminalidad internacional organizada. Así las cosas y sobre este escenario se esperaría que se establecieran las codificaciones aduaneras.

En América Latina cada país cuenta con su propia legislación sobre aduanas con independencia de los órganos de integración existentes como la Comunidad Andina de Naciones la CAN, el Mercado Común del Sur (MERCOSUR), el Tratado General de Integración Económica Centro Americana y primeramente la Asociación Latinoamericana de Libre Comercio ALALC que fue reemplazada en los 80 del siglo pasado por la Asociación Latinoamericana de Integración ALADI. En efecto, la ALALC que tenía como objetivo una zona de Libre Comercio, había propuesto un esquema para un Código Aduanero Uniforme y un programa de trabajo para el mismo. Desafortunadamente nunca vio la luz un proyecto de Código Aduanero el seno de la ALAC y la ALADI tan solo ha trabajado en un glosario de términos aduaneros que a veces sirven de base de los términos usados en las legislaciones de los países.

Quizá, la primera codificación que se presentó dentro de estos programas de integración fue el denominado Código Aduanero Centro Americano (CAUCA), codificación que por estar realizada en una región en donde la integración económica, como ocurre con los demás acuerdos de integración en América Latina, no es muy real, no ha logrado concitar su uso y acogimiento por parte de todos los países. En otros términos, este Código, que requeriría de su internación por los países miembros del Tratado de Integración Centroamericano, no ha pasado de ser un documento casi que de consulta, pues al parecer presenta en su último modelo "serias inconsistencias jurídicas, iniciando con que no cuenta con la naturaleza jurídica del Código Aduanero Comunitario, ya que sus normas disgregan o atomizan el tratamiento legal en la región, pues su articulado remite, una vez más, el tratamiento de fondo, al Reglamento y a la legislación nacional"[110].

Por su lado, la Comunidad Andina de Naciones ha trabajado también en un Código Aduanero de la Comunidad, propósito en el que se han adelantado interesantes avances pero que en el fondo no ha pasado de allí[111]. Se cuenta por lo pronto con un anteproyecto del Código Comunitario Andino, el cual fue elaborado en cooperación de la CAN con la Comunidad Europea en el Marco de un Acuerdo de Asistencia Técnica Relativa al Comercio, realizando, entre los dos, mecanismos de observación.

La situación de MERCOSUR no es mejor. Es cierto que se cuenta con el denominado Código Aduanero de MERCOSUR de 2010, elaborado dentro del ámbito del Tratado de Asunción, en el cual los países partes adquieren el compromiso de armonizar sus legislaciones en las áreas pertinentes, para lograr el fortalecimiento del proceso de integración. Sin embargo, a lo máximo se podría decir que este es un Código base, que no pasa, por lo general, de la regulación de las instituciones y regímenes aduaneros "mucho más que en brindar una definición o caracterización, remitiéndose para todo lo demás a las respectivas legislaciones nacionales o previéndose, en un futuro incierto, el dictado de normas "reglamentarias" o

---

110 VALENCIANO JIMENEZ, Carlos. Consideraciones Generales Sobre El Código Aduanero Uniforme Centroamericano. En: Memorias Cuarto Encuentro Iberoamericano de Derecho Aduanero. Los Tratados Internacionales en Materia Aduanera en el entorno Mundial del siglo XXI. México: ISEF, 2009. p.160.

111 Para el año 2006 se presentó una primera reunión de expertos gubernamentales del Código Aduanero Comunitario Andino. Se hizo una presentación de la normativa aduanera comunitaria vigente, los lineamientos, alcances y otros aspectos a ser considerados en una propuesta inicial de estructura del Código Aduanero Comunitario Andino. Incluso se avanzó en una propuesta del borrador inicial de estructura del Código Comunitario. En fin, es indudable que se adelantó un trabajo pero el mismo no ha pasado de ser un anteproyecto.

"complementarias"[112] Aduce BASALDUA que el hecho de que la reglamentación y complementación se pretenda hacer en un futuro por órgano no identificado "pone de manifiesto que no se ha cumplido con el mandato originario, consistente en elaborar un código aduanero unificado del MERCOSUR" y posteriormente manifiesta que lo que se aprobó como Código Aduanero de MERCOSUR "no constituye un verdadero código, y por ende, no puede brindar la seguridad jurídica y la certidumbre que requiere el tráfico internacional de mercancía"[113].

Esto más, con motivo de la celebración de las XIII Jornadas Venezolanas de Derecho Tributario, en Caracas en noviembre de 2014, tuvo lugar un Seminario denominado Aduanas y MERCOSUR. Dentro del mismo, dos de las ponencias hacían referencia al Código de MERCOSUR, a saber "Apuntes analíticos al Código Aduanero de MERCOSUR" del profesor Julio Rodrigo CARRAZANA GALLO y "Código Aduanero del MERCOSUR: un viraje institucional para nuestras aduanas" del profesor Marco Antonio OSORIO UZCATGUI. Ambos comentaristas terminan siendo muy críticos con el mencionado Código el cual en sus orientaciones o definiciones generales no se compagina con lo que ha sido el derecho aduanero venezolano, a punto de llegarse a firmar que dicho Código en muchos de sus acápites está equivocado. Como simple ejemplo, las definiciones de importación y exportación, son definiciones "tan básicas" que en sentir de CARRAZANA GALLO estos conceptos "se podrían aplicar, el primero al contrabando de extracción y el segundo, al contrabando de introducción, ya que no hacen mención a que deban efectuarse mediante un procedimiento legalmente establecido. Tampoco se destaca que tanto la importación como la exportación comprenden mercaderías de lícito comercio, y que constituyen una operación o régimen definitivo, es decir, para su uso y consumo, ..."[114] Estas afirmaciones muestran claramente como la concepción del derecho aduanero venezolano difiere drásticamente de la concepción que sobre el mismo tiene sus socios y específicamente Argentina.

---

[112] BASALDUA, Ricardo X. Código Aduanero del MERCOSUR. Antecedentes y Modelos de Uniformación Aduanera. En: TROYA JARAMILLO, José y PALACIO LEGUIZAMON, Isabel. IV Encuentro de Magistrados de la Comunidad Andina y del MERCOSUR. Quito: Tribunal de Justicia de la Comunidad Andina, 2011. p.66.

[113] Ibid. Op. cit. p.66

[114] CARRAZANA GALLO, Julio Rodrigo. Apuntes Analíticos al Código Aduanero del MERCOSUR. En: Aduanas en Venezuela y MERCOSUR. Asociación Venezolana de Derecho Tributario. XIII Jornadas de Derecho Tributario. Caracas: AVDT, 2014. ISBN 978-980-7304-19-1.

De lo dicho es fácil colegir que la legislación aduanera dentro del ámbito de los países Latinoamericanos no es armónica ni responde a los mismos parámetros. Esto más, puede afirmarse sin lugar a dudas que no existe si quiera acuerdo en los términos o palabras más comunes que se utilizan dentro del ámbito de lo aduanero tales como los conceptos de mercancía, importación, exportación, contrabando, etc., por citar apenas algunos ejemplos. Así las cosas, hay todavía un muy importante trabajo por abordar, comenzando por buscar un acuerdo sobre la terminología fundamental de la materia.

Así, tal como el maestro ROHDE lo afirma, es cierto que hoy y específicamente por el trabajo de la academia se encuentran varias investigaciones o trabajos en materia aduanera y el tema ha ido ganando interés por parte tanto de la Academia como de las universidades, pero lo cierto es que todavía se está en el principio del camino en la materia.

Hay temas que se presentan más o menos comunes como ocurre con lo relativo al Sistema Armonizado de Designación y Clasificación de Mercancías o al Código del Valor de la OMC, pero esto se debe a que dichos acuerdos se presentaron dentro del marco de la OMA o la OMC respectivamente y fueron acogidos, en el caso del Código del Valor de la OMC cuando los países o acuerdos de integración se hicieron pate de dicho organismo y en el caso del Sistema Armonizado también porque los países o sus aduanas se hicieron parte de este Convenio para poder manejar su comercio. En todo lo demás, en el ámbito Latinoamericano, aún se encuentran las mayores diferencias en las compilaciones aduaneras, las que además están formuladas sobre diferentes bases que van desde las de tinte más fiscalista y que usualmente tienen ligadas sus aduanas a la administración tributaria, hasta las que quieren ante todo proteger y prevalecer sobre todo en el control en aduana de las mercancías.

Finalmente, para concluir:

1. El derecho aduanero tiene como característica predominante en América Latina desde sus inicios hasta prácticamente los días que corren, la preminencia de su función ligada a los tributos al comercio exterior, a punto que muchas de las administraciones aduaneras se encuentran ligadas con las administraciones de impuestos.

2. Solo en los últimos años los diversos países han venido adecuando sus legislaciones y dándole verdadero realce a las facultades y funciones de control que ejercen la aduanas.

3. El derecho Aduanero prácticamente hasta finales del siglo XX fue objeto de poco estudio en América Latina, incluyendo dentro de los estudios los realizados por no abogados, pero que por su labor o trabajo tienen que ver con este ámbito del conocimiento.

4. Si bien se acepta la interdisciplinariedad de la materia, es cuestionable que muchas de las interpretaciones de las normas jurídicas se realicen por personas no abogadas o sin conocimiento del derecho, lo que en últimas se traduce en la no comprensión del sistema jurídico, las leyes o normas, otorgándose en muchas ocasiones mayor trascendencia a conceptos de funcionarios de las administraciones que a lo máximo podrían calificarse como doctrina y que por tanto, no son más que fuente auxiliar de derecho.

5. La creación de la Academia Internacional de Derecho Aduanero se ha convertido en un hito para el conocimiento de los diferentes doctrinantes del derecho aduanero primero en el ámbito iberoamericano y luego extendiéndose al mundo. Así se ha tenido la oportunidad de tener acceso a los estudios, trabajos, su divulgación y discusión, creándose una importante recopilación doctrinaria que se puede consultar en las memorias de las respectivas jornadas.

6. Hoy se encuentran diversos autores en América Latina trabajando sobre temas de derecho aduanero, aspecto que resulta particularmente relevante en Argentina y que ha tenido impulso y/o desarrollo en países como México, Colombia, Perú y Brasil especialmente.

7. La enseñanza del derecho aduanero en América Latina es aún muy incipiente contándose con estudios sobre la materia y estudios de postgrado en apenas un 2 % de las universidades de América Latina. Para destacar, los postgrados actualmente existentes en la Universidad de Buenos Aires Argentina y en la Universidad del Rosario en Colombia, éste último con énfasis en el derecho comparado.

8. El incipiente estudio del derecho aduanero se refleja en las diferentes codificaciones las cuales con el mismo nombre, de aquellos que se estiman comunes en materia aduanera (importación, exportación, contrabando, etc.), manejan instituciones que tienen diferente contenido.

9. Por otro lado, y a pesar de los denominados procesos de integración que se encuentran dentro del continente Latinoamericano, la mencionada integración está tan en sus inicios (a pesar del paso del tiempo) que lo logrado como "Códigos Uniformes" deben tener una receptación interna especifica por los países, o que sean desarrollados

por legislación interna; o, simplemente, los Estados desconocen o posponen lo que indican sus normas de integración.

10. De todas maneras este estudio es una muestra que ya el derecho aduanero ha adquirido un espacio y un nombre en la doctrina a pesar de que, como se ha dicho, todavía está en sus inicios.

L'APPLICATION DES RÈGLES DU GATT/1947 ET DE L'OMC PAR LE JUGE BRÉSILIEN DANS LA SOLUTION DES CONTROVERSES FISCALES

Dr. Igor MAULER SANTIAGO[1]

44- L'effet direct de l'ancien *General Agreement on Tariffs and Trade* (GATT/1947) et des traités résultant du Cycle d'Uruguay (GATT/1994, *General Agreement on Trade of Services* – GATS, *Agreement on Trade-Related Aspects of Intellectual Property Rights* – TRIPs, etc.) – c'est-à-dire la possibilité de son invocation par le particulier et de son application par le juge national pour confronter une loi ou une pratique interne qui leur soit contraire – fait l'objet, partout dans le monde, d'inépuisables débats politiques, économiques, juridiques et sociaux.

Ce thème est examiné ici sous une triple limitation. En ne s'intéressant qu'à son aspect juridique, en se restreignant au droit brésilien et, quoique fondé sur des raisonnements parfois passibles d'extension, en ne dépassant pas le domaine fiscal.

La raison de cette dernière option est historique, puisque c'est dans ce champ que se produisit la jurisprudence des cours supérieures brésiliennes reconnaissant un effet direct à la clause de non-discrimination fiscale de l'article III, alinéa 1, du GATT/1947.

La première décision digne de note fut l'énoncé 575 du Suprême Tribunal Fédéral[2-], publié en 1977, selon lequel « les biens importés d'un pays signataire du GATT ou membre de l'ALALC[3] ont droit à

---

[1] Docteur en Droit Fiscal. Membre de la Commission d'Études Fiscales du Barreau National Brésilien. Avocat.

[2] Aujourd'hui dédié plutôt aux questions constitutionnelles, mais alors compétent aussi pour l'harmonisation de l'interprétation du droit fédéral.

[3] Association Latino-Américaine de Libre-Échange.

l'exemption de l'impôt sur la circulation des marchandises donnée à leurs similaires nationaux ».

En 1990, l'énoncé 20 du Tribunal Supérieur de Justice[4] réitéra, dans le cadre de la compétence de cette cour, l'ancienne orientation du STF : « le bien importé d'un pays signataire du GATT est exempt de l'impôt sur la circulation des marchandises quand son similaire national bénéficie de cette faveur ».

L'énoncé 71 du STJ, publié en 1993, déterminait tout court que « la morue importée d'un pays signataire du GATT est exempte de l'impôt sur la circulation des marchandises ». L'exemption interne qui justifiait l'énoncé ayant expiré le 30 avril 1999, le STJ limita à cette date l'efficacité de celui-ci.

Finalement, l'énoncé 124 du STJ, de 1994[5], attesta que « la redevance d'amélioration des ports n'a pas la même assiette que l'impôt sur l'importation, ce qui légitime son exigence quant aux biens importés d'un pays signataire du GATT, de l'ALALC ou de l'ALADI[6]». Le fait que la décision ait été défavorable aux particuliers ne sape pas l'effet direct des traités, prémisse sans laquelle l'action aurait dû être rejetée avant même l'examen de fond.

Ces précédents n'ont jamais soulevé de doute spécifique pour la doctrine fiscale brésilienne, qui – vérifiant que l'effet direct est clairement garanti par la Constitution – concentre le meilleur de ses énergies, en matière de traités, sur le débat toujours ouvert de leur position hiérarchique dans l'ordre juridique national.

Pourtant, un article notable publié récemment propose une nouvelle approche pour la question, fondée non sur la discipline constitutionnelle des traités, mais sur le texte des accords de l'OMC, lesquels nieraient, à l'avis de l'auteur, toute possibilité d'effet direct[7].

Fort influencé par la pratique des grands acteurs du commerce international et surtout par la jurisprudence de la Cour de Justice de l'Union Européenne, l'auteur soutient que :

i) l'intervention judiciaire, tendant à annuler *ab origine* la règle contraire au traité, est incompatible avec le Mémorandum d'Accord sur le Règlement des Différends, qui (a) garantit à l'État

---

[4] Créé par la Constitution de 1988 comme dernière instance en matière de droit fédéral.

[5] Avant l'introduction des accords résultants du Cycle d'Uruguay et concernant des faits encore antérieurs.

[6] Association Latino-Américaine d'Intégration.

[7] Marcelo FREIBERGER ZANDAVALI (2013).

« infracteur », s'exprimant par ses pouvoirs politiques, la faculté de la conserver, contre le paiement de compensations ou l'acceptation de mesures de rétorsion, et (b) ne reconnaît pas d'effets rétroactifs aux décisions des organes de solution des controverses de l'OMC ;

ii) les traités de l'OMC n'attribuent pas de droits aux particuliers, mais uniquement aux États, qui peuvent se mettre d'accord pour que les pertes subies par un pays dans un secteur A soient compensées par l'attribution d'avantages à un secteur B (*cross-sectoral bargaining*), sans considérer la situation individuelle des agents du premier ;

iii) le refus d'effet direct par les plus grandes économies du globe déconseille l'adoption du principe au Brésil (manque de réciprocité), sous peine d'une surprotection des intérêts étrangers dans notre territoire contre une protection insuffisante des intérêts brésiliens ailleurs.

Étant donné que la valeur des traités dans l'ordre juridique de chaque pays est une question de droit constitutionnel positif, il faut partir de la Constitution brésilienne en vigueur, promulguée en 1988.

1. LES TRAITÉS INTERNATIONAUX DANS LA CONSTITUTION BRÉSILIENNE

1.1. Effet direct

45-Au-dessus de l'inévitable polémique doctrinale, le STF considère que la Constitution de 1988 consacre un « dualisme modéré », au sens que les traités, quoique parfaits et efficaces sous la perspective internationale – après sa ratification par l'Exécutif, son approbation par le Législatif et l'échange ou le dépôt des instruments de ratification –, et pouvant donc déclencher la responsabilité internationale du pays en cas d'inexécution, ne produisent leurs effets dans l'ordre interne qu'après la publication de son texte dans un décret du Président de la République (promulgation)[8].

Une fois accomplie cette formalité, néanmoins, les traités valent dans l'ordre interne en tant que tels (effet direct), et non par une inexistante loi de conversion (transposition). Ce qui découle, entre autres, des dispositions suivantes de la Constitution :

i) l'article 5, paragraphe 2, qui reconnaît les traités comme sources de droits et garanties individuelles ;

[8] CR 8.279-AgR/AT, arrêt publié le 10 août 2000.

ii) l'article 109, alinéa III, qui réserve à la justice fédérale le jugement des actions fondées sur traités ;

iii) l'article 105, alinéa III, lettre « a », qui prévoit un appel au STJ contre les arrêts des tribunaux de seconde instance qui contrarient une loi fédérale ou un traité ; et

iv) l'article 102, alinéa III, lettre « a », qui prévoit un appel au STF contre les décisions finales qui déclarent l'inconstitutionnalité d'une loi fédérale ou d'un traité.

Outre les énoncés reproduits à l'item 1 ci-dessus, la jurisprudence brésilienne est prodigue en décisions d'application immédiate des traités. Parmi la myriade d'exemples, il suffit de mettre en évidence l'énoncé contraignant 25 du STF[9], qui a déclaré contraires à la Convention Américaine sur les Droits de l'Homme – Pacte de San José de Costa Rica, adoptée par le Brésil en 1992, et partant inapplicables, les règles légales concernant la prison du dépositaire « infidèle », même si celle-ci est prévue à l'article 5, alinéa LXVII, de la Constitution.

1.2. Hiérarchie

46- La question de la hiérarchie des traités, par rapport aux lois internes, se pose spécialement pour les lois ultérieures (possibilité du treaty override), étant normalement admis qu'un traité – quelle que soit la forme de son intégration à l'ordre juridique d'un pays – s'impose sur celles préexistantes.

Au Brésil, pays fédéral, la discussion se dédouble, concernant d'un côté les lois de l'Union, et de l'autre celles des Etats membres et des Communes.

Le STF a décidé que ces dernières doivent entière soumission aux traités, et cela même dans le domaine fiscal, malgré la règle constitutionnelle qui prohibe l'Union d'instituer des exemptions en matière d'impôts locaux (article 151, alinéa III).

L'explication repose sur le double caractère de l'Union, qui tantôt agit comme ordre juridique interne partiel, ayant le même niveau que les Etats membres et les Communes, tantôt agit comme représentant de la République Fédérative du Brésil, seul sujet de droit des gens, à la

[9] Tel l'énoncé ordinaire, l'énoncé contraignant est l'extrait de décisions homogènes antérieures, aux différences qu'il ne peut être émis que par le STF et qu'il est revêtu de force impérative à l'égard de l'administration publique de l'Union, des États-membres et des Communes, bien que des autres organes du Judiciaire.

société internationale. L'interdiction, conclut la cour constitutionnelle, ne vaut que dans le premier contexte (rapport lois fédérales/lois locales), n'empêchant pas l'ordre juridique total (la République, composée de l'union indissoluble des Etats membres et des Communes – Constitution, article 1er) de prévaloir sur les ordres partiels[10].

Paradoxalement, étant donné que l'Union est elle aussi un ordre juridique partiel, la conclusion ne s'applique pas aux lois fédérales, auxquelles le STF autorise d'une façon générale le *treaty override*[11].

Ici peut intervenir l'article 98 du Code National des Impôts, selon lequel les traités *« seront observés par la législation »* – même fédérale – *« qui leur succède »*. Pourtant, la validité de cette disposition reste controversée, il y ayant au STF quelques *obiter dicta* dans le sens positif, fondés sur l'autorisation pour que le législateur établisse certaines normes générales de droit fiscal (Constitution, article 146, alinéa III), et d'autres dans le sens négatif, fondés sur le fait que la hiérarchie des normes ne peut être définie que par la Constitution elle-même.

Finalement, quoique sans importance directe ici, il faut observer que depuis 2004[12] les traités internationaux portant sur les droits de l'homme ont une force comparable aux amendements constitutionnels, pourvu qu'ils soient approuvés selon la même procédure et par le même quorum applicable à ceux -ci.

2. LES DISPOSITIONS FISCALES DU GATT ET DE L'ASMC

47-I D'un avis unanime, une fois surmontés les obstacles de nature constitutionnelle – inexistants au Brésil – et la possible détermination en sens contraire du législateur, dans les pays où cela est possible (cf. le cas américain ci-après), le débat sur l'effet direct du droit conventionnel ne se fait pas par traité, en bloc, mais règle par règle[13].

Dans cet esprit, on se concentrera ici sur le principe de non-discrimination fiscale de l'article III, paragraphe 2 (première partie)

---

[10] RE 229.096/RS, publié le 11 avril 2008.
[11] ADI 1.480 MC/DF, publié le 18 mai 2001.
[12] Amendement Constitutionnel 45.
[13] Carlos Manuel VÁZQUEZ (1995), p. 709. Thomas COTIER et Krista NADAKAVUKAREN SCHEFER (1998), p. 92.

du GATT/1947 et 1994[14] et sur l'interdiction aux subventions fiscales[15] subordonnées à l'utilisation de produits nationaux de préférence à des produits importés de l'article 3, paragraphe 1, lettre « b », de l'Accord sur les Subventions et les Mesures Compensatoires[16].

Il faut noter d'emblée que le manque absolu d'effet direct des traités de l'OMC aux États-Unis ne s'attache pas à la Constitution – l'effet direct est, bien au contraire, le principe général établi par la *Supremacy Clause*[17] – ou à une analyse en profondeur de leur texte.

Il découle en réalité de l'exercice, par le Congrès, de son pouvoir de supprimer, à travers la mise en ouvre de la loi, cette force à un traité qui en est revêtu[18]. C'est la faculté sous-jacente au pouvoir majeur de statuer contre le traité lui-même (*treaty override* ou *last-in-time rule*). Ainsi, l'article 102 de l'*Uruguay Round Agreements Act* prévoit que, à l'exception du gouvernement central – par rapport aux actions ou omissions des autorités fédérales, aux lois des Etats membres et aux applications de ces dernières – personne ne peut se prévaloir en justice des accords de l'OMC.

---

[14] « III.2. Les produits du territoire de toute partie contractante importés sur le territoire de toute autre partie contractante ne seront pas frappés, directement ou indirectement, de taxes ou autres impositions intérieures, de quelque nature qu'elles soient, supérieures à celles qui frappent, directement ou indirectement, les produits nationaux similaires. (...)»

[15] « *Article premier*
Définition d'une subvention
1.1 Aux fins du présent accord, une subvention sera réputée exister :
a) 1) s'il y a une contribution financière des pouvoirs publics ou de tout organisme public du ressort territorial d'un Membre (dénommés dans le présent accord les 'pouvoirs publics'), c'est-à-dire dans les cas où :
(...)
ii) des recettes publiques normalement exigibles sont abandonnées ou ne sont pas perçues (par exemple, dans le cas des incitations fiscales telles que les crédits d'impôt). »

[16] « *Article 3*
Prohibition
3.1 Exception faite de ce qui est prévu dans l'Accord sur l'agriculture, les subventions définies à l'article premier dont la liste suit seront prohibées :
b) subventions subordonnées, soit exclusivement, soit parmi plusieurs autres conditions, à l'utilisation de produits nationaux de préférence à des produits importés.

[17] C. M. VÁZQUEZ (1995), p. 699-700.

[18] T. COTIER et K. NADAKAVUKAREN SCHEFER (1998), p. 107-108.

Cela est d'autant plus vrai qu'une règle pareille, concernant le GATT/1947, absente, un tribunal californien a pu reconnaître l'auto-applicabilité de son article III[19].

Aux mêmes conditions – il n'y a pas de loi d'implémentation ici –, un résultat identique s'avère possible au Brésil. Ce qui prouve l'importance réduite de l'exemple américain actuel pour la solution du problème dans notre droit interne.

Il en va de même aujourd'hui en Europe, puisque c'est le préambule de la décision du Conseil des Ministres sur les Accords de Marrakech qui établit que, *« par sa nature, l'accord instituant l'Organisation mondiale du commerce, y compris ses annexes, n'est pas susceptible d'être invoqué directement devant les juridictions communautaires et des États membres »*, soit par un particulier, soit par un Etat membre (Décision 800/94/EC du 22 décembre 1994).

La référence à la *« nature »* des traités comme fondement de l'affirmation ne doit pas être prise à la lettre, puisqu'à l'époque du GATT/1947, sans une telle contrainte, les tribunaux nationaux étaient divisés sur la matière, l'article III du traité étant considéré auto-applicable en Italie[20] et parfois dépourvu[21] ou revêtu[22] d'effet direct en Allemagne.

Il est vrai que même à l'époque la Cour de Justice concluait par la négative, mais ses décisions – souvent portant sur d'autres dispositions ; la célèbre affaire *International Fruit*, par exemple, concerne l'article XI (élimination générale des restrictions quantitatives) – ne sont pas forcément supérieures du point de vue technique, ce qui exige un approfondissement de l'investigation.

Dans un premier moment, la CJE mit en valeur le caractère plutôt flou du GATT/1947, dont les règles admettaient trop d'exceptions et dont le système de solution des controverses était de nature essentiellement diplomatique (négociation, rétorsion et droit de retrait)[23]. Sous l'OMC, qui remédia à ces deux faiblesses, la Cour garda sa position, faisant appel – outre le préambule susmentionné – à la possibilité résiduelle d'inobservance, par l'État vaincu, de la décision de l'organe de règlement des différends, sous condition de payer des compensations ou d'accepter des rétorsions, et au manque

---

[19] Paul KAPTEYN (1974), p. 78.

[20] *Ibidem*, p. 77.

[21] *Ibid.*, p. 77.

[22] Meinhard HILF (1997-1998), p. 344.

[23] Affaires jointes 21-24/1972.

de réciprocité en matière d'effet direct de la part des grands partenaires commerciaux de l'Union[24].

Or, le fait qu'un traité véhicule des principes fort généraux, dont la traduction réclame la libre appréciation des pouvoirs politiques, n'empêche pas que quelques-unes de ses dispositions aient une densité suffisante pour être comprises et immédiatement appliquées par le juge interne.

C'est, semble-t-il, le cas des règles fiscales visées ici, assez claires dans leur contenu et n'exigeant pas du judiciaire qu'il agisse en tant que législateur positif, mais tout simplement qu'il annule les normes internes qui leur portent atteinte.

La prévision de la résistance de l'État vaincu et des sanctions spécifiques pour cette situation (les compensations et les rétorsions) ne dit rien de la prétendue nature politique des traités de l'OMC[25], mais tout au contraire confirme son caractère juridique, vu que le droit ne se justifie que par la possibilité pratique de sa violation. Quel serait le sens d'une règle imposant le devoir de respirer ? Et quelle pourrait être la peine imposable à un État se refusant à suivre la décision de l'organe de solution des controverses ? La guerre ?

Le manque de réciprocité n'est pas, sauf prévision expresse, motif pour qu'un État s'exempte de mener à bien ses engagements internationaux, comme le souligne la propre CJE dans des cas ne concernant pas l'OMC[26]. Le remède consiste à exiger le comportement dû par l'autre partie ou à se retirer du traité.

Finalement, revenant aux arguments de M. F. ZANDAVALI, le fait que la solution négociée par les États puisse faire abstraction des situations individuelles et que même la décision de l'organe de règlement des différends soit privée de force rétroactive ne signifie pas, à notre avis, que le particulier manque de possibilité de la faire valoir auprès de son judiciaire national, afin de voir restaurer le *statu quo ante*.

Il en est ainsi au début, parce que la Constitution brésilienne garantit qu'aucune lésion ou menace d'atteinte à un droit ne sera soustraite à l'appréciation du pouvoir judiciaire (principe de la juridiction universelle ; article 5, alinéa XXXV), ce qui écarte, quant aux règles conventionnelles munies de *justiciability*, la doctrine des actes politiques.

---

[24] Affaire C 149/96.

[25] Comme l'affirme John J. BARCELÓ III (2006), p. 166.

[26] Marco BRONCKERS, p. 444.

Après, il en est encore ainsi, parce que l'existence d'un mécanisme conventionnel pour la solution des disputes et la possibilité de la protection diplomatique, avec toutes ses limitations, n'ont jamais été compris comme excluant en principe le recours aux tribunaux domestiques, où cela se révèle efficace.

Et enfin, il en est ainsi parce qu'il est erroné de parler d'une façon manichéenne d'intérêts nationaux versus intérêts étrangers, l'intérêt d'un importateur résident à acheter ses produits sans la charge fiscale additionnelle inapplicable aux similaires nationaux ne pouvant pas être disqualifié de la première catégorie.

Avant de finir, il convient de noter que – sauf peut-être pour les traités portant sur les droits de l'homme approuvés selon les règles propres aux amendements constitutionnels (qui de ce fait acquerront cette stature) – le droit brésilien ne connaît pas de contrôle concentré, abstrait, de conventionnalité, dont l'effet serait d'annuler d'une fois pour toutes la loi interne contraire à l'accord international[27]. Seul existe le contrôle diffus, concret, par voie duquel le pouvoir judiciaire écarte au cas par cas l'application de la loi interne contraire au droit conventionnel. Ce qui affaiblit la thèse de ceux qui associent l'effet direct à une grave usurpation des compétences des pouvoirs politiques.

3. D'AUTRES AFFAIRES OÙ LES RÈGLES ONT ÉTÉ DISCUTÉES

48- En 2013 l'Union Européenne a porté plainte contre le Brésil, et en 2014 un groupe spécial a été établi au sein de l'OMC pour discuter « certaines mesures concernant la taxation et les impositions » (DS472). Il s'agit, entre autres, de la politique de contenu national imposée au secteur automobile, consistant à surtaxer les importations de véhicules (addition de 30 % au taux de l'impôt fédéral sur les produits industrialisés), sauf celles réalisées par des sociétés actives au pays et y faisant de nouveaux investissements prévus par la Loi 12.715/2012.

Même si un accord politique informel semble avoir été conclu entre le secteur et le gouvernement, par lequel celui-ci a assoupli certaines des règles originales du régime et celui-là a accepté de s'en soumettre, il y a eu des tutelles judiciaires d'urgence qui exemptaient de la

[27] Le mécanisme est réservé pour le contrôle de la constitutionnalité des lois.

surtaxe des importateurs ne remplissant pas les conditions légales pour la réduction d'impôt.

Un autre exemple concerne la substitution, dans le plan interne, pour certains produits, d'une seconde contribution sur le chiffre d'affaires à la contribution sur les salaires. Sous le prétexte d'harmoniser la charge fiscale des produits nationaux soumis à ce régime (qui portent le poids de la contribution ordinaire sur le chiffre d'affaires et de la seconde contribution, substitutive, sur la même assiette) et celle de ses similaires étrangers, la Loi 12.546/2011 a augmenté le taux de la contribution sur la valeur des produits importés[28] d'un pourcentage identique à celui de la contribution substitutive.

Or, au-delà des normes constitutionnelles qui n'intéressent pas ici (isonomie fiscale et libre concurrence), l'article III, paragraphe 2, du GATT est une cause autonome de l'invalidité de la règle.

En fait, même si les pourcentages coïncident à la fin, il faut considérer que la contribution substitutive joue le rôle de celle imposée sur les salaires, et que cette dernière vient incluse dans le prix des produits importés. Selon l'Annexe I de l'Accord sur les Subventions et les Mesures Compensatoires, sont exemples de subventions non autorisées l'*« exonération, remise ou report, en totalité ou en partie, des impôts directs ou des cotisations de sécurité sociale acquittés ou dus par des entreprises industrielles ou commerciales, qui leur seraient accordés spécifiquement au titre de leurs exportations »*.

C'est-à-dire : si les biens supportent déjà le poids des charges sociales imposées par son pays d'origine – lequel ne peut ni les exempter ni les rembourser à l'exportateur –, il n'y a pas d'espace pour l'exigence de l'impôt brésilien (le taux additionnel de la contribution sur le prix des importés) qui remplace notre charge sur les salaires (la contribution substitutive sur le chiffre d'affaires).

L'égalité possible quant aux impôts directs – puisqu'ils seront forcément différents dans les deux pays (impôt sur le revenu, impôt foncier, contributions sur les salaires, etc.) – existait déjà lors de l'arrivée des produits importés au Brésil. Tout ce qu'il faut est les soumettre aux impôts brésiliens sur la consommation – les mêmes

[28] Il s'agit d'un impôt du type de la TVA, qui frappe tant les ventes internes que les importations.

applicables aux produits nationaux –, car ceux-ci peuvent être et sont en général annulés à l'origine, au moment de l'exportation.

Bref, on invoque une réduction de la charge fiscale interne (voilà l'objectif de la substitution de la charge sur les salaires, à en croire la justification officielle de la loi qui l'a instituée) comme prétexte pour augmenter la charge sur les importations. Le paradoxe dénonce le caractère protectionniste de la mesure.

Un dernier cas doit être signalé. De 1969 à 1990, l'Union accordait aux exportateurs un crédit proportionnel à leurs ventes à l'étranger, passible de compensation avec des impôts fédéraux. Sous pression des pays signataires du GATT, fondée sur le Code des Subventions de 1979, une série de lois fut adoptée pour réduire progressivement la faveur, jusqu'à son élimination. Néanmoins, il y eut des pas en arrière dans cette marche.

Analysant la relation intriquée entre les diverses lois qui traitèrent le sujet, afin de définir le moment de l'extinction du bénéfice, le STJ se rend compte des règles du GATT, mais décide uniquement sur la base de la législation interne[29].

Cela n'équivaut pas, à notre avis, à l'absence d'effet direct au traité concerné. La décision se justifiant plutôt par les limites objectives de l'action judiciaire (principe dispositif). Différemment des cas antérieurs, ici on était en présence d'une subvention pour l'exportation, et aucune des parties – ni l'Union, qui avait octroyé la subvention illégitimée du point de vue international, ni le contribuable, qui luttait pour sa continuité – ne demanda l'application de la règle conventionnelle par-dessus la législation interne.

En conclusion, le débat sur l'effet direct des clauses fiscales du GATT/1947 et des accords de l'OMC est une question de technique juridique et de perspective sur les fonctions du droit.

Du point de vue dogmatique, nous pensons que la Constitution autorise et que rien en lesdites clauses n'entrave leur applicabilité directe par le juge brésilien. En plus, il nous semble que leur importance pratique s'accroîtra dans les années à venir, vu la tendance protectionniste du gouvernement fédéral, aggravée par les contraintes de la crise internationale.

Du point de vue philosophique, il s'agit de séparer les juristes qui choisissent le côté des faiseurs des règles, les détenteurs du pouvoir (analyse *ex parte principis*), et ceux qui prennent la position des

[29] AgRg no Ag 886.162/PR, publié le 04 septembre 2008.

destinataires des règles, les particuliers (analyse *ex parte populi*). Considérant le compromis de la Constitution brésilienne avec les droits individuels, nous n'hésitons pas à adhérer au second courant pour des raisons qui sont, elles aussi, de droit positif.

LES DETTES DU MEXIQUE 20 ANS APRÈS LA CRÉATION DE L'OMC : CROISSANCE ÉCONOMIQUE, DÉVELOPPEMENT ET JUSTICE SOCIALE

Dr. Enrique CRUZ MARTINEZ[1]

49- Le commerce international a toujours été d'une importance cruciale pour les pays du monde. Le développement des moyens de transport a joué un rôle fondamental dans le déplacement des marchandises et des personnes. Dans ce contexte où s'accélèrent les échanges commerciaux, les barrières douanières ont été modifiées, remplacées ou réinventées. On a assisté à une reconfiguration mondiale qui va de la création du GATT dans les années 40 jusqu'à la création de l'Organisation Mondiale du Commerce (OMC) en 1995.

Les pays qui ont participé aux négociations, donnant naissance à l'OMC, avaient des caractéristiques variées et inégales. Aussi la signature des accords internationaux, qui a amené le transfert de marchandises à des dimensions sans précédent, a eu des impacts divers dans les nations signataires. Pour le Mexique par exemple, quels ont été les résultats 20 ans après la création de l'OMC et l'ouverture commerciale ?

Cette contribution qui tente d'expliquer ce que nous appelons les dettes du Mexique, analyse si les objectifs de croissance, de développement et de justice sociale, ont été atteints dans le cadre d'une libéralisation du commerce. Etant entendu, il est vrai, que des événements sociaux et conjoncturels ont frappé le pays, affectant les résultats attendus du commerce international.

---

[1] Professeur chercheur au Centre de Recherches en Sciences Juridiques, Justice Pénale et Sécurité Publique de la faculté de droit de l'Université Autonome de l'Etat de Mexico-UAEMEX.

Cependant notre hypothèse repose sur le fait que les bénéfices attendus de l'inclusion du Mexique, dans le processus de mondialisation et d'ouverture commerciale, n'ont pas été ceux promis par le gouvernement. Ce qui a eu des conséquences sur la croissance économique, le développement et sur la justice sociale. Car le bilan de l'ouverture doit aller plus loin que la perspective macroéconomique des choses. Autrement dit, les chiffres qui peuvent évoquer une évolution positive en termes d'entrée de devises au Mexique, par la croissance économique, n'est pas l'indicateur correct pour parler de l'effectivité des mesures prises par les décideurs en matière de commerce extérieur.

On vit actuellement un temps de *grand bouleversement*. Francis Fukuyama en a décrit, dans son ouvrage de même titre, l'histoire d'une civilisation en crise[2]. Avec les liens sociaux brisés par la violence des inégalités sociales[3]et des institutions de l'Etat incapables de satisfaire les besoins d'une société de plus en plus fragmentée. Fragmentation qui est le produit, comme le dit Alain Touraine, d'une mondialisation où l'économie globale n'a pas offert aux citoyens un vrai développement[4].

Mais qu'attendait-on de l'ouverture commerciale entamée au Mexique il y a 20 ans ? Que pouvait-elle amener ? Pour répondre, il faut connaître les conditions du pays avant son adhésion à l'OMC[5].

I. LE MEXIQUE AVANT SON ADHÉSION Á L'OMC

50- Plusieurs facteurs ont joué un rôle fondamental pour que le Mexique accélère l'ouverture de ses frontières. Notamment des crises économiques récurrentes des années 70 jusqu'à nos jours. Un autre facteur a été aussi l'augmentation de la population et la réduction du

---

[2] FUKUYAMA, Francis, Le grand bouleversement. La nature humaine et la reconstruction de l´ordre social. Edit. La table ronde, France, 1999.

[3] Les problèmes d´insécurité au Mexique sont représentatifs d´une société affectée par l´inégalité économique. La violence et la fragmentation sociale dans diverses régions les dernières années se sont aggravées par l´incapacité de l´Etat à satisfaire les besoins sociaux.

[4] TOURAINE, Alain, Después de la crisis, Traducción, Edit. Fondo de Cultura Económica, 2013.

[5] Actuellement on parle de protection des droits de l´homme au Mexique. Après la réforme constitutionnelle du 11 juin 2011 à l´article 1, toutes les autorités sont obligées de veiller dans l´exercice de leurs fonctions, à la protection des droits humains. Ici on pense aux droits économiques.

PIB, à la croissance passée de 5,8 % à la fin des années 50, à 0, 7 % après 1975[6].

Le scénario est devenu plus complexe avec aussi une augmentation de la dette publique, pour contenir les conséquences de la crise. En 1971 le gouvernement fédéral a pris la décision d'aller à un endettement de 19 % du budget, puis de 33 % en 1975[7].

Dans la décennie 1980, la situation ne s'est pas améliorée à cause de l'inflation. Le niveau d'endettement était à 90 % du PIB en 1990. Les décideurs sont allés alors à la dévaluation, avec une économie mexicaine dépendant de la vente du pétrole. Puisqu'il n'y avait pas de diversification des activités économiques, capable de produire suffisamment des recettes pour le pays.

Face à cette terrible situation, le système fiscal n'avait pas les bases pour produire des recettes. On a réduit les taux d'imposition. Par exemple, l'imposition des entreprises est passée de 42 % à 35 % en 1989[8].

Tous ces facteurs rendaient nécessaire la diversification des partenaires commerciaux. Avec l'urgence d'ouvrir les frontières vers le marché international. Parce que dans cette décennie 90 la crise était sur plusieurs fronts. Avec des questions politiques, sociales, juridiques et financières qui bouleversaient la stabilité du Mexique où les réserves internationales s'évaporaient[9].

On trouve donc des justifications pour que les autorités aient entamé de négociations afin d'accélérer l'échange des produits, dans des secteurs très particuliers où le pays avait la capacité d'obtenir des bénéfices économiques d'un grand marché.

---

[6] ANDA GUTIERREZ, Cuauhtémoc, Estructura socio-económica de México, 1940-2000, Edit. LIMUSA, México, 2005, pp. 131-139. MANCERA AGUAYO, Miguel, Crisis económicas en México, en REYES HEROLES Federico et SUAREZ DAVILA, Francisco, La crisis, testimonios y perspectivas. Edit. Fondo de Cultura Económica, México, 2009, p. 66

[7] DELGADO CANTU, Gloria, Estructuras Política, Económica y Social, Edit. Pearson, 2ª, 2003, p. 151-163.

[8] AMIEVA HUERTA, Juan, Finanzas Públicas en México, Edit. Porrúa et Instituto Nacional de Administración Pública, México, 2004, p. 62.

[9] GUZMAN M. Manuel, México frente a las crisis. Una visión de las crisis económicas por las que ha atravesado México en los últimos años. Edit. LID, 2009, pp. 73-75.

A. Les secteurs concernés par l'ouverture commerciale

51- L'adhésion du Mexique à l'OMC dès 1995 a permis l'entrée du pays dans le processus de mondialisation commerciale. Avec l'ouverture des frontières à des produits agricoles et textiles.

L'ouverture commerciale se confirmait là, car l'ALENA, signé le 17 décembre 1992 et en vigueur à partir le 1er janvier 1994, avait déjà ouvert le pays. Egalement ont été souscrits d'autres accords commerciaux avec la Colombie, le Venezuela, le Costa Rica, la Bolivie (1995), le Nicaragua (1 juillet 1998) ou le Chili (28 juin 1999).

Les conditions de libre échange permettaient également d'attirer des investisseurs, avec l'implantation d'entreprises dans la région frontalière entre le Mexique et les Etats Unis. C'est le phénomène des *maquillas*[10] à grand succès. Avec des emplois créés dans le pays et des avantages de coûts d'investissements en main-d'œuvre réduits pour les investisseurs.

S'observe aussi à cette époque un intérêt grandissant pour investir dans des secteurs tels que le minier, l'électricité, le transport, les télécommunications ou le secteur financier.

Jusque là, les effets étaient positifs. C'est pourquoi entre 1997 et 2000 le Mexique a atteint une croissance qui lui a permis de se positionner en neuvième économie exportatrice de niveau mondial[11]. Les chiffres des exportations n'ont cessé d'augmenter[12]. Mais pour les paysans ou petits producteurs mexicains, le processus d'ouverture faisait problème.

II. LES POINTS FAIBLES DE L'OUVERTURE DES FRONTIÈRES DOUANIÈRES

52- La critique qu'on pourrait formuler aux autorités mexicaines, qui ont travaillé à cette ouverture, est de ne pas avoir essayé d'évaluer

---

[10] Petites entreprises installées au nord du Mexique pour l'assemblage de produits, spécialement textiles. La principale caractéristique était l'emploi du personnel non qualifié. Cet aspect permettait d'embaucher un grand nombre d'ouvriers venant du sud du pays.

[11] SANCHEZ, Georgina, ¿México-OMC: y después del libre comercio?, en Comercio Exterior, Vol. 52, N° 12, Decembre de 2002, p. 1073.

[12] *Idem.*, Selon les données de l'OMC, les exportations s'élevaient á 110 milliards de dollars en 1997 pour passer á 166 milliards pour l'année 2000. Les importations, sont passées de 111, 9 milliards de dollars à 190,7 milliards en 2000.

correctement les effets internes que cela allait produire à long terme. En raison de l'inégalité des forces entre les économies de la région. On pense ici tout particulièrement au cas de l'ALENA, où d`autres types de barrières ont été créés, fondés sur des normes sanitaires et phytosanitaires, empêchant l'accès aux Etats-Unis de certains produits agricoles. C'est-à-dire qu`au-delà des différences industrielles entre les nations, d`autres mécanismes ont été créés pour limiter l'expansion concurrentielle des voisins. Si bien que l'on a enlevé les barrières douanières au profit d'une expansion démesurée des nations les plus développées.

Parmi les effets négatifs à long terme, il y a eu aussi le fait que les avantages de l'ouverture pour les plus faibles n'ont été que temporaires et non définitifs. Il aurait été alors nécessaire d'avancer dans l'ouverture commerciale d'une manière plus lente[13]. C'est pourquoi ce qui était vu comme positif aux frontières nord du Mexique avec *les maquillas*, est devenu très contesté en final en raison des effets collatéraux sur la population. Avec des maladies graves sur les corps soumis au travail sans protection. Sans parler des dommages environnementaux.

Ces conséquences négatives de l'ouverture des frontières douanières, n'étaient pas un sujet fondamental pour le gouvernement mexicain, parce que sa priorité était uniquement d'attirer les investissements et d'augmenter les exportations. Les effets sur le plan fiscal et social ont été relégués au deuxième niveau d'importance et considérés comme un prix à payer[14].

L'aspect macroéconomique est devenu la principale priorité gouvernementale. Pour les autorités le succès a été célébré et par la population pendant un temps aussi.

---

[13] SANCHEZ, Georgina, Op. Cit., p. 1075. Traduction libre « Le Mexique reconnaît que les avantages des accords du libre commerce sont temporaires, c´est pourquoi ils ne peuvent pas améliorer la compétitivité économique ». Dans l´opinion de l´auteur, le gouvernement n´a pas pris de décisions stratégiques à long terme.

[14] GIL, Thomas, Le Processus empirique de la globalisation et les droits fondamentaux, en PALLARD, Henri et TZITZIS, Stations, La mondialisation et la question des droits fondamentaux, Edit. Les Presses de l'Université de Laval, Québec, 2003, p. 24. « La mondialisation implique, pour les organisateurs du processus productif, la possibilité de trouver des conditions de production plus favorables dans des endroits de l`univers où la force de travail est moins chère et où les administrations locales sont prêtes à garantir des impôts plus bas que ceux retrouvés dans les pays d`origine des entreprises productrices ».

On oubliait que le Mexique ne devenait pas une nation capable d'offrir une innovation, mais seulement de la transformation. Le pays n'était qu'un territoire d'assemblage. Où l'Etat ne gagnait pas non plus, puisque pour attirer les investisseurs il renonçait à sa fiscalité sur leurs revenus ou à la TVA.

III. LES ATTENTES NON ACCOMPLIES DANS L'INSERTION DU MEXIQUE A LA MONDIALISATION

L'adhésion du Mexique à l'OMC et en général au processus de mondialisation, était supposée bénéficier à la qualité de vie de la population. Qu'en a-t-il été en réalité ?

Actuellement la question reste sans réponse. Car les bénéfices ne sont pas évidents dans un contexte où l'on conteste les chiffres du chômage, les bas salaires, le faible niveau éducatif de la population, la mauvaise qualité de services publics, etc. La liste de problématiques est interminable et les défenseurs de l'ouverture des frontières pourraient argumenter que le vrai problème est la mauvaise gestion interne des institutions ou l'incapacité des décideurs à les résoudre. Cette perspective blanchirait de toute responsabilité les acteurs économiques[15]. Avec des régions bénéficiaires.

Mais les conséquences économiques, positives ou non, ne sont pas les seules. Il y a aussi le sujet environnemental où les écosystèmes se dégradent et bien sûr les droits de l'homme. Autant de sujets collatéraux de l'ouverture qui font des dettes invisibles.

A. La dette de la croissance et le développement

La réalité nous a montré qu'il existe une longue distance entre la croissance économique et le développement. Le binôme que l'on croyait indissociable, n'est en réalité qu'une illusion.

Depuis l'ouverture commerciale, la croissance n'a pas été si performante au Mexique. La signature des accords commerciaux a donc été mise en question[16]. En effet, le bilan que l'on peut faire 20 ans après l'ouverture de frontières, n'est pas positif, avec des

---

[15] ORTIZ WADGYMAR, Arturo, La nueva economía mundial. Actualidad de las teorías del comercio internacional en un mundo globalizado, Edit. UNAM y Miguel Ángel Porrúa, México, 1999, p. 117.

[16] OROPEZA GARCIA, Arturo, TLCAN 20 años. ¿Celebración, desencanto o replanteamiento?, Edit. UNAM, México, 2014, p. 51-53.

problèmes concernant la croissance économique, le manque de développement et le manque de justice sociale. Etant entendu que les deux derniers dépendent de la consolidation du premier. Or dans les 20 dernières années, la croissance économique du Mexique a été très modeste, au tour de 2,7 % du PIB[17]. Avec cette maigre croissance, l'Etat a vu réduire sa capacité financière lui empêchant d'accomplir ses fonctions par le biais de programmes sociaux ou d'infrastructures que la société lui demande. Les nécessités publiques dépassant la marge de manœuvre budgétaire, on voit émerger le recours à l'endettement public, pour minimiser les conséquences. Surtout avec une population passée, dans les 20 dernières années, de 95 millions d'habitants en 1995 à 122 millions en 2013.

La croissance économique était le facteur clé pour qu'une société puisse devenir un acteur mondial. Pour arriver à ce stade, il fallait devenir une société plus productive[18]. Et même, malgré la productivité et la maigre croissance économique, les conditions salariales, de sécurité sociale, etc., n'ont jamais accompagné un vrai développement du pays.

Existe-t-il alors une dette en matière de croissance et de développement économique au Mexique ? La réponse est simple, car la croissance n'a pas atteint un niveau optimal pour amener le bien-être social[19]. Surtout dans les Etats ruraux du sud, comme l'Etat de Oaxaca ou le Chiapas.

Autrement dit, l'insertion du Mexique dans la mondialisation n'a pas provoqué un effet de développement homogène.

A cette double dette s'est ajoutée la dette de justice sociale

B. La Justice Sociale et la Protection des Droits Humains

53- Il s'agit des droits économiques et humains qui n'ont jamais été une priorité pour les autorités lors de la signature des accords commerciaux. Ils devaient prendre de l'effectivité dans la mesure où

---

[17] DE LA CRUZ GALLEGOS, José Luis et VEINTIMILLA BRADO, Derma Vanessa, Banca de desarrollo y crecimiento económico en México, Análisis, No 5/2013, Fundación Friedrich Ebert, 2013. pp. 3-7.

[18] KRUGMAN, Paul, Vendiendo Prosperidad. Sensatez e insensatez económica en una era de expectativas limitadas, Edit. Ariel, España, 1996, p.74, 75.

[19] TELLO MACIAS, Carlos, Crecimiento económico e indicadores de bienestar social en México, 1950-2008, en FLORES SALGADO, José, Crecimiento y desarrollo económico de México, Edit. Universidad Autónoma Metropolitana, México, 2010, p. 87-88.

la croissance économique devait aider la population à avoir des conditions plus favorables pour sortir de la pauvreté. On voit ici le rapport qui existe entre la matière économique et le domaine du droit. Ce sont deux questions sur lesquelles on fait l'impasse lorsqu'on examine les résultats de l'ouverture commerciale.

Envisager les dettes du Mexique à partir de cette perspective, amène vers un terrain différent pour réexaminer ce qui a été négligé lors de l'ouverture des frontières douanières des 20 dernières années.

Le Mexique s'est engagé en effet dans la protection des droits économiques (Pacte relatif aux droits économiques, sociaux et culturels) depuis le 23 mars 1981[20]. On trouve dans ce Pacte les obligations des Etats[21] de garantir ces droits. Par exemple, pouvoir jouir de conditions de travail justes et favorables, avoir une rémunération équitable et égale pour un travail de valeur égale. Avoir aussi la sécurité et l'hygiène au travail, la possibilité d'être promus dans son travail, le repos, les loisirs, la limitation raisonnable de la durée de travail et bénéficier de congés payés[22]. Comme le droit de toute personne à la sécurité sociale[23].

Or avec l'insertion du Mexique dans le processus de mondialisation et au bloc économique crée par l'ALENA, ces droits relancent le débat sur leur effectivité. Car aucun n'a été garanti.

Depuis le 10 juin 2011, avec la réforme constitutionnelle de l'article 1, toutes les institutions de l'Etat sont tenues de vérifier la protection des droits humains au bénéfice des Mexicains. La réforme est également obligatoire pour tous les niveaux de gouvernement, c'est-à-dire pour les Etats fédérés et les communes (municipios).

Avec cette nouvelle disposition constitutionnelle, il faudrait protéger la population des effets négatifs de l'ouverture commerciale. Même si de façon tragique, les conditions de vie défavorable de la population mexicaine participent, aux yeux des investisseurs internationaux, à ce dumping social qui les attire. Comme un avantage

---

[20] Comisión Nacional de los Derechos Humanos. Pacto Internacional de Derechos Económicos, Sociales y Culturales y su Protocolo Facultativo, México, 2012, p. 5. En vigueur depuis le 12 mai 1981.

[21] Pacte relatif aux droits économiques, sociaux et culturels du 16 décembre 1966, articles 4 et 5.

[22] *Ibid.*, Article 7.

[23] *Ibid.*, Article 9.

comparatif ricardien des Etats pauvres dans la concurrence du commerce international[24].

Mais respecter les engagements internationaux en matière des droits humains, particulièrement des droits économiques, est une obligation que des nations développées et en développement comme le Mexique doivent s'incorporer, afin de limiter les effets négatifs de l'ouverture sur les populations. Surtout quand le Mexique est un pays leader de l'OMC, dont il avait d'ailleurs accueilli sa 5ème conférence ministérielle à Cancún, en septembre 2003.

---

[24] TOURAINE, Alain, *Op. Cit.*, pp. 162,163. L´auteur arrive à cette conclusion en réfléchissant à la façon dont la société pourra se reconstruire après la crise économique de 2007-2008. Mais il avance des solutions paradoxales.

PARTIE III

L'OMC ET L'AFRIQUE

L'AFRIQUE DE L'OUEST À L'OMC (1994- 2014) : 20 ANS D'ÉVOLUTION DES DROITS DE DOUANE AFRICAINS

Dr. Bah MAMADOU ALIOU[1]

Droits de douane dans la CDEAO

54- La douane est l'un des deux piliers de la couverture fiscale des pays de la CEDEAO. Ce travail tente d'en dégager les caractéristiques techniques à travers l'observation de son évolution en crise. On met l'accent sur l'inégalité du tarif douanier, qui est une résultante des politiques économiques[2]. En effet, la définition du niveau de tarif dépend du niveau de sacrifices que la collectivité entend imposer aux consommateurs pour protéger les activités nationales et pour mobiliser des recettes tarifaires[3]. Pour cela, on s'intéresse, d'entrée, au niveau des tarifs fiscaux douaniers en CEDEAO très élevé. On observe que selon qu'ils sont différenciés ou uniformes, les tarifs douaniers ont leurs avantages et leurs inconvénients[4].

Le processus de la mondialisation des échanges et ses conséquences au plan national imposent à la douane, parallèlement à sa mission traditionnelle de contrôle des flux de marchandises, la mise en œuvre d'une politique nouvelle répondant aux exigences du monde moderne. Au service avant de la protection du marché intérieur, on lui

---

[1] Docteur en Droit Université Paris II, AFRITAC, Guinée Conakry.

[2] Stiglitz J, Sur les erreurs douanières du FMI : un autre monde contre le fanatisme du marché, édition, Fayard, 2006, p.167.

[3] Martinez Jean-Claude, Les droits de douane déductibles contre le retour du protectionnisme, édition l'Harmattan, 2008, p. 143

[4] David Laborde, L'impact fiscal de l'APE en Afrique de l'Ouest, édition, Economica, 2007, p. 214.

demande aujourd'hui de promouvoir les échanges internationaux[5]. A cet effet, elle se doit d'une part d'assurer la neutralité des mécanismes douaniers à l'égard du trafic des marchandises et de contribuer à la promotion de l'exportation. Elle est appelée d'autre part à mettre en œuvre des mesures de sauvegarde et d'antidumping pour qu'elle réponde à sa nouvelle mission de gardienne de l'équilibre fragile de l'économie nationale[6].

Nous ferons une présentation des prélèvements à l'exportation (I). Dans le cas de la CEDEAO, les tarifs douaniers, qui touchent l'exportation des produits agricoles et l'importation des produits de consommation courante, ont surtout évolué en crise (II), conduisant à une chute libre des revenus fiscaux à l'exportation et à l'importation dans les pays de la CEDEAO. On voit s'affaisser, ces dernières années, les postes de recettes, notamment la taxation à l'exportation des produits primaires agricoles[7].

I. LES PRÉLÈVEMENTS À L'EXPORTATION

Les prélèvements à l'exportation prennent la forme de droits de sortie, généralement *ad valorem*[8]et parfois de prélèvements de stabilisation. Ces derniers sont assimilés ici à des prélèvements fiscaux, car, le plus souvent, contrairement à leur objet initial, ils servent au financement des dépenses générales des États. Il s'agit d'observer les droits de sortie dans la zone de la CEDEAO (A) et la chute des recettes à l'exportation et à l'importation (B).

A. Les droits de sortie dans la zone de la CEDEAO

55- Les taxes sur les exportations de produits agricoles étaient en partie justifiées dans les années cinquante et soixante par les pouvoirs publics d'opérer un transfert de ressources du secteur agricole vers le secteur industriel naissant et par l'impossibilité d'imposer directement

[5] Nix V. Heden, Fiscalité douanière : Organisation Mondiale des Douanes, Economica, 2000, p.182.

[6] Asakura Hironori, Histoire mondiale de la douane et des tarifs douaniers, OMD, 2003, p. 211.

[7] Berr Claude J, et Tremeau Henri, Le droit douanier : communautaire et national, édition, Economica, 2004, p. 184

[8] Jean-Marc Fédida, Le contentieux douanier, édition, PUF, 2009, p.95

les revenus agricoles[9]. Ce transfert effectué, à travers le maintien de termes de l'échange interne défavorables à l'agriculture d'exportation, était supposé avoir peu d'effets défavorables sur la production agricole que l'on considérait inélastique par rapport aux prix[10].

1°) Les prélèvements de stabilisation

La fiscalité sur les exportations est donc à l'origine d'une forte distorsion des incitations dans le secteur agricole.

De plus, les mesures de libéralisation des filières agricoles d'exportation, lorsqu'elles n'ont pas été suivies de l'instauration d'une véritable concurrence à l'achat, ont créé les conditions d'une transmission plus que proportionnelle de la taxe à l'exportation sur les producteurs[11].

Sur le plan macroéconomique, ce système de prélèvement à l'exportation a été l'origine de graves difficultés : la perception de prélèvements instables assis sur les exportations a constitué, en raison d'une politique de dépenses publiques pro cyclique, un facteur de déséquilibre des finances publiques[12].

De plus, à long terme, les taxes sur le commerce extérieur, dont les taxes sur les exportations agricoles sont un élément essentiel en Afrique, constituent un facteur de moindre croissance. Ces taxes ont pour autre inconvénient d'inciter au développement d'échanges frauduleux entre pays frontaliers dont les taux de taxation diffèrent[13].

Les prélèvements de stabilisation opérés pendant les périodes de cours élevés, doivent normalement permettre de compenser les chutes

---

[9] S. Duhamel et A. Gosset-Grainville (1996), Rapport d'enquête sur l'harmonisation des fiscalités douanières dans l'Union économique et monétaire ouest-africaine (UEMOA), Inspection générale des finances, Paris, Ministère des Finances, p. 216.

[10] Berr Claude J et Tremeau Henri, Introduction au droit douanier, édition, Dalloz, 1997, p.115

[11] G. Chambas (1996), ''Primary produce exports and public resource levels in Africa" in M. Benoit-Cattin, M. Griffon, P. Guillaumont, eds., ''Economics of agricultural policies in developing countries'', *in* Revue française d'économie, Paris, p,197.

[12] J. Coussy (1990), « Le poids des politiques économiques nationales dans les relations interafricaines », CERED-LAREA, Journées d'étude « Intégration régionale et politiques d'ajustement structurel », 7 et 8 juin, p.103.

[13] J. Coussy (1992), « Les avantages-coûts de l'intégration régionale en Afrique subsaharienne », communication au colloque de l'institut de Florence, 26-28 février (Workshop sur la promotion de la coopération et de l'intégration régionale en Afrique subsaharienne) p.338.

des cours mondiaux. Pourtant, l'expérience a montré que ces prélèvements ont été à la fois anormalement élevés et détournés de leur objet. Les prix payés aux producteurs ont été maintenus à des niveaux très inférieurs à l'équivalent certain du prix international et les caisses de stabilisation n'ont pas été en mesure d'assurer le soutien des prix lorsque la conjoncture est devenue défavorable. Aussi, a-t-on assimilé ces prélèvements de stabilisation à des recettes fiscales[14] .

Cependant, les modalités actuelles de détermination du prix payé au producteur restent souvent opaques. De sorte que le soupçon de "surimposition" et d'utilisation médiocre des ressources à travers les mécanismes de stabilisation pèse toujours malgré des dispositions tendant à renforcer la participation des paysans à la gestion des fonds de stabilisation[15].

a) Les taxes sur les consommations intermédiaires

56- Trois grands types de taxes sont susceptibles de concerner les consommations intermédiaires de l'agriculture : les acomptes de l'impôt général sur la consommation (TVA) qui peuvent constituer un coût définitif en cas de rupture de la chaîne de TVA, les droits d'accises qui dans certains cas peuvent frapper des biens intermédiaires (carburants, ciment, tôles...) et enfin, des droits tarifaires sur les importations[16].

C'est le cas des filières café et cacao en Côte d'Ivoire, où le commerce reste contrôlé par un petit nombre de sociétés tandis que l'État n'intervient plus dans la fixation des prix payés aux producteurs.

1. La TVA et les droits d'accise

57- Le principal avantage d'une TVA générale assise sur la consommation finale est de ne pas affecter l'efficience de la production ni de réduire l'incitation à produire pour l'exportation. Cependant, si tous les secteurs ne sont pas assujettis à la TVA ou les

---

[14] Rapport du ministère de l'Économie, des Finances et de l'Industrie des États membres de l'UEMOA, « Intégration régionale en Afrique francophone », 10/12/1998, p.106.

[15] Moussa Diakité (1997), Le défi de l'intégration économique en Afrique de l'Ouest, Paris, L'harmattan, p.109.

[16] Bernard Decaluwé, Yazid Dissou et Andre Patry (2001), « Union douanière au sein de l'UEMOA : une analyse quantitative ? », Revue économique, juillet, p. 811-830.

sont de manière partielle ce qui est le cas pour la plupart des activités agricoles des pays africains, la TVA perd sa qualité de neutralité. Elle est alors susceptible de grever les coûts de production et de fausser la concurrence entre secteurs assujettis et secteurs non assujettis ; elle crée aussi au sein des secteurs non assujettis des distorsions dans le choix des intrants[17]. En pratique, l'exonération de TVA généralement octroyée en faveur des fournitures destinées à l'agriculture ne permet pas d'éliminer la charge des TVA amont, incluses dans les consommations intermédiaires utilisées pour la fabrication locale des fournitures exonérées.

A défaut d'admettre une taxation de TVA au taux zéro, qui aurait pour inconvénient d'entraîner des pertes de recettes budgétaires, toute fourniture locale comprend une charge de TVA incluse ; il en est ainsi notamment des équipements et biens manufacturés fabriqués localement. Les accises frappent en principe des biens de consommation finale. Une exception traditionnelle est constituée par les taxes sur les carburants qui pour partie sont utilisés comme consommation intermédiaire[18]. Dans certains cas, la fourniture de carburants détaxés est prévue notamment en faveur de l'agriculture et de la pêche ; l'inconvénient majeur de ce choix est d'offrir des possibilités de fraude par détournement de destination. En raison de leur efficacité budgétaire et de leur simplicité d'administration, ces dernières années une certaine extension du champ d'application des droits d'accises peut être constatée : ainsi des taxes sur le ciment voire sur des tôles ont été appliquées ce qui évidemment grève les coûts des producteurs utilisateurs de ces biens à des fins de consommation intermédiaire[19].

---

[17] Une union douanière pour un marché commun à travers le TEC-UEMOA, publié le 22/01/2009, Barter-center, p.117.

[18] L'exonération de TVA permet aux fournitures importées de ne supporter aucune charge de TVA, dans la mesure où le pays d'origine des fournitures a permis, en appliquant une TVA au taux zéro l'imputation de l'ensemble des TVA supportées en amont. L'exonération introduit donc un biais contre la compétitivité des fournitures produites localement.

[19] T. Agbeyebe, J. Stotsky, A, Wolde Mariam (2004), ''Trade liberalization, exchange rate changes and tax
revenues in sub-Saharan Africa'', IMF Working paper, 04/178.

2. Les droits de douane à l'importation

58-Les principaux intrants agricoles (engrais, produits phytosanitaires) sont généralement exonérés de droits d'importation ou imposés à des taux réduits[20].

En revanche, les producteurs agricoles supportent le coût de la protection accordée au secteur manufacturier fournisseur de biens d'équipement agricole (machines et outillage agricoles). Une telle protection augmente les coûts de l'ensemble des consommations intermédiaires qu'il s'agisse d'importations ou de productions locales.

Bien que collectées à l'exportation, ces taxes sont largement supportées par les producteurs. En effet, les pays africains sont généralement "preneurs de prix" pour leurs exportations agricoles. De sorte que le poids de la taxe ne peut être reporté sur les consommateurs étrangers. L'hypothèse d'un report amont de l'incidence de la taxe à l'exportation est alors vraisemblable : compte tenu des caractéristiques de l'offre et de la demande des produits agricoles d'exportation, les commerçants et exportateurs collectent la taxe, mais transmettent sa charge au producteur.

La taxation des consommations intermédiaires de l'agriculture qui en découle est d'autant plus importante que les tarifs, souvent utilisés dans l'objectif de procurer des ressources à l'État ont montré, notamment pour l'Afrique, que les taux de protection indirecte de l'agriculture, prenant en compte à la fois les distorsions de change et la protection relative des autres secteurs, étaient jusqu'en 1984 fortement négatifs[21].

b) Les prélèvements opérés à travers les structures de commercialisation

Un des facteurs explicatifs de la faible part du prix payé au producteur dans le prix mondial est la tendance au gonflement des charges et des marges des entreprises de transformation et de

---

[20] L'exonération de TVA permet aux fournitures importées de ne supporter aucune charge de TVA, dans la mesure où le pays d'origine des fournitures a permis, en appliquant une TVA au taux zéro l'imputation de l'ensemble des TVA supportées en amont. L'exonération introduit donc un biais contre la compétitivité des fournitures produites localement.

[21] A. Aga, J. Haughton (1996), ‘‘Designing VAT System. Some efficiency considerations”, Review of economics sciences, vol,78, 303-308.

commercialisation, en partie imputable à la fiscalité qui pèse sur ces structures.

D'une part, les sociétés de commerce jouent souvent implicitement le rôle de collecteur de l'impôt sur les producteurs agricoles, d'autre part, les charges des entreprises sont alourdies par les crédits de TVA non remboursés par l'État et le financement de missions de service public[22] .

De plus l'inefficacité des circuits de commercialisation, lorsqu'ils sont publics, constitue une forme de prélèvement parafiscal sur les producteurs. A ces prélèvements s'ajoutent de multiples taxes parafiscales et des prélèvements illégaux lors des opérations de commercialisation.

1. L'impôt sur les revenus agricoles collecté par les sociétés de transformation et de commerce

Les commerçants et exportateurs de produits agricoles sont généralement soumis à une imposition directe de leurs résultats. Dans un système de prix au producteur administrés, en l'absence d'autres prélèvements sur la filière, notamment de taxes sur les exportations, l'impôt sur les bénéfices des sociétés peut aussi avoir pour fonction de taxer les bénéfices des planteurs. Dans un tel système (commun à certaines filières cotonnières d'Afrique de la zone franc), le producteur reçoit un prix net d'impôt et la marge de la société de commerce se trouve majorée du montant de l'impôt sur le bénéfice agricole qui devrait être acquitté par les producteurs, mais qui n'est pas recouvré par l'État à leur niveau[23] .

En taxant les bénéfices de la société d'encadrement, l'État parvient alors à recouvrer l'impôt sur les bénéfices de cette société, mais une partie seulement de l'impôt sur le bénéfice des producteurs. Ainsi, même dans l'hypothèse la plus favorable aux producteurs, où le prix qui lui est payé est déterminé de façon à correspondre au prix de concurrence diminué seulement du montant normal de l'impôt sur les bénéfices agricoles, le système est inefficace.

Cette modalité d'imposition de la filière à travers le seul impôt sur le bénéfice de la société de commerce présente donc l'inconvénient

[22] R.M. Bird (1974), Taxing agricultural land in developing countries, Harvard University Press.

[23] Jean Arthuis (2005) Délocalisations : rompre avec les modalités pour sauver le modèle français, Rapport au Sénat, 22 juin, n°416.

d'entraîner une perte de recettes pour l'État et d'inciter, en majorant la marge de l'entreprise commerciale, à une gestion laxiste.

De plus, le risque de collusion entre l'État et l'organisme de commerce, pour comprimer les prix au producteur au-delà de ce qui devrait résulter d'une taxation normale, est favorisé par l'absence de règles claires pour la fixation des prix au producteur[24].

2. Le poids de la fiscalité indirecte sur les charges du secteur commercial

59- Les produits agricoles exportés après transformation sont généralement soumis au taux zéro de TVA. Mais en raison des difficultés financières des États, les sociétés de commerce tendent à accumuler les créances sur les États au titre de la TVA. Ces créances de TVA non remboursées constituent une charge pour les entreprises qui est répercutée sur les producteurs.

Cette charge peut être particulièrement importante pour les produits agricoles qui subissent une transformation industrielle avant l'exportation (coton, tabac, thé...), fortement consommatrice d'intrants assujettis à la TVA.

A titre d'illustration, les créances de TVA de la société cotonnière centre africaine atteignaient 800 millions de francs CFA pour la campagne 1997/98, soit 4 % du prix de vente CAF du coton fibre[25].

Par ailleurs, les producteurs de culture d'exportation, notamment les producteurs de coton en Afrique zone franc, ont parfois à supporter le financement par les sociétés de commerce de missions de services publics (opérations de développement rural touchant le secteur de la santé, de l'éducation, les infrastructures...). L'obligation faite aux sociétés d'encadrement de financer ces missions est assimilable à une fiscalité déguisée consistant à faire supporter aux seuls producteurs de la culture de rente le financement des services publics[26].

Ce système d'affectation de la dépense ne répond ni au principe d'équité, ni à celui d'efficacité qui devraient guider la politique de dépenses publiques ; il tend à disparaître, les sociétés de commerce

---

[24] Chantal Brunel (2005), Délocalisations : subir ou agir ? Rapport, Sénat n°3467, XIème législature.

[25] A. Ferrand (2000), Mondialisation : réagir ou subir ? La France face à l'expatriation des compétences, des capitaux et des entreprises, Rapport Sénat, 14 juin, N°386.

[26] Aude Marcovich (2005) « La prolifération des accords régionaux va-t-elle tuer l'OMC ? », Le Figaro économie, 19 janvier.

recevant en principe un financement spécifique de l'État pour la prise en charge de ces activités[27].

Enfin, les ventes destinées au marché local et notamment à des industries nationales de transformation (filatures, huileries, chocolateries...) sont généralement effectuées à un prix de cession inférieur au prix mondial de référence de façon à soutenir les industries nationales de substitution aux importations. Les agriculteurs supportent alors le poids des subventions ainsi accordées dont il en résulte une perte d'efficience.

Les prélèvements sur les exportations agricoles sont devenus, à la faveur du boum des prix des matières premières agricoles dans les années soixante-dix, une source importante de financement des États et constituent encore aujourd'hui un élément essentiel du dispositif fiscal de nombreux pays africains[28] .

Seuls les pays en position dominante sur le marché mondial, comme la Côte d'Ivoire, pour le cacao, peuvent, grâce à leur pouvoir de marché, transférer une partie de la charge de la taxe aux consommateurs étrangers tandis que les producteurs en supportent l'autre partie[29] .

Dans le cas général des pays africains preneurs de prix, les taxes à l'exportation créent un biais à l'encontre des cultures taxées et une perte de bien-être pour la collectivité nationale, la perte des producteurs n'étant pas entièrement compensée par les gains en recettes fiscales de l'État, lorsqu'existe une demande locale de ces produits, par les gains des consommateurs liés à la baisse des prix agricoles[30].

L'inefficacité des taxes sur les exportations agricoles est aggravée par le caractère partiel de la base de taxation : les ventes intérieures des produits agricoles sont généralement exonérées d'impôts, et les

[27] Ces charges restent encore parfois importantes : elles représentaient en 1995 au Mali, 1 % du prix CAF d'exportation du coton.

[28] En 1995, les taxes sur les exportations de café et de cacao en Côte d'Ivoire représentaient plus du quart des recettes publiques totales (ARAUJO- Bonjean et CHAMBAS 1998). Au Mali, en 1995, les prélèvements opérés sur la filière cotonnière représentaient 8 % des recettes budgétaires.

[29] Dans ce cas il existe une taxe optimale sur les exportations qui permet au pays exportateur de maximiser ses recettes d'exportation et d'accroître son bien-être au détriment du reste du monde (Sanchez-Ugarte et Modi 1987).

[30] Banque mondiale, « Réformes des politiques de commerce extérieur et établissement d'une Union douanière dans les pays de l'UEMOA », Rapport préliminaire, p.375-1.

taxes sont concentrées sur un petit nombre de cultures d'exportation, fortement imposées[31] .

B. Tarifs fiscaux trop élevés et fraude douanière en CEDEAO

60- Le niveau des taux de taxation douanière est excessif dans la zone de la CEDEAO. On peut considérer l'exemple de quelques produits importés au Mali. En 1990, le taux de taxation douanière s'élevait à 86,25 % pour les tissus ; 98,75 % pour les chaussures ; 123 % pour la bière ; 213,21 % pour les cigarettes. Dans de nombreux pays de la CEDEAO, des tentatives de désarmement douanier (Côte d'Ivoire, Niger, Sénégal, Ghana), ont été engagées afin de réduire les effets néfastes entraînés par des tarifs trop élevés[32] .

Malheureusement, surtout en raison de contraintes budgétaires, on note au début des années 90, dans divers pays de la CEDEAO, des augmentations de taux d'imposition qui constituent un obstacle au développement. Or, en procédant à une analyse dans une hypothèse sans fraude (1°) puis, dans une hypothèse avec fraude (2°), on peut mettre en lumière l'effet défavorable de tarifs excessifs[33] .

1°) Hypothèse sans fraude douanière dans la zone CEDEAO

61- Les entreprises locales de substitution à l'importation bénéficient d'une protection qui peut être extrêmement élevée. Le risque souvent réalisé est l'inefficacité économique des entreprises. Les consommateurs locaux supportent le coût de cette inefficacité, à travers des prix majorés et une qualité des produits souvent médiocre[34].

Les entreprises exportatrices sont particulièrement pénalisées. Certes, elles peuvent bénéficier de certains régimes économiques comme l'admission temporaire, mais plus une entreprise fait appel à des entreprises locales non concernées par ces régimes, plus sa compétitivité est compromise, car, pour des raisons d'efficacité du contrôle, il n'est pas possible de purger de toutes charges liées aux

---

[31] Banque mondiale, Réforme des politiques fiscales, op.cit., p.115.

[32] Moussa Diakité, Le défi de l'intégration économique en Afrique de l'Ouest, Paris, L'Harmattan, p. 191.

[33] M.Keen et J.E. Lightart (1999), ''Coordination of tariff reduction and domestic tax reform", IMF Zorking Paper number 99/93.

[34] M.S. Michael, P. Hazipanayatou et S.M. Miller (1993), « Integrated reform of tariffs and consumption taxes", Journal of Public economics, 52, 417-428.

droits de porte l'ensemble des consommations intermédiaires comme, par exemple, les transports, les pièces détachées, l'entretien courant, etc.

En Côte d'Ivoire, les pièces détachées ne peuvent pas bénéficier de l'admission temporaire. Cette disposition empêche une entreprise de reconditionnement de moteur d'exporter à partir de la Côte d'Ivoire un moteur reconditionné sur place : l'importation directe d'un moteur reconditionné à l'étranger est donc favorisée par la réglementation fiscale. Plus les taux des droits de porte sont élevés, plus le handicap lié à ces phénomènes de rémanence fiscale n'est important.

Divers dispositifs sont mis en œuvre pour compenser ce handicap ainsi que d'autres surcoûts d'origines différentes. Il s'agit notamment des Codes d'Investissement et des subventions à l'exportation. L'expérience a montré combien la gestion de ces dispositifs était difficile et source de distorsions économiques[35].

Les mesures d'exonérations notamment de droits perçus en douane sont à l'origine de fraudes souvent considérables, mobilisent d'importants moyens de contrôle, et créent des distorsions entre entreprises concurrentes quand seulement certaines d'entre elles bénéficient d'exonérations. Les subventions à l'exportation présentent deux inconvénients essentiels. La détermination du montant des subventions implique généralement une procédure longue et complexe. Par exemple en Côte d'Ivoire, la subvention est destinée à offrir un taux de protection effective de 40 %.

Dans le cas de la Côte d'Ivoire, cet objectif correspondant à une protection effective de 40 % n'a pas été dégagé de manière indiscutable : il a été supposé qu'un tel niveau de protection compenserait l'ensemble des handicaps subis par les entreprises ivoiriennes[36] .

L'établissement d'un dossier donne lieu à des calculs compliqués dont de nombreux intervenants admettent ne pas comprendre la finalité. Le traitement du dossier est long, implique de nombreuses étapes tandis que le contrôle de l'octroi de la prime est déficient. Outre ces inconvénients, l'efficacité du système de subvention ivoirien a été compromise par les non-paiements ou les retards considérables de versements à partir de 1989. Malgré les moindres dysfonctionnements

---

[35] F.P. Ramsey (1927), ''A contribution to the theory of taxation'', Economic Journal, 37(1), 47-61.

[36] J. Thill (ed.), (1992), Fiscalité et ajustement structurel en Côte d'Ivoire. Inspection générale des Finances, Paris, p.75.

de son système de prime à l'exportation, le Sénégal a été également contraint en 1991 de suspendre le règlement de la prime à l'exportation[37] .

2°) Hypothèse de fraude douanière dans la zone de la CEDEAO

62- Si l'hypothèse de fraude douanière correspond à la réalité des pays de la CEDAO, la situation des entreprises de substitution à l'importation change radicalement. Leur coût de production est alourdi par les droits de porte inclus dans leurs intrants. Elles ne peuvent alors soutenir la concurrence de produits souvent importés en fraude[38].

Plus la fraude est importance et la taxation des intrants forte, plus la protection réelle de l'entreprise locale est réduite. Dans certains cas, elle peut être victime d'une protection réelle négative, c'est-à-dire être dans une situation plus difficile qu'en l'absence de toute protection. Pour expliquer clairement les enjeux de la fraude douanière, nous faisons très schématiquement et ci-après, la simulation des effets nocifs de cette fraude sur une entreprise qui évolue en contexte d'économie très protégée[39].

Une entreprise vend un produit dont le prix CAF est de 100 : le coût des intrants nécessaires hors TVA est de 60. Sa valeur ajoutée internationale est donc de 40. Cette entreprise bénéficie d'une forte protection effective : taxation au titre des droits de porte de 30 % du produit fini et de 10 % des intrants. Le prix du marché intérieur pour le produit fini s'élève alors à 130(hors TVA) et le coût des intrants à 66 (hors TVA). Sa valeur ajoutée au prix domestique est de 64 et son taux de protection effective s'élève à :

$$\text{TPE} = \frac{39 - 40}{40} \times 100 = 60\ \%.$$

L'entreprise est attaquée sur son marché par des fraudeurs qui parviennent à vendre le produit au consommateur à 126, en fraudant à la fois sur les droits de porte et sur la TVA dont le taux supposé est de

[37] Bureau Francis Lefebvre (2010), Droit des affaires : la fiscalité douanière, éd. F. Lefebvre, p.221.

[38] Moussa Diakité (1997), Le défi de l'intégration économique en Afrique de l'Ouest, op.cit., p.131.

[39] Michel Sallon (nov.2002), Le protectionnisme au x frontières est-il absurde ? Lectures françaises, p. 21.

20 %. Dans ce cas, l'entreprise est handicapée par une protection négative : pour faire face à la concurrence de la fraude, elle devrait commercialiser à 126, c'est-à-dire 105 hors TVA. Sa valeur ajoutée au prix domestique chute alors à 39. Son taux de protection effective compte tenu de la fraude (protection effective réelle) devient :

$$TPE = \frac{39-40}{40} \times 100 = -2,5\%.$$

L'entreprise est plus pénalisée que si elle devait, en l'absence de toute fraude sur la TVA à l'importation, affronter la concurrence internationale sans protection (c'est à dire sans droits de porte)[40].

Des taux élevés de droits de porte apparaissent donc défavorables au développement des activités économiques : ils constituent un handicap très difficile à compenser pour les exportateurs, tandis qu'en raison d'une fraude encouragée par le niveau important de la taxation, ils peuvent entraîner un désavantage pour les entreprises tournées vers le marché intérieur alors pénalisées par le système. Évidemment, la fraude douanière est préjudiciable à l'équilibre des finances publiques. Or, en raison de l'urgence budgétaire, beaucoup de programmes de stabilisation ont conduit à majorer les taux des tarifs[41].

3°) Structure tarifaire inadaptée et persistance de barrières non tarifaires

Nous allons présenter et développer la structure et la situation tarifaire et des barrières non tarifaires en tenant compte du cas de chaque pays de la CEDEAO.

a) Une structure tarifaire inadaptée des pays de la CEDEAO

Initialement, à travers leur politique tarifaire, les pays de la CEDEAO ont poursuivi trois objectifs essentiels, parfois contradictoires : mobilisation de ressources publiques, incitation sélective pour les activités économiques et équité sociale. Pour cela, ils ont appliqué des tarifs fortement différenciés. Des tarifs élevés

---

[40] R. Barlow, W. Snyder (1994), ''The tax that failed: the VAT in Niger", Public building and finance vol,14, 77-89.

[41] G. Chambas, A.M. Geourjon (1994) « Réforme de la politique fiscale et du commerce extérieur », op.cit., p.215.

concernaient des produits porteurs de recettes ou des productions qu'il convenait de promouvoir[42].

Au contraire, des tarifs plus faibles étaient prévus pour les consommations intermédiaires ou pour les biens de base. Ces tarifs ont été à l'origine de distorsions économiques considérables : certaines activités étaient surprotégées tandis que d'autres devaient subir des protections négatives. Ainsi, en 1986, les producteurs sénégalais de lait concentré non sucré bénéficiaient de protection fiscale. Dans le même pays, les producteurs de savon étaient handicapés par un taux de protection effective de – 69 %[43] .

Ces distorsions ont subsisté dans un pays comme la Côte d'Ivoire qui, en 1985, avait réformé son tarif douanier et mis en œuvre une prime à l'exportation afin d'assurer un taux de protection effective uniforme de 40 %. Même sans tenir compte de la fraude, les taux de protection obtenus ont été très dispersés et le système d'incitation s'est avéré défavorable au développement économique. L'échec à mettre en œuvre un système d'incitation cohérent paraît imputable à trois facteurs essentiels.

Le premier facteur d'échec est le caractère complexe de tout aménagement tarifaire. Il est d'autant plus difficile d'atteindre un objectif de protection uniforme que restent en vigueur valeurs mercuriales, des minima de perception et diverses restrictions quantitatives dont l'équivalent tarifaire n'est pas aisé à déterminer. De plus, même dans des économies simples, la nomenclature douanière fait apparaître une grande diversité d'importations dont la nature peut être ambivalente. Par exemple le sucre et la farine constituent à la fois des biens de consommation finale et des intrants essentiels pour de nombreuses entreprises du secteur alimentaire[44] .

La deuxième difficulté provient de la diversité des techniques de production entre entreprises d'un même secteur d'activité et donc des différences de coefficients de production qui servent à évaluer les taux de protection effective. De plus, pour une même activité, ces coefficients peuvent évoluer rapidement.

---

[42] Moussa Diakité, Le défi de l'intégration, op.cit., p.110.

[43] Rapport sur l'étude des incitations industrielles au Sénégal, Ministère de l'Économie et des Finances, direction de la prévision et de la conjoncture, Dakar, mai 1986. Il faut noter que, dans ces estimations, il n'est pas tenu compte de l'effet de la fraude.

[44] J.P. Boulet, La mondialisation, Paris, Armand Colin, p. 50 et ss., sur la délocalisation.

Enfin, à cause de contraintes budgétaires, mais aussi de pressions d'entreprises locales commerciales et industrielles, les tarifs des pays de la CEDEAO ont été l'objet de multiples retouches qui ont accru leur inadaptation et leur incohérence[45].

b) La persistance de barrières non tarifaires

63- Dans les années passées, les pays de la CEDEAO ont multiplié les barrières non tarifaires sous forme de licences, de quotas et de prohibitions. Ces dispositions présentaient l'inconvénient de ne pas créer de recettes pour l'État puisque, officiellement, l'obtention d'un quota, d'une licence ne donnait pas lieu à paiement.

De plus, le système de protection devenait particulièrement opaque, car il était difficile d'apprécier la protection souvent très forte dont bénéficiait telle ou telle activité. Les différentes formes de protection non tarifaire ont été à l'origine de distorsions économiques considérables et ont constitué un handicap supplémentaire pour la compétitivité économique des productions locales. Au cours des années 90, les mesures de libéralisation incluses dans les programmes d'ajustement ont tendu à supprimer la plupart des barrières non tarifaires[46].

Cependant, dans le cadre des conventions entre les États et certains groupes industriels, des monopoles d'importation (sucre, farine, tomates...) avec quotas subsistent. De plus, la mise en place de formalités particulièrement longues et difficiles, l'adoption de valeurs mercuriales de protection, bien que difficiles à mettre en évidence, restent des pratiques courantes[47].

Il convient cependant de souligner certains effets négatifs de la suppression des barrières non tarifaires quand des mesures n'ont pas été mises en œuvre pour assurer l'efficacité de l'administration : l'application par le service des douanes de certaines mesures non tarifaires (valeurs mercuriales, minima de perception, prohibitions) était relativement aisée à contrôler (le cas extrême est la prohibition totale qui ne donne lieu à aucune interprétation). La substitution à ces

[45] CNUCED (1990), « Ajustement structurel, évolution du système commercial international et intégration économique entre PED », décembre, TD-B-C7-AC-3/9.

[46] Claude J. Berr et Henri Irmeau, Introduction au droit douanier, éd. Dalloz, coll. Connaissance du droit : droit privé, p.92.

[47] Des entretiens avec les entreprises de différents pays (Côte d'Ivoire, Sénégal, Niger) ont confirmé la réalité de ces pratiques.

mesures de taxation tarifaire a parfois, en raison de difficultés supplémentaires de contrôle, facilité un développement de la fraude[48]et entraîné la dé protection brutale d'entreprises locales.

Les fiscalités des pays de la CEDEAO prévoient des droits de porte dont le niveau et la structure constituent un handicap important pour la compétitivité de beaucoup d'activités. Les tentatives de réaménagement des tarifs se sont heurtées à des obstacles considérables et n'ont pas permis d'obtenir à la fois une protection efficace et des recettes budgétaires substantielles. Les mesures d'urgence ont aggravé les effets néfastes de droits de porte déjà trop élevés. Les taux d'imposition excessifs, le caractère hétérogène du dispositif d'incitation sont à l'origine de distorsions considérables dont le déclencheur est la mondialisation de l'économie. Ces distorsions sont aggravées par une fraude que le système d'imposition lui- même favorise[49].

II. LA CHUTE DES RECETTES À L'EXPORTATION ET À L'IMPORTATION EN CEDEAO

64- Bien qu'ayant régressé dans de nombreux pays de la CEDEAO, la taxation des exportations de produits primaires agricoles et miniers constitue encore une source de recettes importantes alors que la taxation des autres catégories d'exportations dont le rendement était d'ailleurs marginal, a été progressivement abandonnée. Notre analyse portera donc sur les systèmes de taxation des exportations du produit primaire agricole(A). Et nous étudierons la taxation des échanges avec l'extérieur (B) qui affecte les conditions de vie d'une partie importante des populations de la CEDEAO[50] .

---

[48] La multiplication des opérations consécutive à la libéralisation des cartes d'importations a aussi contribué, probablement de manière importante, à aggraver la fraude.

[49] P. Guillaumont, J. Guillaumont et P. Plane (1991), « Comparaison de l'efficacité de la politique d'ajustement en Afrique-Zone Franc et hors zone Franc », Caisse centrale de coopération économique, Notes et études, n°41, p.312.

[50] J. Coussy (1992), « Les avantages-coûts de l'intégration régionale en Afrique subsaharienne », op.cit., p.213.

A. La taxation à l'exportation des produits primaires en CEDEAO

Traditionnellement, certains États de la CEDEAO (Côte d'Ivoire, Ghana, Togo, Guinée, Mali) bénéficient d'un avantage comparatif important pour produire du cacao, du café, du coton ou de la vanille. Cet avantage est répercuté, à tort ou à raison, sur la taxation des échanges avec l'extérieur dans la zone CEDEAO (1). Ce qui n'a pas pu empêcher une dégradation substantielle des revenus de cette taxation à l'exportation (2). Cette crise des revenus s'étend désormais aux revenus de la taxation à l'importation (1) : ce qui témoigne du niveau de chronicité de la crise de la base fiscale douanière en CEDEAO[51].

1°) La dégradation des taxations à l'exportation dans la zone de la CEDEAO

Dans le passé, les prélèvements sur les exportations agricoles ont été effectués surtout à travers des caisses de stabilisation dont l'objectif était double : stabiliser les prix au producteur et financer les charges de l'État tout en permettant une gestion spécifique de revenus instables. Cette taxation par le biais des caisses de stabilisation a été complétée par des taxes à l'exportation dont l'importance relative a augmenté ces dernières années.

Ce système d'imposition s'est révélé à l'expérience souvent néfaste pour l'agriculteur et pour l'équilibre des finances publiques. En règle générale, les États ont privilégié un objectif de maximisation à court terme des recettes publiques et effectué des prélèvements excessifs. Surtout dans les périodes de forte inflation, le prix réel au producteur a souvent fortement baissé, car les prix nominaux au producteur restaient stables ou étaient faiblement réajustés[52].

La dégradation des prix réels au producteur constitue l'un des facteurs fondamentaux du recul de nombreuses productions pour lesquelles les progrès de productivité n'ont pas permis d'éviter une chute du revenu réel des agriculteurs. Quand de fortes baisses des cours internationaux sont intervenues, les caisses de stabilisation ont dû abandonner le financement d'actions de soutien à l'agriculture (infrastructures, vulgarisation, subvention aux engrais, aux

[51] Barter Center, « Une union douanière pour un marché commun à travers le TEC-UEMOA », publié le 22/01/2009.

[52] Par exemple le cas de la Côte d'Ivoire (café) et du Sénégal (arachide).

semences...) tandis qu'elles n'ont pas, de manière durable, évité la chute des prix au producteur[53].

Dans les périodes de hausses importantes des cours, certains Etats ont bénéficié de ressources transitoires considérables qui, paradoxalement, ont constitué une des causes fondamentales du déséquilibre de leurs finances publiques. Les prélèvements sur les exportations agricoles ont été considérés comme permanents.

Des dépenses importantes, notamment d'investissement, largement financées par l'emprunt ont alors été engagées grâce à l'effet de levier des recettes d'exportation. Ces dépenses souvent peu utiles au développement, n'ont pas créé les ressources qui auraient permis de financer le service de la dette qu'elles ont entraîné[54] .

2°) La dégradation des taxations à l'importation dans la zone de la CEDEAO

Ainsi que cela a déjà été indiqué plus haut, les importations sont l'objet de deux catégories de taxes perçues en douane. Les droits de porte (droits de douane, droits fiscaux...) s'appliquent à la valeur CAF des importations, tandis que les taxes indirectes internes (TVA, droit d'accise) sont assises sur la valeur CAF des importations, augmentées des droits de porte. Certains droits d'accise sont des taxes spécifiques, c'est à dire ne sont pas définis en fonction de la valeur, mais sont des prélèvements déterminés par unité physique (kilo, litre, unité de produit...).

En principe, la taxation indirecte interne (TVA, droits d'accise) s'applique dans les mêmes conditions aux importations et aux productions locales. Par conséquent, seuls les droits de porte sont à l'origine d'une protection c'est-à-dire permettent aux producteurs locaux de bénéficier de prix de vente internes plus élevés que les prix internationaux. La protection effective des productions locales est d'autant plus importante que les droits de porte appliqués aux importations concurrentes des biens locaux sont élevés et que ceux concernant les intrants sont faibles[55].

---

[53] E. Berg (1981), Le développement accéléré en Afrique au sud du Sahara, Programme indicatif d'action, Banque Mondiale, p. 95.

[54] David Laborde (2007), L'impact fiscal de l'APE en Afrique, collabore avec la Task Force UE-CEDEAO de négociation pour l'APE Afrique de l'Ouest depuis 2007, p. 425.

[55] M.S. Michael, P. Hazipanayotou et S.M. Miller (1993) « Integrated reform of tariffs and consumption taxes », Journal of Public economics, 52, p. 418-429.

Le taux de protection effective TPE d'une activité s'exprime de la manière suivante (en tenant compte des seuls droits de porte) :

$$TPE = \frac{Vad - Vaw}{Vaw} \times 100$$

Vad = Valeur ajoutée aux prix domestiques c'est-à-dire en tenant compte des droits de porte. Vaw = Valeur ajoutée aux prix internationaux.

B. La taxation des échanges avec l'extérieur

La taxation des exportations agricoles dépend de la compétitivité des productions et de la position des pays de la CEDEAO concernés sur le marché international (monopole éventuel). Pour ces pays, un prélèvement sur les exportations agricoles apparaît justifié hors des périodes de cours internationaux exceptionnellement faibles. En effet, la population rurale est majoritaire dans la plupart des pays de la CEDAO (60 % en Côte d'Ivoire, 70 % au Ghana, 90 % en Guinée-Bissau)[56] et le plus souvent les producteurs de marchandises agricoles destinées à l'exportation sont plutôt favorisés par rapport aux autres agriculteurs.

Renoncer à un prélèvement sur les exportations agricoles équivaut, en raison des limites des autres formes de prélèvement en milieu rural, à renoncer à toute imposition substantielle, hors la fiscalité sur la consommation, de la partie la plus favorisée d'une population rurale largement majoritaire. Un tel choix exacerberait les déséquilibres des finances publiques, car il n'apparaît pas concevable, et l'expérience actuelle le démontre, de couvrir durablement les charges des États de la CEDEAO par des prélèvements portant sur des minorités restreintes.

Pour un prix international donné, selon le mode de taxation et les caractéristiques du système de commercialisation, le poids de l'impôt peut être réparti de manière différente entre les producteurs et le reste de la filière.

Dans la mesure où elle entraîne une certaine stabilisation des prix et où le niveau de ces prix reste suffisant, la taxation peut constituer un facteur incitatif pour des producteurs à bas revenus surtout s'il

[56] Données de 1991. Source : Banque Mondiale, Rapport sur le Développement dans le Monde.

existe une garantie de débouchés. La taxation peut d'ailleurs, si elle est supportée par les structures de commercialisation, conduire à une gestion plus rigoureuse de ces structures[57].

Une entreprise vend une production d'une valeur aux prix internationaux de 100 en utilisant 60 d'intrants : sa valeur ajoutée aux prix internationaux est de 40. Si ses intrants et sa production finale sont taxés respectivement à 10 % et à 30 %, sa valeur ajoutée aux prix domestiques s'élève à 130 – 66 = 64. Cette activité bénéficie d'un taux de protection effective de 60 % (64 – 40) x 100 = 60 %), qui sont, dans le cas considéré, deux fois supérieur au taux de protection nominale de 30 % appliqué au produit fini[58].

Par rapport aux autres groupes de PVD, les systèmes fiscaux des pays de la CEDEAO font plus largement appel à la taxation des importations dont la mise en œuvre apparaît plus aisée que celle d'autres formes d'imposition en raison des caractéristiques des économies de la CEDEAO, c'est-à-dire faiblesse et dispersion de l'assiette fiscale interne, échanges avec l'extérieur relativement importants, etc. Outre leur objectif de recettes budgétaires, les États cherchent à protéger leurs activités nationales vis-à-vis de la concurrence extérieure[59]. Aussi tendent-ils à adopter des taux de droits de porte élevés et une structure de taux favorable à un fort degré de protection. Afin de renforcer encore les effets de ce dispositif tarifaire, de nombreux pays de la CEDEAO ont recouru à des restrictions non tarifaires (licences, quotas, prohibitions, etc.).

Au final, les systèmes de taxation des échanges adoptés dans la zone CEDEAO se sont révélés particulièrement défavorables au développement économique en raison de taux de prélèvement excessifs, d'une structure des taux inadaptée et des distorsions inhérentes à l'adoption de restrictions non tarifaires[60].

C'est le résumé des 20 ans d'évolution des droits de douane africains. Cette évolution s'est fondée sur le rôle que l'Union

[57] C.A. Aguire et ali. (1981) « Taxation in Subsaharan Africa », IMF, Occasional Paper, 8.

[58] J. Coussy (1992) « Les avantages-coûts de l'intégration régionale en Afrique subsaharienne », op.cit., p. 302.

[59] C.A. Aguire et ali, « Taxation in subsaharian Africa », in IMF occasional paper, 8, 1981.

[60] M.Keen et J. E. Lightart (1999), « Coordination of tariff reduction and domestic tax reform», IMF Working Paper, number 99/93, International Monetary Found, Washington.

Douanière et Économique de l'Afrique de l'Ouest semble donner à son harmonisation fiscale[61], dans un espace où la plupart des pays ont une même monnaie, le franc CFA. C'est ce qui avait conduit les autorités politiques des pays de l'Afrique de l'Ouest à lancer, le 28 mai 1975, la communauté économique des Etats des l'Afrique de l'Ouest (CEDEAO). Huit pays francophones, (Bénin, Burkina Faso, Côte d'Ivoire, Guinée, Mali, Niger, Sénégal, Togo), cinq pays anglophones (Gambie, Ghana, Liberia, Nigéria, Sierra Leone), deux pays lusophones (Cap-Vert, Guinée-Bissau) ont alors choisi de se donner un destin commun à travers une organisation régionale : la CEDEAO précisément.

[61] J. Stiglitz, Un autre monde contre le fanatisme du marché, Paris, Fayard, 2006, p.92.

MAROC-MEXIQUE : LE COÛT FISCAL DU DÉSARMEMENT DOUANIER DE L'OMC ET LES ACCORDS DE LIBRE ECHANGE

Me Nicolas DUBOILLE[1]
Dr. Norma CABALLERO[2]

65- Depuis 1947 et le GATT, le monde est au désarmement douanier. L'accord de Marrakech, en 1994, a été en ce sens le sommet de ce mouvement de dérégulation douanière multilatéral. Il a même été institutionnalisé avec la création de l'OMC[3].

Sans doute dans ce nouveau cadre, le 9ème cycle de négociation commerciale mondiale, connu sous le nom de cycle de Doha, n'a avancé que modestement à Bali et à Genève en novembre en 2014. On sent que les Etats-Unis, de l'Atlantique au Pacifique, sont revenus au bilatéral.

De l'Afrique au continent américain, sans parler de l'Europe, les droits de douane, quelques pics tarifaires exceptés, sont et restent limités. Deux exemples : le Maroc et le Mexique l'illustrent.

Ainsi au Maroc, le processus d'ouverture de l'économie marocaine, impulsé depuis l'adhésion du pays à l'accord du GATT en 1987[4] et à l'OMC, s'est poursuivi à un rythme accéléré. Plusieurs étapes ont été franchies, dont celle de l'accord d'association avec l'Union européenne signé le 26 février 1995 et entré en vigueur le 1er mars

---

[1] Associé, Simmons & Simmons, Paris.
[2] Docteur en Droit Paris II, Avocate au Barreau de Bogota.
[3] Jean-Marc Siroën, L'OMC et la mondialisation des économies, Confédération française de l'encadrement, Paris, 1998. Surtout, Ricardo Basaldua, La OMC y la organización del comercio mundial, 2ème edition, Abeledo Perrot, Buenos Aires, 2013.
[4] Jean-Maurice Djossou, L'Afrique, le GATT et l'OMC entre territoires douaniers et régions commerciales, L'Harmattan, Paris, 2000, p. 90.

2000[5]. Cet accord a établi progressivement le libre échange des produits industriels, auxquels l'Union Européenne a déjà accordé le libre accès, tandis que le Maroc s'est engagé à opérer un démantèlement tarifaire sur une période de 10 ans à compter de mars 2003. En ce qui concerne les produits agricoles, de nouvelles concessions commerciales réciproques sont entrées en vigueur en janvier 2004.

Des négociations entre le Maroc et l'Union Européenne sont en cours pour la conclusion d'un accord de libre-échange complet et approfondi (ALECA) qui a pour principal objectif de renforcer considérablement l'intégration économique entre l'UE et le Maroc[6].

Il y a eu aussi, en 1995, l'accord-cadre avec les États-Unis sur le commerce et l'investissement, renforcé en 1998 par l'initiative Eizenstat[7]. Sous réserve de l'épine juridique dans le pied des provinces sahariennes du Royaume que la Cour de justice de l'Union et son arrêt du 15 décembre 2016 ne veut pas voir dans le champ territorial des accords d'association et de libéralisation.[8].

66- Un accord de libre-échange a été encore conclu avec Etats-Unis en 2004[9], permettant l'accès immédiat en franchise de droit pour 95 % des biens industriels et de consommation du Maroc. Cet accord, à vocation économique et commerciale, englobe, entre autres, le commerce des marchandises (produits agricoles et de la pêche, produits industriels dont les textiles et vêtements) et des services (dont les services financiers et de télécommunications) ainsi que les marchés publics. Il porte également sur les aspects liés à la protection de la propriété intellectuelle, à l'environnement et au travail.

De l'autre côté de l'Atlantique, le Mexique est le premier pays à avoir signé en 1997 un accord de partenariat économique, de coordination politique et de coopération avec l'UE[10]. Entré en vigueur

---

[5] Examens de l'OCDE des politiques d'investissement - Maroc, 2010, p. 67 et 68.

[6] Sur les négociations de l'ALECA (calendrier, projet, développements) cf. http://www.mce.gov.ma/accordscommerciaux/ue.asp (2014).

[7] Sur cette initiative, Jean-Marie Paugam, Une nouvelle rivalité transatlantique en Méditerranée ?, Revue politique étrangère, Vol. 69, No. 4, IFRI, Paris, 2004, p. 755.

[8] Sur ce contexte, cf. JC Martinez, Mohammed VI le Roi stabilisateur, JC Godefroy, Paris 2015.

[9] Centre d'études internationales, collectif, Une décennie de réformes au Maroc (1999-2009), éd. Karthala, Paris, 2010, p. 402.

[10] Conseil de l'Europe, Perspectives pour une nouvelle relation commerciale transatlantique, rapport, Assemblée parlementaire, session ordinaire, Vol. IV, documents 8711-8754, Strasbourg, 2000, p. 9.

en 2000, cet « accord global » couvre le dialogue politique, le commerce, et la coopération.

Il a instauré une zone de libre-échange UE-Mexique, entrée en vigueur en 2000 pour les marchandises et en 2001 pour les services[11].

S'ajoute la célèbre zone de libre-échange nord-américain (ALENA), dénommée N.A.F.T.A. en anglais (North American Trade Free Agreement) et T.L.C.A.N en espagnol (Tratado de Libre Comercio de América del Norte)[12].

67- Signé le 7 octobre de 1992 à San Antonio Texas, le traité qui l'a créée est entré en vigueur le 1er janvier 1994. Il avait prévu la libéralisation de 65 % des exportations industrielles et agricoles entre les trois pays en cinq ans et la totalité des échanges après quinze ans.

Le bilan douanier de ces accords est évidemment une baisse des protections douanières existantes. Compensée par des barrières non tarifaires que l'accord de Bali, de novembre 2014, a essayé de réduire[13].

Ces barrières non tarifaires sont variées. Il y a les quotas ou contingents d'importation qui limitent les quantités importées. Il y a ensuite les normes techniques, sanitaires et phytosanitaires, qui en principe doivent protéger le consommateur. Le Maroc et le Mexique ne font pas exception. Pour le premier, l'histogramme suivant illustre sur dix ans, de 2002 à 2013, les techniques discrètes de protection.

---

[11] Luis Xavier Grisanti, El nuevo interregionalismo transatlántico : La asociación estratégica Unión Europea-América Latina, BID, mars, Buenos Aires, 2004, p. 41 et s. Parlement européen, Fiches techniques sur l'Union européenne, édition 2014, Luxembourg, p. 570.

[12] Martine Azuelos, Jean-Michel Lacroix, L'intégration dans les Amériques, dix ans d'ALENA, Presses Sorbonne Nouvelle, Paris, 2004.

[13] Accord général sur le commerce des services, OMC, Bali, 2014. Les piliers de l'accord sont : 1. La facilitation des échanges commerciaux ; 2. L'aide aux pays moins développés ; 3. L'agriculture.
http://www.wto.org/french/thewto_f/minist_f/mc9_f/balipackage_f.htm (2014).

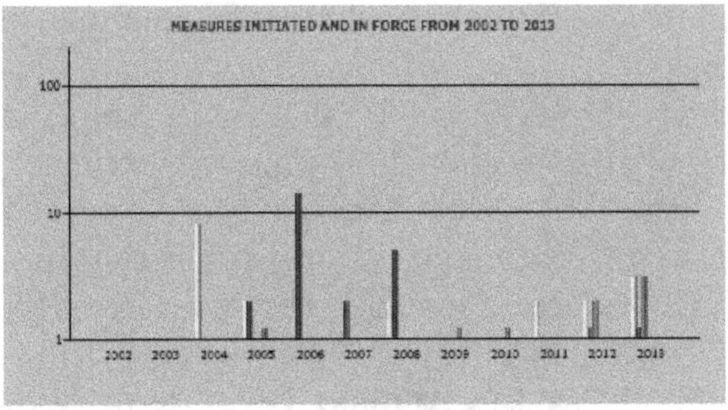

Mesures Techniques

Sanitaire et phytosanitaire

Obstacles techniques au commerce

Mesures de défense commerciale

Antidumping

*Source : OMC, http://i-tip.wto.org, 2014.

68- La même observation peut être faite pour le Mexique, sur les dix mêmes dernières années, où 69 obstacles techniques au commerce sont recensés par l'OMC, comme la prohibition de l'importation de riz usiné en Thaïlande ou les restrictions à l'importation de viande de bœuf d'Argentine. Plus évidemment des pics tarifaires.

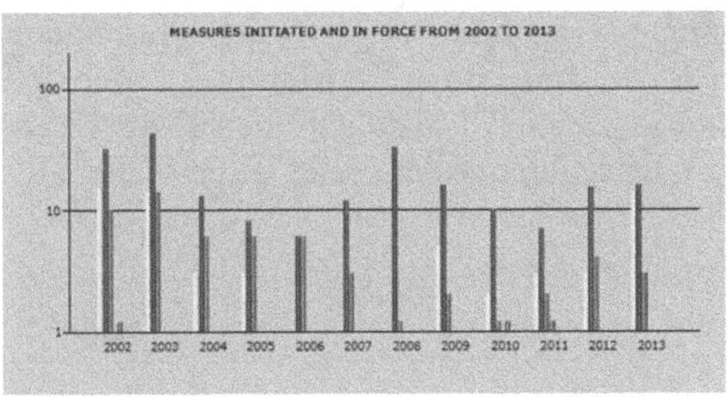

Mesures Techniques

Sanitaire et phytosanitaire

Obstacles techniques au commerce

Mesures de défense commerciale

Antidumping
Sauvegardes
Compensatoires

*Source : OMC, http://i-tip.wto.org, 2014.

- Pour le Maroc, on les voit dans le tableau ci-dessous où le sucre, produit de grande consommation nationale et des produits d'origine animale sont fortement protégés, selon un schéma classique de protection de l'identité agricole que l'on retrouve de la Corée du Sud à la Suisse, en passant par le Japon ou la Norvège[14].

---

[14] Sur ces exceptions douanières agri-culturelles, cf. JC Martinez, La faucille ou le Mc Do, Pour un nouvel ordre agroalimentaire planétaire, Lettres du Monde, Paris, 1995 ; JC. Martinez, La guerre agricole Europe- Etats-Unis, L'Harmattan, Paris, 2004.

Tarifs douaniers par groupe de produits au Maroc

Groupes de produits	Droits consolidés finals Moyenne	Exempt en %	Max.	Consolidation en %
Produits d'origine animale	94,5	0	289	100
Produits laitiers	76,7	0	87	100
Fruits, légumes, plantes	34,0	0	40	100
Café, thé	34,0	0	34	100
Céréales & autres préparations	59,4	0	195	100
Oléagineux, graisses & huiles	86,2	0	236	100
Sucres et confiseries	134,5	0	168	100
Boissons et tabacs	34,0	0	34	100
Coton	22,0	0	34	100
Autres produits agricoles	33,6	0	40	100
Pêche et produits de la pêche	39,6	0	40	100
Métaux & minéraux	39,4	0,2	45	100
Pétrole	40,0	0	40	100
Produits chimiques	39,0	0	45	100
Bois, papier, etc.	39,0	0	45	100
Textiles	41,8	0	45	100
Vêtements	40,2	0	45	100
Cuirs, chaussures, etc.	39,7	0	45	100
Machines non électriques	36,8	0	45	100
Machines électriques	37,8	0	45	100
Matériel de transport	38,7	0	45	100
Autres articles manufacturés, n.d.a.	39,2	0	45	100

Source : OMC, http://stat.wto.org, (2014)

69- Certains chiffres montrent bien la persistance de protections classiques en tous pays dès qu'il s'agit de la nourriture. On voit partout ce souci de la souveraineté alimentaire nationale, par exemple avec 200 % de droits sur les bovins ou 100 % sur le yaourt.

Produit	**Droit d'importation %**
Veaux	200
Vaches	200
Coqs et poules	70
Canards	70
Farine de blé dur	70
Yaourt	100

Source : http://www.douane.gov.ma (2014)

70- C'est pareil au Mexique, où même l'ALENA a dû prévoir un abandon progressif pour l'application du désarment aux produits agricoles. En l'espèce il s'agissait du maïs, symbole de 3000 ans de civilisation mexicaine, et de la protection des élevages.

Tarifs douaniers par groupe de produits au Maroc

Groupes de produits	Droits consolidés finals			
	Moyenne	Exempt en %	Max.	Consolidation en %
Produits d'origine animale	62,4	0	*254*	100
Produits laitiers	63,0	0	*156*	100
Fruits, légumes, plantes	37,5	0	*245*	100
Café, thé	64,6	0	*156*	100
Céréales & autres préparations	46,3	0	*194*	100
Oléagineux, graisses & huiles	44,4	2,1	*254*	100
Sucres et confiseries	119,4	0	*210*	100
Boissons et tabacs	42,6	0	68	100
Coton	39,4	0	45	100
Autres produits agricoles	28,3	1,2	45	100
Pêche et produits de la pêche	34,9	0	45	100
Métaux & minéraux	34,3	0,9	50	100
Pétrole	38,0	0	50	100
Produits chimiques	35,2	0,1	*156*	100
Bois, papier, etc.	34,1	0,8	50	100
Textiles	35,0	0	50	100
Vêtements	35,1	0	50	100
Cuirs, chaussures, etc.	34,7	0	50	100
Machines non électriques	35,1	0	50	100
Machines électriques	34,4	0	50	100
Matériel de transport	37,0	0	50	100
Autres articles manufacturés, n.d.a.	34,7	0	50	100

Source : OMC, http://stat.wto.org, (2014)

71- Les droits de plus de 119 % en moyenne sur les sucres et confiseries, et même de 150 % sur les poulets congelés illustrent cette constante protectrice.

Produit	**Droit d'importation %**
Sel pour la consommation humaine	0
Soufre	0
Phosphate	0
Cuir	0
Fromage frais	75
Blé pour semer	45
Malte	60
Poulet congelé	150

Source : Système informatique d'information sur les droits de douanes au Mexique, http://187.191.71.239/, (2014)

72- Mais ces exceptions écartées, la ligne est claire sur 20 ans et plus. Les droits de douane sont tombés et avec eux, la part que représentent les recettes douanières des budgets (I).

D'où la nécessite pour les Etats de compenser cette perte de recettes classiques. Ils l'ont fait en augmentant la fiscalité. C'est un mouvement de compensation connu sous le nom de transition fiscale (II).

I. LA BAISSE DES RECETTES DOUANIÈRES

Maintes fois le constat a été fait, au nord et au sud, sans qu'il y ait là de différence entre un « centre et une périphérie » qui avaient tant passionné dans les années 60 l'économiste égyptien Samir Amin[15]. Les droits de douane ont plus que baissé. Ils se sont effondrés.

Ainsi, les pays en voie de développement, pour reprendre le vieux concept d'avant « l'invention » des « émergents », où les recettes douanières ont représenté des décennies jusqu'au 2/3 des recettes budgétaires, se sont trouvés devant une hémorragie de ressources, consécutive aux politiques d'ouverture commerciale.

En Afrique par exemple, ces politiques ont été mises en œuvre dans le cadre de zones d'intégration régionale[16]et se poursuivent avec l'application des accords de partenariat avec l'Union européenne. L'ouverture commerciale entraîne la disparition en moyenne d'environ 30 % des recettes budgétaires des pays africains[17].

Ainsi, les recettes des taxes commerciales ont diminué en Afrique au cours de la dernière décennie, du fait de la libéralisation des échanges. La substitution de ces recettes en baisse est l'un des principaux défis posés aux pays africains déjà en proie à des déficits publics et à des besoins importants en matière de développement. En effet, les tarifs douaniers, qui sont probablement l'un des types de taxe les plus faciles à percevoir, représentent encore une part importante

---

[15] Samir Amin, Afrique pour un nouveau contrat de développement, L'Harmattan, Paris, 1999 ; Obsolescent capitalism, contemporary politics and global disorder, Zed books, New York, 2003.

[16] Mamadou Aliou Bah, La fiscalité des pays de la Communauté Economique des Etats de l'Afrique de l'Ouest (CEDEAO) face à la mondialisation, Thèse, Université Panthèon-Assas, Paris, 2013.

[17] Gerard Chambas, TVA et transition fiscale en Afrique : les nouveaux enjeux, *in* Afrique contemporaine, No. 215, p. 181.

des recettes publiques totales dans de nombreux pays d'Afrique, notamment ceux à faibles revenus.

73- Bien que la libéralisation des échanges figure sur la feuille de route de la plupart des blocs régionaux du continent africain et de l'Amérique du sud, sa mise en œuvre demeure extrêmement fragmentaire. Cette libéralisation affecte les recettes fiscales directement et indirectement. L'effet direct à court terme tient au fait que la baisse ou la suppression des tarifs douaniers entraîne une chute immédiate des recettes[18].

À plus long terme, cette libéralisation a un effet indirect lorsqu'elle déclenche un renforcement de la concurrence intérieure et une hausse des incitations à l'investissement qui provoquent à leur tour une poussée de la croissance économique. Les autres recettes fiscales peuvent soit progresser, soit reculer, en fonction de l'impact de la réforme commerciale sur la croissance. Baunsgaard et Keen[19] estiment que les sommes récupérées après la suppression des taxes commerciales dans les pays à faibles revenus (qui dépendent le plus des recettes de ce type de taxes) n'excèdent pas 30 % pour un dollar perdu.

Une étude du FMI, concernant les effets de la libéralisation sur les recettes douanières de 125 pays, a montré dans les deux dernières décennies une perte de 2 % du PIB[20].

La libéralisation commerciale comme déterminant de la mobilisation des recettes fiscales quant à elle a été rarement testée. Mais depuis le début des années 90, une attention particulière est accordée dans la littérature économique à l'étude sur les relations entre libéralisation commerciale et finances publiques[21]. La plupart des analyses montrent un impact négatif de la libéralisation commerciale sur la mobilisation de recettes fiscales des pays en voie de développement. Cependant la libéralisation accrue doit être

---

[18] Longoni démontre qu'il existe une relation inverse entre ouverture au commerce international et les recettes provenant des taxes commerciales. Enrico Longoni, Trade liberalization and trade tax revenues in African countries, Working paper series, Deparment of economics, University of Milan, No. 158, Milan, 2009.

[19] Thomas *Baunsgaard*, Michael *Keen,* Tax revenue and (or?) trade liberalization, Journal of Public Economics, Elsevier, vol. 94(9-10), pages 563-577.

[20] FMI, Integrating poor countries into the world trading system, Economic Issues, No. 37, Washington D.C., 2006, p. 9.

[21] Blejer et Cheasty (1990), Mitra (1992), Devarajan et Panagariya (1994), Ebril (1999), Busse (2004), Agbeyergbe (2004), Baunsgaard (2005).

synchronisée à dessein dès sa conception avec une réforme de la fiscalité intérieure afin de réduire les pertes des recettes fiscales.

La libéralisation entraîne donc une perte nette de recettes fiscales. On peut l'illustrer en deux exemples, au Maroc (A) et au Mexique (B).

A. L'illustration de la baisse des rentrées douanières au Maroc

74- Au début des années 1980, afin de pallier les graves déséquilibres macroéconomiques consécutifs à une politique économique fondée sur une intervention extensive de l'Etat, le Maroc s'est engagé dans une politique de stabilisation. Elle a permis un assainissement du cadre macroéconomique. S'appuyant sur les résultats obtenus, à partir des années quatre-vingt-dix, un vaste programme de réformes économiques a été mis en place[22].

Une de ces réformes les plus importantes a porté sur la politique commerciale. Le Maroc a marqué son choix en faveur de l'ouverture en signant des accords de libre-échange avec l'Union européenne, les Etats-Unis, la Turquie, Agadir[23]. D'un point de vue budgétaire, ce choix a entraîné le choc classique de l'effondrement des recettes douanières, ne représentant plus en 2013 que 7,6 % du total des recettes budgétaires.

En milliards et en pourcentage, les histogrammes illustrent le phénomène bien connu en tous pays. Nous pouvons le retrouver dans l'Union européenne elle-même, où la recette douanière, pour alimenter un budget de 142 milliards d'euros, ne produit plus que 13 milliards[24] d'euros.

[22] Jean-François Brun, Gérard Chambas, Martial Laurent, Economie politique de la réforme de transition fiscale : le cas du Maroc, CERDI, Paris, 2007.

[23] L'accord d'Agadir est un accord de libre-échange entre l'Egypte, la Jordanie, le Maroc et la Tunisie.

[24] Cadre financier et pluriannuel 2014-2020 et budget 2014 de l'UE, Commission européenne, Direction générale du budget, 2014.

1°) L'observation de la baisse douanière en milliards de DH

Evolution des recettes correspondant aux Droits des douanes au Maroc 2003-2013 en milliards de DH

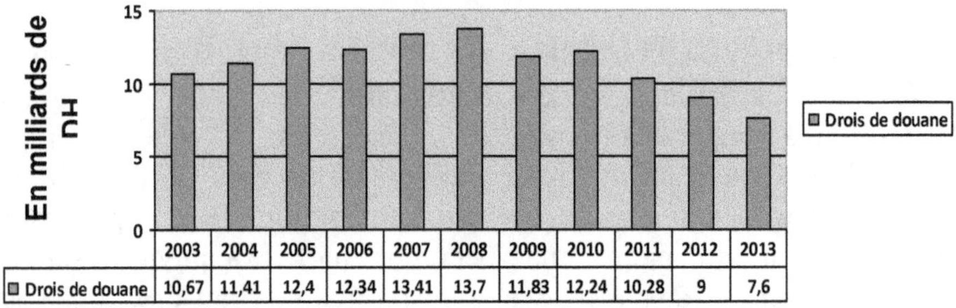

	2003	2004	2005	2006	2007	2008	2009	2010	2011	2012	2013
Drois de douane	10,67	11,41	12,4	12,34	13,41	13,7	11,83	12,24	10,28	9	7,6

Source : Histogramme élaboré à partir des données du Rapport économique et financier (2003 à 2014) Ministère de l'Economie et des Finances du Maroc.

*Hors TVA des collectivités locales

Les recettes au titre des droits de douane ont représenté 9,2 % des recettes fiscales, en moyenne sur la période 2005-2013, contre 14,2 % entre 2001 et 2004. Ce recul s'explique par les effets de démantèlement tarifaires, entrepris dans le cadre des accords de libre-échange, conclus avec différents pays.

Manque à gagner au titre des droits à l'importation découlant de différents accords de libre-échange

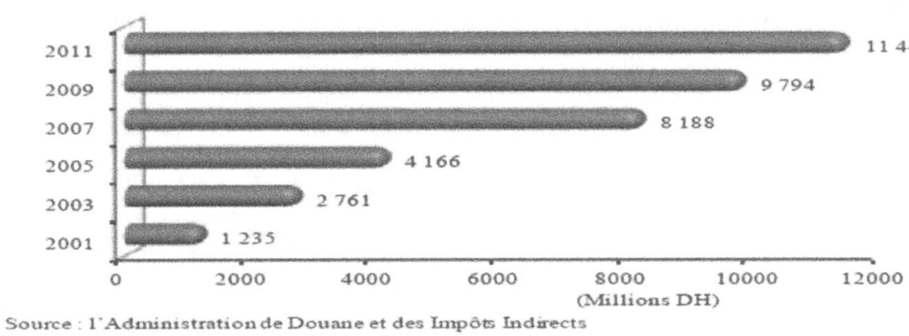

Source : Projet loi des finances 2013, p. 83.

Par ailleurs, l'ouverture progressive de l'économie marocaine a été menée en parallèle avec la mise en place de réformes afférentes au tarif douanier, l'objectif était de relever le défi de ce choix stratégique et surtout de compenser les pertes douanières qui en découlent. Par exemple, au titre de l'année 2011, le démantèlement tarifaire s'est traduit par une moins-value de 11,4 milliards de DH contre 1,2 milliard en 2001, soit une progression moyenne annuelle de 25 %. Par catégorie d'accords, 69 % de ce manque à gagner provient de l'ALE avec l'UE et 19,2 % de l'accord d'Agadir[25].

2°) L'observation de la baisse douanière en pourcentage du total des recettes budgétaires

Sous cette forme, l'illustration du phénomène est plus saisissante. Sur les dix dernières années, la baisse de ce qui restait de recettes douanières, a été encore de l'ordre de plus de 50 %.

Evolution des droits des douanes en % des recettes du budget (2002-2013)

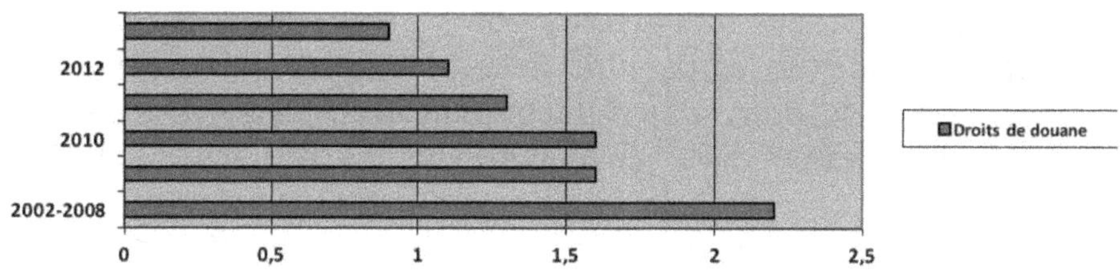

Source : Histogramme élaboré à partir des données du Rapport économique et financier (2003 à 2014) Ministère de l'Economie et des Finances du Maroc.

Les mêmes observations sont faites pour le Mexique, comme on pourrait les faire d'ailleurs pour tout pays africain, latino américain, ou n'importe quel autre continent. Par exemple au Togo, la baisse des recettes douanières a été de 31,6 % en 2014[26].

On est bien là en face d'un phénomène planétaire, puisqu'il ne fait que refléter la mondialisation économique où se trouve sa cause.

B. L'illustration de la baisse des rentrées douanières au Mexique

75- L'ouverture de l'économie mexicaine sur l'extérieur correspond à un mouvement de concentration des échanges externes

---

[25] Rapport économique et financier 2013. Ministère de l'Economie et des Finances du Maroc.

[26] Communiqué de presse de l'Office Togolais des Recettes (OTR), 16 octobre 2014. Sur la baisse des recettes douanières en Afrique cf. Banque de France, rapport, La mobilisation fiscale dans le pays de la zone franc : principaux enseignements sur longue période, 2011.

du pays sur l'Amérique du Nord et surtout sur les États-Unis, le commerce avec le Canada étant restreint.

En 1982, plus de la moitié des échanges externes se faisaient déjà avec les États-Unis, avec une proportion plus élevée (60 %) pour les importations. La part de l'Europe dans les exportations mexicaines était alors de 22 %, celle de l'Asie et des pays d'Amérique latine d'environ 8 %.

En 1992, la participation relative de ces trois zones géographiques s'est réduite, la recomposition étant plus accentuée en ce qui concerne les exportations, dont plus de 80 % se font actuellement vers les États-Unis tandis que les parts respectives de l'Europe, de l'Asie et de l'Amérique latine dans les exportations totales sont tombées à 7 %, 2,5 % et 6 %.

Ainsi les années 90 au Mexique ont été une période de profonds changements caractérisée par une forte libéralisation économique et financière, avec le processus d'intégration avec les Etats-Unis et le Canada[27]. En conséquence, cela a affecté les recettes douanières, moins d'ailleurs en masse de rentrées mesurées en pesos (1°) qu'en proportion par rapport aux recettes budgétaires totales (2°).

1°) L'observation de fluctuations du produit douanier en millions de pesos

Le graphique ci-dessous illustre des variations des rentrées constamment à la baisse.

Evolution des recettes douanières au Mexique 2003-2013 (En milliards de pesos MX)

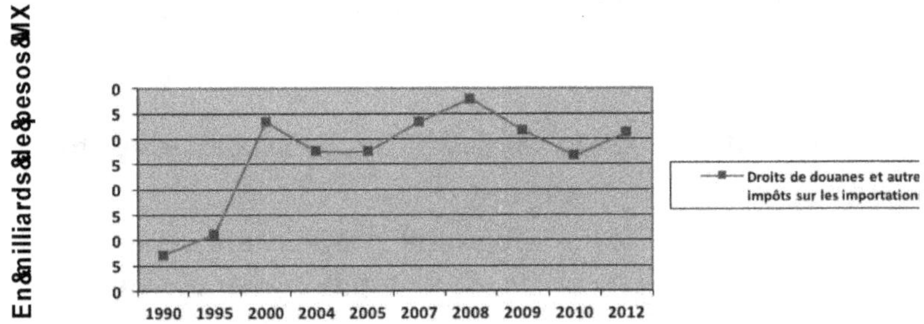

**Droits de douanes et autres impôts à l'importation

Source : Elaboré à partir des données du Revenu Statistics in Latin America (1990-2010) OECD, ECLAC, p. 101 à 103.

---

[27] Klaehn, Janette, Brigit Helms & Rani Deshpande, Mexico, Country-Level, Savings Assessment, rapport, Banque Mondiale, 2005.

Au début des années 90 les recettes douanières sont arrivées à leur niveau le plus bas avec 7 milliards de pesos, en 1995 elles se sont situées à 11,14 milliards. La moyenne des recettes entre 2000 et 2012 a été de 31,11 milliards de pesos.

Là encore, si la baisse des recettes douanières n'est pas manifeste en milliards, elle est autrement plus visible en % du PIB.

2°) L'observation de la baisse du produit douanier en pourcentage du PIB

L'histogramme suivant est saisissant du mouvement d'effondrement de la part douanière.

Evolution des recettes douanières au Mexique 2003-2013 en % du budget

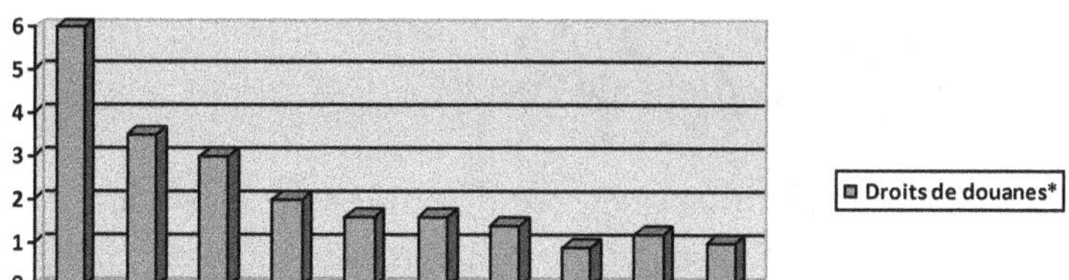

	1990	1995	2000	2004	2005	2007	2008	2009	2010	2012
Droits de douanes*	6	3,5	3	2	1,6	1,6	1,4	0,89	1,2	1

**Droits de douanes et autres impôts à l'importation

Source : Histogramme élaboré à partir des données du Revenu Statistics in Latin America (1990-2010) OECD, ECLAC, p. 101 à 103.

En 1990 les recettes correspondantes aux droits des douanes représentaient 6 % du budget, pour atteindre leur niveau le plus bas en 2009 avec 0,89 % et remonter en 2012 à 1 %.

Ainsi, le débat théorique sur la relation entre libéralisation commerciale et mobilisation des recettes fiscales, dans les pays en voie de développement, s'insère dans un débat plus large. Celui des liens entre libéralisation commerciale et finances publiques.

En effet, la réduction ou la suppression des droits et des taxes assis sur le commerce extérieur, qui constituent une source importante de revenus, surtout pour les Etats à revenu faible, n'est pas sans conséquence. Elle a des répercussions directes à court terme et indirectes à long terme sur les finances publiques. Pour les compenser, ces Etats ont dû se reporter sur d'autres assiettes à imposer. C'est toute la transition fiscale des années 80 à aujourd'hui.

II. LA COMPENSATION PAR L'AUGMENTATION DES RECETTES FISCALES : LA TRANSITION FISCALE

76- Pour adapter la formule classique de Gaston Jèze, « il y a des pertes de recettes, il faut les compenser »... Comment ? En imposant d'autres assiettes. Or comme il n'en existe pour l'essentiel que deux, la consommation et le revenu, des personnes physiques et de personnes morales, les pertes des recettes douanières ont été compensées partout par la triple fiscalité de la TVA, de l'impôt sur le revenu et de l'impôt sur les sociétés.

C'est le trépied fiscal aujourd'hui tellement généralisé que s'est dessiné un village "fiscal planétaire"[28]. A la fois d'ailleurs sous l'effet de la nécessité budgétaire et sous l'effet d'un mimétisme fiscal qui amène les Etats à reproduire en cascade le même modèle fiscal[29].

La transition fiscale[30] c'est cela. Les Etats compensent par un supplément de fiscalité interne, surtout sur la consommation, par la TVA, ce qu'ils perdent de recettes douanières sur les contribuables externes[31].

Mais, la mobilisation de la charge fiscale a entraîné une uniformisation de la structure fiscale du monde. Si les Etats gardent une forte « identité constitutionnelle »[32], leur identité fiscale se perd. C'est un autre constat qui amène à s'interroger sur la transition fiscale. De sa simple observation (A), on passe à sa discussion (B).

---

[28] Sur ce phénomène, cf. JC Martinez, Droit fiscal contemporain, Litec, Paris, 1985, tome 1.

[29] Sur ce phénomène du mimétisme fiscal, cf. Paul Sekat, Le mimétisme fiscal en Afrique, Thèse, Université Panthéon Assas, Paris, 2006. Athanase Matenda Kyelu, L'introduction de la TVA en République Démocratique du Congo, thèse, Université Paris II, 2013, p. 186 et suivants. Aussi, Alan Watson, Legal transplants. An Approach to comparative law, 1974, Athens –London, University of Georgia, 1993. Pierre Legrand, The Impossibility of legal transplants, Maastricht, Journal of european and comparative law, 1974, 4, p. 111 et suivantes.

[30] Gerard Chambas, TVA et transition fiscale en Afrique : les nouveaux enjeux, *in* Afrique contemporaine, No. 215, éd. De Boeck Supérieur, mars 2005, p. 181 à 194.

[31] Michael Keen et Alejandro Simone, Tax policity in developing countries: some lessons from the 90s and some challenges ahead, *in* Helping countries develop, The role of fiscal policy, FMI, 2004, p. 302 à 352.

[32] Sur ce concept, d'identité constitutionnelle, cf. La Revue Générale de droit international public, RGDIP, Vol. 118, No. 3, 2014.

A. L'observation de la transition fiscale

Pour déterminer l'impact de la libéralisation commerciale sur les recettes fiscales des pays comme le Maroc et le Mexique, nous avons utilisé des données de séries chronologiques de 2000 à 2013. Comme indicateur pour déterminer le niveau de mobilisation des recettes fiscales des pays nous avons utilisé l'évolution des recettes en pourcentage du PIB et du budget, et le montant des recettes correspondant aux droits de douanes pendant la période citée.

1°) L'observation de la transition au Maroc

La transition fiscale marocaine s'est effectuée initialement de manière atypique à travers une forte progression de la contribution de l'impôt sur les sociétés et non de la TVA. La progression du produit de l'impôt sur les sociétés a été facilitée par l'existence de grandes entreprises et a reposé sur une politique active de contrôle de l'administration fiscale. Son principal inconvénient a été la concentration sur un petit nombre d'entreprises, cela est sensible à la conjoncture économique.

Parmi les raisons de cette transition fiscale, fondée sur la fiscalité directe, figure en premier lieu l'inadaptation de la TVA au Maroc.

a) L'observation de la transition fiscale sur la TVA[33]

Le Maroc a adopté depuis 1986 une TVA, mais cet impôt d'une grande complexité (quatre taux plus le taux zéro) est caractérisé par une assiette étroite (une grande part des consommations finales, notamment l'ensemble des produits de base sont exclues d'assiette).

En raison des contraintes passant sur la fiscalité directe en Afrique, la fiscalité indirecte et tout particulièrement la TVA apparaît comme l'instrument central pour réussir la transition.

1. L'observation en milliards de DH

L'histogramme ci-dessous est on ne peut plus clair de la montée en puissance de la recette TVA.

---

[33] Sur tous ces points, cf. Athanase Kyelu Matenda, L'introduction de la TVA en RDC, contribution à une théorie critique de la décision fiscale, thèse, Université Paris II.

Evolution des recettes TVA au Maroc (2003-2013) en milliards de DH

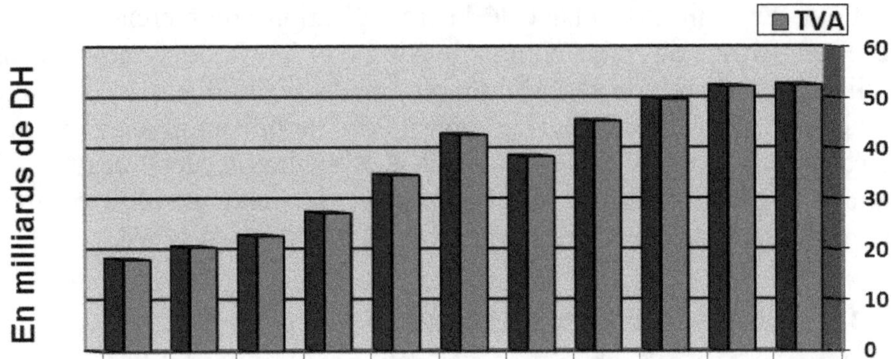

	2003	2004	2005	2006	2007	2008	2009	2010	2011	2012	2013
TVA	18,2	20,61	22,82	27,36	34,81	42,86	38,55	45,63	49,92	52,35	52,68

Source : Histogramme fait à partir des données du rapport économique et financier des années 2003 à 2014, Ministère de l'Economie et des Finances du Maroc.

*Hors TVA des collectivités locales

Les recettes correspondantes à la TVA depuis 2003 ont augmenté progressivement. Ainsi, en 2003 elles étaient de 18,2 milliards de DH, en revanche, en 2013 elles sont de 52,68 milliards de DH. La moyenne se situe à 36,89 milliards de DH.

2. L'observation en pourcentage du PIB

Là encore, l'évolution de la part croissante de la TVA s'illustre.

Evolution des recettes fiscales provenant de la TVA au Maroc (2003-2013) en % du PIB

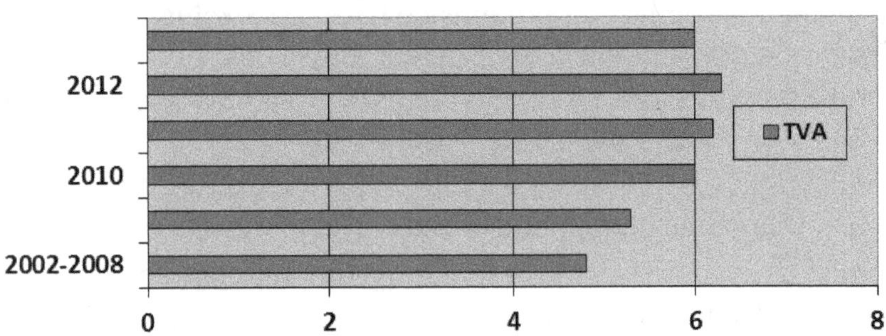

	2002-2008	2009	2010	2011	2012	2013
TVA	4,8	5,3	6	6,2	6,3	6

Source : Ministère de l'Economie et des Finances du Maroc, Rapport économique et financier des années pour 2015.

*Hors TVA des collectivités locales

Les recettes fiscales pendant la période 2002-2006 en pourcentage du PIB au Maroc sont en moyenne de 5,7 %.

En raison de l'ampleur des exonérations et de sa complexité, le système de la TVA marocaine n'est pas en mesure de mobiliser à moyen terme des ressources supplémentaires à hauteur des besoins de la transition fiscale. De plus, le système de TVA actuellement appliqué au Maroc, caractérisé par de larges exonérations, la multiplicité des taux, entraîne de fortes distorsions économiques incompatibles avec l'ouverture de l'économie et exerce des effets incertains en matière d'équité[34].

Mais le Maroc s'est engagé depuis 2004 dans une réforme radicale de la TVA, qui a vocation à constituer le pivot de la transition fiscale pour les prochaines années. Ce programme de réforme a été soutenu par l'Union européenne, et le FMI. Il a été conclu en 2007, avec les principaux partenaires extérieurs impliqués dans la réforme de transition fiscale.

La réforme de la TVA au Maroc vise à réussir pleinement la transition fiscale.

3. Le cas spécifique de 2015 sur le thé :la modification de la quotité du droit d'importation applicable au thé

77- L'importation du thé au Maroc, est soumise, en sus de la TVA à l'importation de 14 % et la taxe parafiscale à l'importation de 0,25 %, au droit d'importation au taux de 40 % pour le thé présenté en emballages immédiats d'un contenu inférieur à 3 kg (thé conditionné) ; et de 32,5 % et 25 % pour le thé présenté autrement (thé en vrac).

La loi de finances 2015 proposait de réduire le droit d'importation applicable au thé conditionné de 40 % à 32,5 %.

Des recettes douanières vont donc être perdues. Comme par hasard, parallèlement à cette réduction douanière, le taux de la TVA applicable au thé passait de 14 % à 20 %.

Voilà un exemple de transition fiscale du droit de douane vers la TVA.

---

[34] *Op.cit.* Jean-François Brun, Gérard Chambas, Martial Laurent, Economie politique de la réforme de transition fiscale : le cas du Maroc, p. 5.

b) L'observation de la transition fiscale sur l'Impôt sur les sociétés

78- La transition fiscale s'est faite aussi sur l'impôt frappant les sociétés. Cela s'observe toujours avec les deux indices des recettes d'IS en milliards de DH et de la proportion de ces recettes en pourcentage du PIB.

1. L'observation en milliards de DH

Le graphique que l'on voit est parlant avec une multiplication par trois des rentrées.

Evolution de recettes correspondantes à l'IS au Maroc (2003-2013) en milliards de DH

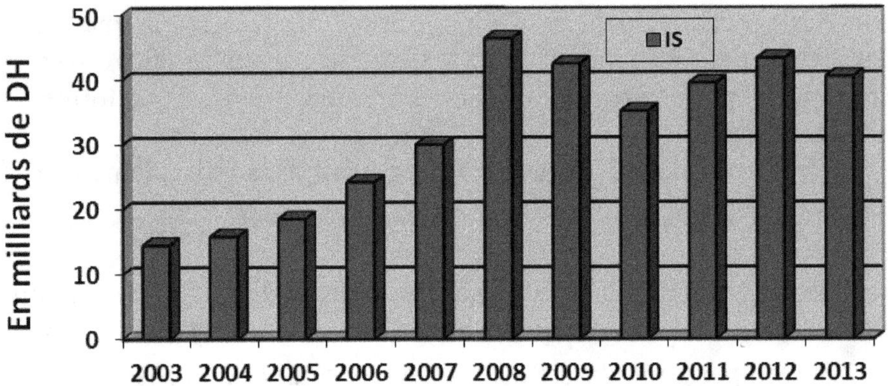

Source : Ministère de l'Economie et des Finances du Maroc, Rapport économique et financier des années 2003 à 2014.

*Hors TVA des collectivités locales

L'augmentation des recettes provenant de l'IS a été une constante. Ainsi en 2003 elles correspondaient à 14,53 milliards de DH. En 2005 à 18,56 milliards de DH, en 2007 30 milliards de DH, en 2009 43 milliards de DH et en 2011 39,3 et finalement en 2013 40,41 milliards de DH.

2. L'observation en pourcentage du PIB

Les recettes correspondantes à l'IS au Maroc, en pourcentage du PIB pendant la période de 2003-2013, ont été en moyenne de 5 %.

c) L'observation de la transition fiscale sur l'Impôt sur le revenu

79- Sur dix ans, les recettes d'impôt sur le revenu augmentent de plus de 10 milliards de DH. L'histogramme ci-dessous permet de visualiser l'augmentation (1), même si en point de PIB, le sens de l'évolution est moins marqué (2).

1. L'observation en milliards de DH

Evolution de recettes d'impôt sur le revenu au Maroc (2003-2013) en milliards de DH

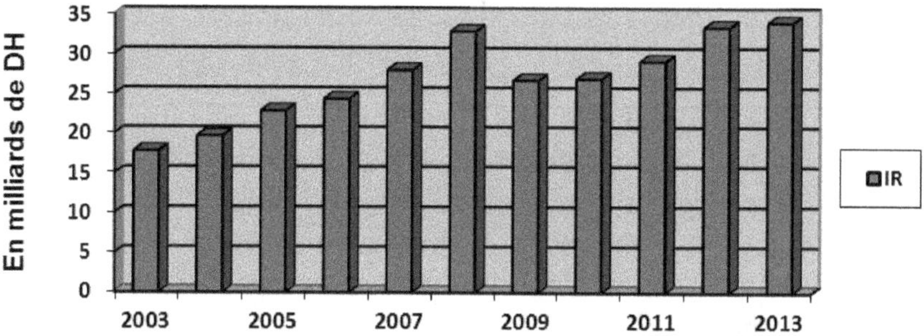

Source : Ministère de l'Economie et des Finances du Maroc, Rapport économique et financier des années 2003 à 2014.

L'augmentation des recettes provenant de l'IR au Maroc, pendant la période 2003-2013, a été de 16,22 milliards de DH. En 2008, les recettes ont même été de 33 Mds avant de redescendre à 27 milliards de DH.

2. L'observation en pourcentage du PIB

Ayant une base *ratione personae* forcément limitée, du fait de la sociologie du pays l'évolution des recettes d'impôt sur le revenu, en pourcentage du PIB, est moins saisissante.

Evolution de recettes de l'impôt sur le revenu au Maroc (2003-2013) en % du PIB

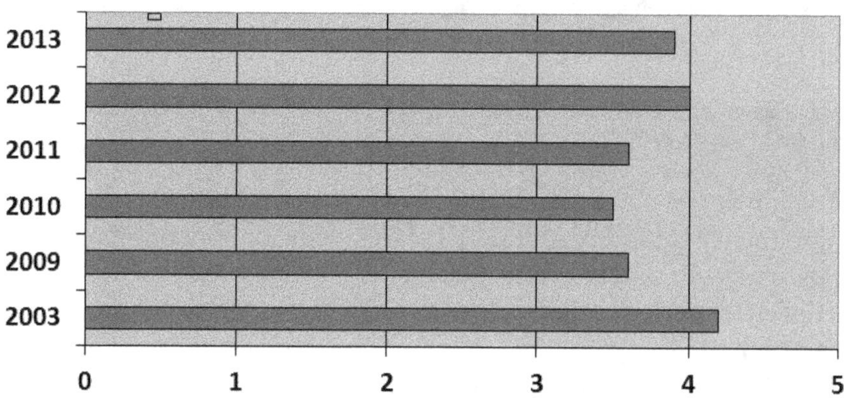

Source : Ministère de l'Economie et des Finances du Maroc, Rapport économique et financier des années 2003 à 2014.

Après des recettes représentant, pour la période 2003-2008, 4,2 % du PIB, les rentrées d'impôt sur le revenu se sont affaissées à moins des 4 %, avant de recommencer à croître en 2011.

Ces informations s'ajoutant à celles tirées de la progression des recettes de la TVA et de l'impôt sur les sociétés, il suffit de les mettre en parallèle avec la baisse du produit des droits de douane, pour voir se dessiner la compensation qui signe la transition.

d) La synthèse du phénomène

La baisse des recettes douanières a été compensée par un triple transfert de la charge sur les trois impôts analysés : TVA, impôt sur le revenu et impôt sur les sociétés.

Le graphique ci-dessous fait la synthèse de ces différents transferts sur une décennie.

Evolution des recettes fiscales au Maroc en % du total des rentrées 2001-2013

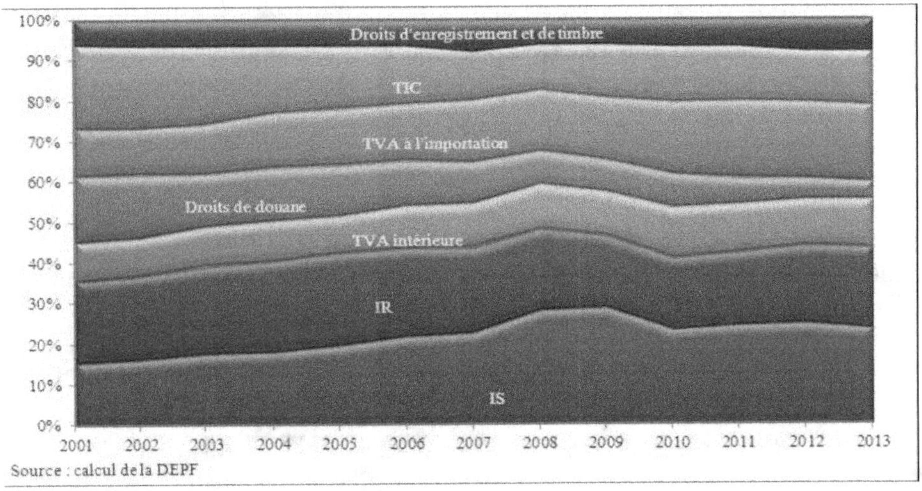

Source : Rapport économique et financier, Loi des finances 2015, Ministère de l'Economie et des Finances Maroc, p. 98.

L'analyse de la structure des recettes fiscales fait ressortir la prédominance de la TVA et de l'IS. Ces deux impôts ont gagné 9 et 8 points, respectivement, entre 2001 et 2013 dans les recettes fiscales. Ils ont constitué, respectivement, 30,1 % et 23,1 % des recettes fiscales en 2013.

Cette tendance s'explique, en matière d'IS, par l'effort d'élargissement de la base imposable à travers certaines mesures telles que la suppression des abattements sur les plus-values de cession d'actifs immobilisés et des provisions réglementées.

S'agissant de la TVA, l'amélioration de sa part dans les recettes fiscales s'explique par l'impact de la réforme engagée depuis 2005 amenant simplification et élargissement de sa base taxable, notamment à travers l'extension du champ d'application, la suppression de certaines exonérations et le relèvement des taux de certains produits. Par ailleurs, la prédominance de la TVA à l'importation par rapport à la TVA intérieure s'est renforcée pour représenter plus de 61,6 % des recettes totales de la TVA réalisées en 2013, après 55 % en 2001.

Pour l'essentiel, des observations comparables peuvent être faites dans différents pays, dont le Mexique retenu ici.

2°) L'observation de la transition fiscale au Mexique

Même si le Mexique fait partie de l'OCDE depuis 1994, il n'a pas échappé au phénomène de la transition fiscale.

a) L'observation de la transition fiscale sur la TVA

L'augmentation des recettes provenant de la TVA au Mexique est surprenante. Même si en pourcentage du PIB il n'est pas très visible.

1. L'observation en millions de pesos MXN

Evolution de recettes correspondantes à la TVA au Mexique (1990-2012) en milliards de pesos MX

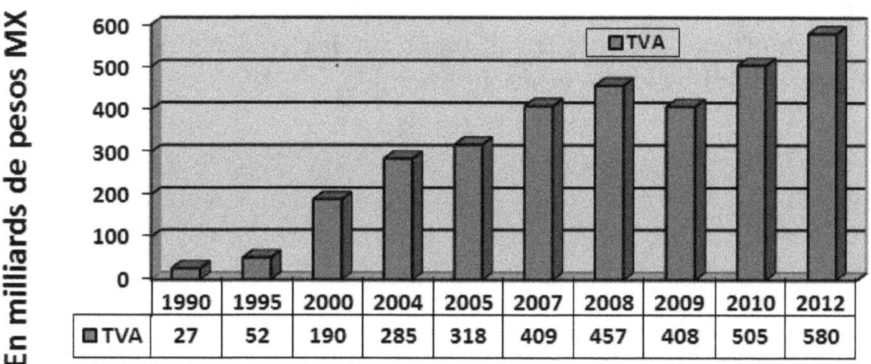

	1990	1995	2000	2004	2005	2007	2008	2009	2010	2012
TVA	27	52	190	285	318	409	457	408	505	580

Source : Histogramme élaboré à partir des données du Revenu Statistics in Latin America (1990-2010) OECD, ECLAC, p. 101 à 103.

Les recettes correspondantes à la TVA depuis 1990 ont augmenté progressivement. Ainsi en 1990 elles étaient seulement de 27 milliards de pesos en revanche en 2012 elles ont été de 580 milliards de pesos.

2. L'observation en pourcentage du PIB

Evolution de recettes correspondantes à la TVA au Mexique (1990-2012) en % du PIB

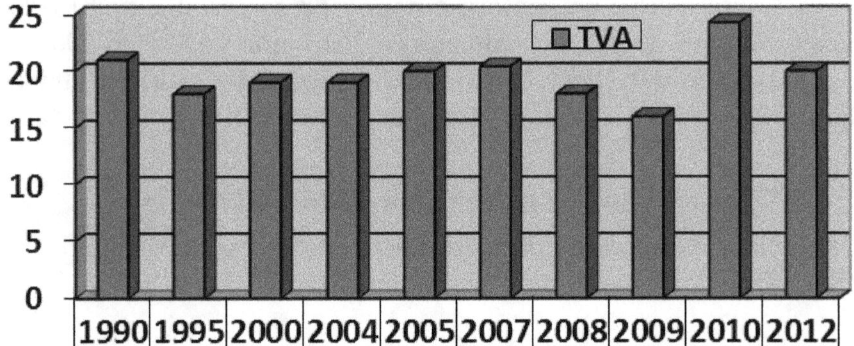

	1990	1995	2000	2004	2005	2007	2008	2009	2010	2012
TVA	21	18	19	19	20	20,4	18	16	24,3	20

Source : Histogramme élaboré à partir des données du Revenu Statistics in Latin America (1990-2012) OECD, ECLAC.

Les recettes correspondantes à la TVA au Mexique, en pourcentage du PIB pendant la période de 1990-2012, ont été en moyenne de 20 %.

b) L'observation de la transition fiscale sur l'impôt sur les sociétés

Sur huit ans, les recettes d'impôt sur les sociétés augmentent de plus de 100 milliards de pesos au Mexique.

1. L'observation en milliards de pesos MXN

Evolution des recettes correspondantes à l'Impôt sur les sociétés au Mexique (2004-2012) en milliards de pesos MX

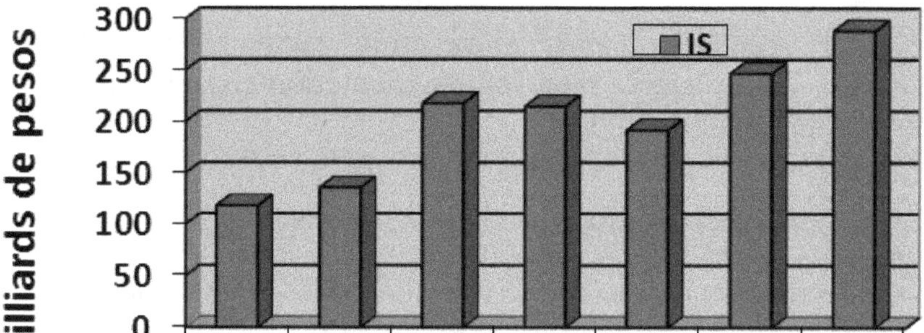

	2004	2005	2007	2008	2009	2010	2012
IS	118	136	218	215	192	247	288

Source : Histogramme élaboré à partir des données du Revenu Statistics in Latin America (1990-2012) OECD, ECLAC.

A partir des années 2000, les recettes de l'IS ont augmenté progressivement. En 2004 elles correspondaient à 118 milliards de pesos, en 2012 à 288 milliards. Il y a eu une baisse notable en 2009 à cause de la crise économique mondiale et la forte dépendance de l'économie américaine.

2. L'observation en pourcentage du PIB

Evolution des recettes correspondantes à l'Impôt sur les sociétés au Mexique (2004-2012) en % du PIB

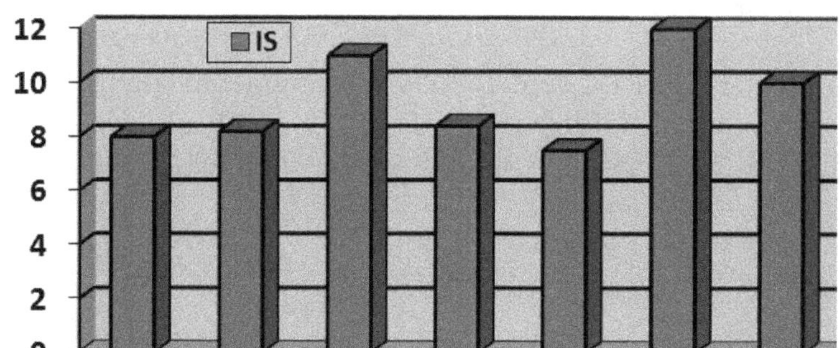

	2004	2005	2007	2008	2009	2010	2012
IS	8	8,2	11	8,4	7,5	12	10

Source : Elaboré à partir des données du Revenu Statistics in Latin America (1990-2012) OECD, ECLAC.

Les recettes fiscales correspondant à l'IS pendant la période 2004-2012 en pourcentage du PIB au Mexique sont en moyenne de 9,3 %.

c) L'observation de la transition fiscale sur l'Impôt sur le revenu

L'impôt sur le revenu au Mexique est la deuxième recette fiscale en importance. On l'observe bien son augmentation en milliards de pesos (1) et en pourcentage du PIB (2).

1. L'observation en milliards de pesos MXN

Evolution des recettes correspondantes à l'Impôt sur le revenu au Mexique (2004-2012) en milliards de pesos MX

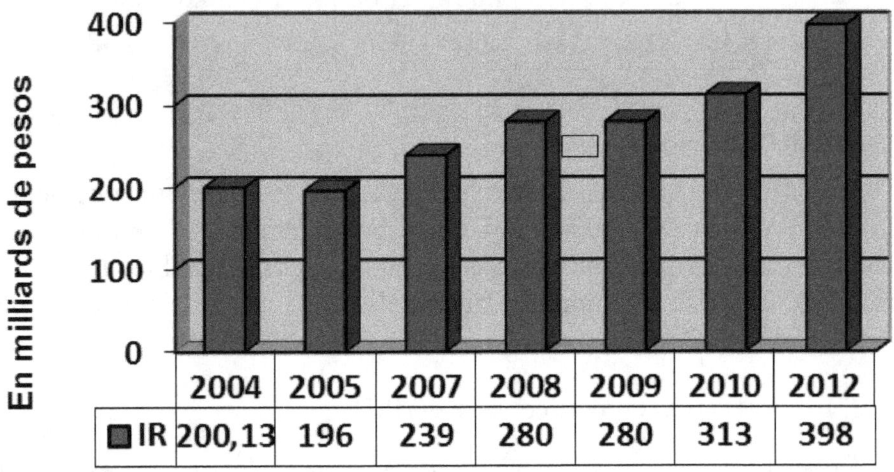

Source : Histogramme élaboré à partir des données du Revenu Statistics in Latin America (1990-2012) OECD, ECLAC.

Les recettes de l'IR depuis 2004 ont augmenté graduellement. En 2004, elles étaient de 200 milliards, en 2012 elles correspondaient à 398 milliards de pesos, c'est-à-dire presque le double en huit ans.

2. L'observation en pourcentage du PIB

Evolution des recettes correspondantes à l'Impôt sur le revenu au Mexique (2004-2012) en % du PIB

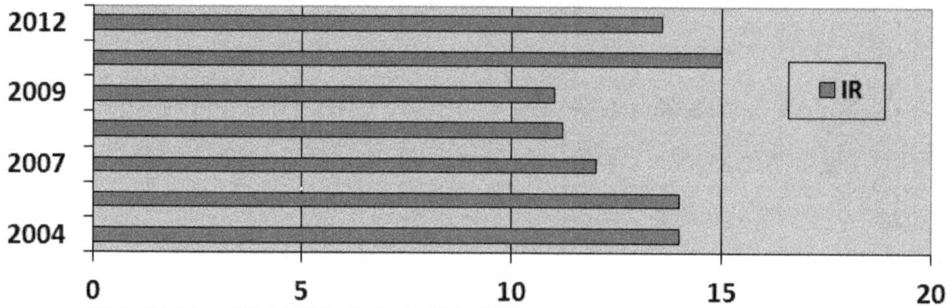

	2004	2005	2007	2008	2009	2010	2012
IR	14	14	12	11,2	11	15	13,6

Source : Elaboré à partir des données du Revenu Statistics in Latin America (1990-2012) OECD, ECLAC.

Pour la période 2004-2012, les rentrées de l'impôt sur le revenu représentent 13 % du PIB.

Il suffit de comparer la progression des recettes TVA, IS et IR et les droits de douane, pour voir se confirmer, encore une fois, la transition fiscale au Mexique.

d) La synthèse du phénomène

Le graphique ci- dessous fait la synthèse des différents transferts de recettes sur deux décennies.

Les recettes fiscales au Mexique (TVA, IS, IR, DD)
1990-2012 en millions de pesos MX

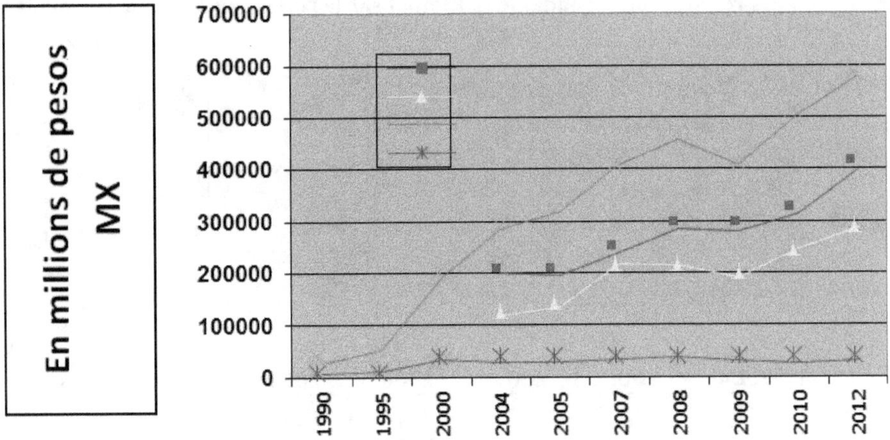

*Droits de douanes et autres impôts aux importations

Source : Elaboré à partir des données du Revenu Statistics in Latin America (1990-2010) OECD, ECLAC, p. 101 à 103.

Au Mexique, de 1990 à 2012, on voit le produit des droits de douane passer de 69 98 à 31 161 millions de pesos, les recettes TVA s'accroître de 26 635 à 579 988 millions de pesos, et les recettes de l'IS aller de 118 325 à 288 360 millions de pesos de 2004 à 2012. Les recettes de l'IR passent de 200 138 à 397 701 millions de pesos pendant la même période.

On a vu que les, pays, comme le Mexique ou le Maroc, sont engagés dans des politiques de libéralisation commerciale. Afin de préserver voire de renforcer leur niveau de ressources publiques, ces pays ont mis en place des politiques de transition fiscale qui ont pour objectif de substituer des ressources de fiscalité interne à des recettes tarifaires en baisse en raison des politiques de libéralisation.

Dans les années quatre-vingt, un effort sans précédent d'adaptation des systèmes fiscaux et des modes d'administration a été engagé[35]. Des auteurs comme R.M Bird, M. Casanegra de Jantscher (1992), Bird (2003 et 2004) ont insisté sur la nécessité de tenir compte du contexte spécifique des pays en développement et des contraintes administratives, d'où la nécessité sur une discussion de la transition fiscale.

[35] Gérard Chamabas, Afrique au Sud du Sahara, quelle stratégie de transition fiscale ? CERDI, Paris, 2005.

B. La discussion de la transition fiscale

80- Il y a transition fiscale c'est évident. Mais l'évidence du constat ne fait pas pour autant l'efficacité incontestable de ce choix.

Ce qui pose à côté de la question de l'efficacité ou plus exactement de l'efficience de la transition (1°) et la question de sa nécessité (2°), mais aussi ses obstacles (3°).

En termes économiques et en termes budgétaires, la discussion existe.

1°) La discussion sur l'efficience de la transition

Dans le langage du *new management* budgétaire, dont la LOLF est en France l'expression, l'efficience n'est pas l'efficacité. Celle-ci n'est en effet que l'obtention du résultat poursuivi, quand l'efficience se préoccupe du « prix » ou du coût supporté pour le résultat considéré[36]. Sous cet angle, la transition fiscale a, dans les pays concernés, un coût commercial élevé (a) et parfois, en République Démocratique du Congo par exemple, un coût budgétaire insoupçonné (b).

a) L'efficience commerciale de la transition en question : le déséquilibre de la balance commerciale

Il est vrai qu'entre 1980 et 2012 est intervenue, à la suite des politiques de libéralisation commerciale pour l'ensemble des PED, une baisse remarquable de la dépendance des ressources publiques vis-à-vis des taxes sur le commerce extérieur. Cependant on observe au Maroc (1) et au Mexique (2) l'augmentation progressive du déficit de la balance commerciale.

1. L'augmentation des déficits commerciaux au Maroc

Evolution de la balance commerciale au Maroc 2003-2012 en milliards de DH

(en milliards de dirhams)	2003	2004	2005	2006	2007	2008	2009	2010	2011	2012
Commerce extérieur										
Importations CAF	136,0	157,9	184,3	210,5	261,2	326,0	263,9	297,9	357,7	386,9
Exportations FOB	83,8	87,8	99,2	112,0	125,5	155,7	113,0	149,5	175,0	184,8
Solde	-52,1	-70,0	-85,1	-98,7	-135,7	-170,3	-151,0	-148,3	-182,7	-202,0

Source : Ministère du Commerce Extérieur du Maroc, http://www.oc.gov.ma (2014)

[36] Luciano Filippo, La performance en droit fiscal : un nouveau paradigme, Thèse Paris II, 2013.

Les échanges commerciaux ont enregistré ces dernières années une croissance soutenue, caractérisée par une hausse des importations et des exportations. Le déséquilibre des échanges en faveur des importations a conduit à l'aggravation du déficit de la balance commerciale des biens, qui dépasse à lui seul la valeur des exportations à partir de l'année 2007.

Part des échanges établis dans le cadre de l'accord d'association Maroc-UE dans le total des échanges du Maroc avec l'UE

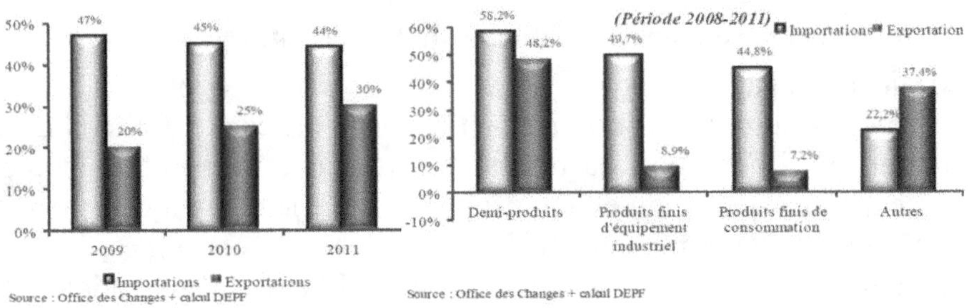

Source : Projet de loi des finances pour 2013.

L'UE reste le partenaire privilégié du Maroc en termes d'échanges commerciaux. Le solde commercial est structurellement déficitaire, par exemple en 2011 le solde a été de 70,4 milliards. La France et l'Espagne sont les principaux partenaires commerciaux.

D'autre part, dans le cadre de l'accord de libre-échange Etats-Unis – Maroc, les échanges entre les deux pays se sont établis, par exemple, à 17,8 milliards de DH en 2011, soit 48,8 % du total échangé avec les Etats-Unis. Le volume importé dans ce cadre a atteint 12,7 milliards de DH, et, les exportations 5,1 milliards de DH. Ainsi, seules 43,8 % des importations en provenance des Etats-Unis se font dans le cadre de l'ALE parallèlement à 68 % pour les exportations.

En dépit des diverses opportunités qu'il offre, l'ALE Maroc-Etats-Unis n'a pas encore produit tout son potentiel. La progression des exportations marocaines vers ce pays demeure limitée.

2. L'augmentation des déficits commerciaux du Mexique

Le processus de libéralisation et les nombreux accords de libre-échange signés par le Mexique ont entraîné un solde déficitaire de la balance commerciale.

Le solde de la balance commerciale au Mexique % du PIB (1960-2013)

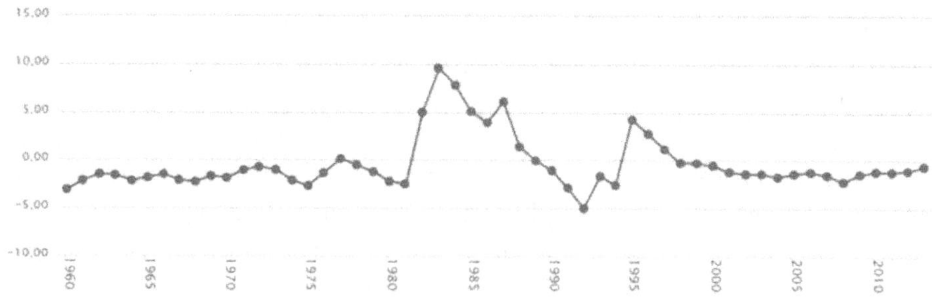

Source : Banque Mondiale et Perspective monde- Université de Sherbrooke, 2014.

Pour l'ensemble de la période 1960-2013, la moyenne annuelle est de -0,4 % du PIB. C'est en 1983 que le plus haut niveau au lieu (9,6 %) et c'est en 1992 le plus bas niveau (-5 %).

Le solde de la balance commerciale est négatif depuis plusieurs années. La prospérité économique du Mexique l'a rendu moins compétitif en ce qui concerne les industries traditionnelles très consommatrices de main-d'œuvre (textile, jouet…) notamment face à des pays comme la Chine. La concurrence asiatique menace les exportations mexicaines vers les États-Unis ainsi que le marché local où de nombreux produits bas de gamme sont importés d'Asie. La Chine est aujourd'hui le deuxième partenaire commercial des États-Unis, place qu'occupait le Mexique auparavant. La Chine est aussi devenue le deuxième partenaire commercial du Mexique notamment du fait de l'augmentation des importations de produits chinois au Mexique.

Le Mexique a signé dix accords de libre-échange avec quarante-cinq pays. Plus de 80 % des exportations mexicaines sont faites avec ses deux partenaires de l'ALENA, c'est-à-dire avec les États-Unis et le Canada.

b) L'efficacité budgétaire de la transition en question : le problème du remboursement des crédits de TVA en RDC

81- La RDC a fait la transition fiscale, mais elle n'a pas pu assurer un problème sur le remboursement[37] de la TVA par des raisons financières.

En effet, le 30 novembre 2012, le FMI suspendait son programme triennal de « facilité de crédit », pour manque de transparence dans le secteur stratégique de l'exploitation minière. Concrètement, cela signifie le non-versement par le FMI des 225 millions de dollars restant, sur 531 millions, de l'accord destiné à soutenir les réserves de change.

Ainsi, le budget de 2011 prévoyait 6 milliards de dollars de recettes, dont la moitié devait venir de l'étranger. À la fin de l'exercice 2011, l'État n'avait encaissé que 55 % des recettes fiscales internes prévues et seulement 3° % des sommes attendues des bailleurs étrangers.

Si bien qu'au final, le budget 2011 ne comptera que 2,6 milliards de dollars sur les 6 milliards programmés[38]. Entre temps, le FMI avait suspendu son programme, imité par d'autres prêteurs, lassés de ne pas obtenir les rapports semestriels d'activité.

Cette situation n'est pas nouvelle, ce qui enracine la méfiance des entreprises sur la capacité budgétaire de l'État d'honorer des remboursements de crédits de TVA. Ainsi, pendant dix ans, de 1991 à 2001, la RDC n'a plus reçu d'aide bilatérale ou multilatérale, entraînant une crise budgétaire structurelle.

L'aide reprise en 2003 par le FMI a été suspendue à nouveau en 2006, puis rétablie en 2009, avec une nouvelle suspension en décembre 2012.

Cet endettement qui crée un climat de méfiance. Les entreprises minières congolaises ont redouté de voir leurs crédits de TVA, nés en amont sur l'achat de gros matériels d'excavation, de pelletage ou d'évacuation, ne pas leur être versés dans des délais raisonnables, les coûts de trésorerie en résultant.

Ainsi pour rassurer les miniers, le régime du remboursement a été précisé et sécurisé. Sans que d'ailleurs un droit à compensation n'ait

---

[37] Cf. Athanase Matenda Kyelu, L'introduction de la TVA en RDC, contribution à une théorie critique de la décision fiscale, Thèse, Université Paris II, 2013, p. 294 et suivantes.

[38] Le Monde, 7 décembre 2012, p. 6.

été autorisé. En effet, des entreprises, assurant l'alimentation en eaux et en électricité, voulaient opérer, sur le montant de la TVA qu'elles devaient, la déduction de leurs factures restées impayées par un État s'éclairant et s'alimentant en eau sans régler ces prestations.

Autant dire qu'il y avait bien une grande défiance sur la TVA. Non seulement sur les délais de remboursement, mais aussi sur les réactions d'un État qui, mauvais payeur, pouvait se révéler aussi mauvais joueur.

2°) La discussion sur la nécessité

Certes les Etats n'ont guère le choix sur l'ouverture de leur marché. La pression du FMI, de l'OMC et des intégrations régionales, les contraint au libre échange et donc à la baisse des protections douanières. Ce qui conduit tout aussi mécaniquement aux politiques de transition fiscale.

Autrement dit, la liberté fiscale des législateurs nationaux est plus formelle que réelle[39]. Les Etats n'auraient pas le choix. C'est cette affirmation qui est discutée. Il y aurait un autre choix que la réduction des droits de douane à la source de la transition fiscale (a).

De même aussi, au-delà de la contestation du choix effectué, les conséquences de ce choix ont été discutées (b).

a) La discussion sur la possibilité d'un autre choix (que la baisse douanière et la transition) : la question de la déduction des droits des douanes

82- Mise au point par le professeur JC Martinez et son master de recherche fiscale de l'Université Paris II, avec l'intervention de Maurice Lauré, l'invention des droits des douanes déductibles repose sur la déductibilité du droit douanier perçu.

Puisque la déductibilité de la TVA résout le problème des asymétries entre les circuits de production intégrés, qui ne supportent l'impôt qu'à un seul stade, et les circuits de production longs et dispersés, qui risquent de cumuler l'impôt à chaque stade de la production, "il suffit de greffer ce genre de la déductibilité sur le droit

---

[39] Sur cette observation maintes fois faite en doctrine, cf. l'ouvrage de J.B Fotsing, Le pouvoir fiscal en Afrique, LGDJ, Paris, 1995.

de douane classique pour obtenir la solution aux asymétries de la mondialisation"[40].

Concrètement, ce droit de douane déductible, produit les mêmes effets que la TVA déductible.

b) La discussion sur les conséquences du choix : la question des effets présents et futurs de la transition fiscale

1. Des effets négatifs observables : la perte de la bio diversité fiscale des nations

Les thèmes de discussion peuvent être nombreux. Par exemple, on peut discuter les effets de la transition qui a abouti à un affaiblissement des particularités des systèmes fiscaux du monde et de leurs « végétations fiscales". Le professeur JC Martinez avait montré que jusqu'aux années 80, il y avait six types de végétations fiscales : équatotropicales, sahariennes, méditerranéennes, des pays tempérés, des pays nordiques et de la toundra[41].

La première était celle des pays du sud, africains par exemple, avec deux caractères : des droits de douane dominants et une fiscalité indirecte.

La végétation saharienne, était celle des pays pétroliers, avec une très faible pression fiscale en Irak, Arabie Saoudite ou Alger.

La méditerranée avait une végétation équilibrant fiscalité directe et indirecte.

Les pays tempérés, du nord, avaient une végétation fiscale avec un impôt sur le revenu important et de nombreuses autres impositions.

Les pays du nord ou scandinaves, avaient une végétation a deux dominantes : forte pression fiscale et fort impôt sur le revenu.

Enfin la végétation fiscale de la toundra était celle du bloc de l'est avec une domination de la fiscalité indirecte.

Celle-ci a disparu. Les autres végétations se sont fondues, sous l'effet précisément de la transition fiscale. Partout trois impôts se sont imposés : impôt sur le revenu, l'impôt sur les sociétés et la TVA.

Cette uniformisation des systèmes fiscaux a des aspects positifs.

---

[40] Jean-Claude Martinez, Les droits des douanes déductibles, contre le retour du protectionnisme, l'Harmattan, Paris, 2008.Cf sur cette invention *supra*, titre introductif § 10.

[41] Jean-Claude Martinez, Droit budgétaire, Litec, Paris, 1999. Droit Fiscal contemporain, Litec 1985, Tome 1 ;

2. Des effets positifs envisageables : la transition vers une harmonisation des systèmes fiscaux nationaux

Certes les systèmes fiscaux du monde ont des différences que l'on sait. Pressions fiscales, combinaisons des impôts directs et indirects ou profil des barèmes progressifs d'imposition, varient évidemment de pays à pays.

Forcément alors que les « codes calcul »[42] du Maroc, des Etats-Unis, d'Irlande, de Géorgie ou de France, vont traduire ces diversités à travers des législations compilées. Même si dans la plupart des cas on retrouve l'unité profonde avec l'impôt sur le revenu, l'impôt sur les sociétés et une TVA. Plus les droits d'enregistrement et d'impôts locaux.

Mais les liens sont encore plus étroits qu'il paraît. Il existe des règles de *grammaire* fiscale universelle[43] où par exemple, dans tous les codes calcul du monde, une déduction, une réduction ou n'importe quel avantage soustractif de la base imposable ou de l'impôt lui-même, se combine, en la figure grammaticale d'un complément d'objet direct, avec un plafond[44].

Ces structures grammaticales identiques, dans toutes les langues fiscales de la planète, que ne font que combiner, avec « taux », seuils, crédits, « imputations », « exemptions », « déductions », « plafond », « exonération » ou « réductions », une quarantaine d'unités linguistiques de base, constituent la trame d'une langue fiscale universelle.

Des structures comparables pour les organiser, un vocabulaire et l'essentiel d'une langue en partage, des techniques et des régimes d'imposition, bien peu éloignés des matières codifiées qui se retrouvent de l'un à l'autre, tous les codes fiscaux de la planète ont manifestement beaucoup en commun. Tellement d'ailleurs que c'est à se demander pourquoi ne pas les unifier en un code mondialisé ?

Dans les cas du FMI, de l'OCDE, de la Banque Mondiale et de la Commission européenne, la réponse va de soi. *A marché mondial unique, code fiscal unique*. Parce que l'efficacité implique une codification fiscale mondialisée.

---

[42] Sur le concept de code calcul et statut cf. Norma Caballero, Les codes des impôts en droit comparé, contribution à une théorie de la codification fiscale, L'Harmattan, Paris, 2011.

[43] Sur Income tax, le Titre I du modèle de code mondial fiscal basic, et le subtitre A de l'IRC des Etats-Unis.

[44] Sur cette grammaire fiscale, cf. Caballero Norma, *op.cit.*

Le code fiscal mondial serait un code calcul pour calculer à la baisse les impôts à payer, par les entreprises planétisées.

Mais il y a aussi les codes statut dont la finalité est la protection de la liberté des contribuables et pas seulement sa propriété.

Là, un code mondial, fait de principes fondamentaux et de garanties, serait le code des libertés préventivement à protéger.

La pensée d'un « Code mondial des impôts » est alors bien plus qu'une simple attente technique au service d'une bonne gouvernance des économies en compétition. C'est de la raison juridique dans le monde des nations dont il s'agit[45].

3°) La discussion sur ses obstacles : Le secteur informel

83- Il convient de souligner que la nécessité d'une mobilisation accrue des recettes fiscales dans les pays en développement se heurte à d'importantes difficultés. Parmi celles-ci, la croissance d'un secteur informel[46].

L'existence d'un secteur informel constitue une contrainte pour la réussite d'une transition fiscale notamment sur la TVA. Dans les pays à secteur informel important, la TVA sera à l'origine de fortes distorsions intersectorielles et il n'est pas évident que la substitution de la TVA aux tarifs permette une réduction des distorsions fiscales et entraîne une amélioration du bien-être collectif. L'obstacle constitué par un secteur informel important ne peut être sous-estimé et des mesures doivent être adoptées pour permettre une fiscalisation de ces activités[47].

Les observateurs économiques politiques et sociaux insistent sur la forte nuisance des entités opérantes dans le noir, puisqu'elles ne payent ni impôts pour l'Etat, ni couverture sociale pour les employés, pratiquant ainsi une concurrence déloyale.

---

[45] ARNAUD André-Jean, Critique de la raison juridique, T 2, Gouvernants sans frontières, entre mondialisation et post-mondialisation, éd. LGDJ, Paris, 2003. Aussi T 1, Où va la sociologie du droit, éd. LGDJ, Paris 1981; NIETO Alejandro, Critica de la razón jurídica, éd. Trotta, 2007, Madrid, 2007.

[46] Mamadou Laye Ndoye, Libéralisation commerciale des recettes fiscales dans les pays de la CEDEAO, Consortium pour la recherche économique en Afrique, Dakar, 2004.

[47] Catherine Araujo, Gerard Chambas, Taxing the Urban Unrecorded Economy in Sub-Saharan Africa, in Taxing the Hard- to-Tax. Lessons from Theory and Practice (Chapter 11), Elsevier, J. Alm (editors), 2004, p. 313 à 329.

Les études empiriques sur le secteur informel dans des divers PED montrent généralement son poids important en création de valeur ajoutée, bien que très variable selon les pays. A titre d'exemple, au Maroc, le chiffre d'affaires annuel du secteur informel aurait atteint 279,91 millions de DH en 2007. Soit un chiffre d'affaires moyen par unité informelle de 180,5 DH[48]. Au Mexique, le secteur informel correspondait à 25 % du PIB du pays de 2003 à 2012[49].

Ce secteur échappant en grande partie aux prélèvements obligatoires, il est la source importante de l'évasion fiscale dans les PED[50].

Au-delà de l'augmentation "mécanique" des recettes fiscales qu'engendrerait une fiscalisation du secteur informel, les arguments en faveur de cette politique s'appuient également sur la promotion d'une plus grande justice sociale. Une plus grande participation des entreprises informelles aux recettes fiscales permettrait de diminuer le fardeau supporté par les entreprises formelles, pour qui les taux nominaux de taxation sont désincitatifs.

Autant dire que les administrations fiscales ont une grande tâche pour aller à la mobilisation de l'impôt[51].

Ainsi l'Etat aurait les ressources nécessaires pour ses investissements et les contribuables auraient le retour des impôts payés. Mais là, on est pour l'instant dans ce que la doctrine américaine appelle le *blue sky law.*

---

[48] Enquête nationale sur le secteur informel 2006-2007, rapport de synthèse, Haut Commissariat au Plan, décembre 2009.

[49] INEGI, Rapport, Medición de la economía informal 2003-2012, Aguascalientes, 30 juillet 2014.

[50] On notera que l'importance du secteur informel dans l'évasion fiscale n'est pas propre aux PED. Le rapport sur les "fraudes et les pratiques abusives en France" (Courson et Léonard 1996) signalait que la première source d'évasion fiscale en 1994 était le travail illégal.

[51] Gérard Chambas, Afrique du Sud du Sahara : quelle stratégie de transition fiscale ? CERDI, Paris, 2005, p. 17.

PARTIE IV

L'OMC ET L'EUROPE

LA PROHIBITION DES SUBSIDES EN DROIT DE L'OMC ET LES IMPÔTS DIRECTS : LE CONTENTIEUX DES SOCIÉTÉS AMÉRICAINES DE VENTE À L'ÉTRANGER

Pr. Jacques MALHERBE[1]

Les règles de l'OMC visent à généraliser l'application de la théorie des avantages comparatifs de Ricardo, selon laquelle le bien-être est maximisé en cas de libre échange des biens et services, chaque pays se spécialisant dans la production qu'il réalise de la façon la plus favorable.

Subsides et GATT

84 Aux termes du GATT 1947, tout subside devait être notifié (art. XVI). En cas de dommage, l'Etat devait le réduire sans que des sanctions soient prévues. Le GATT 1947 prévoyait que le droit compensatoire ne pouvait excéder le montant du subside accordé.

Un Code des subsides a été ajouté au GATT lors du Tokyo Round de 1979. Au cours de l'Uruguay Round, l'Accord sur les subsides et les mesures compensatoires (Accord SMC) a été formalisé[2].

Aux termes de l'Accord SMC (art. 1(a)(ii)) constitue une subvention toute contribution financière des pouvoirs publics aux entreprises. Il en sera ainsi d'un transfert direct de fonds, d'un

---

[1] Professeur émérite de l'Université Catholique de Louvain, Avocat (Associé, Liedekerke, Bruxelles).

[2] D. Luff, Le droit de l'Organisation mondiale du Commerce. Analyse critique, Bruxelles, Bruylant, 2004, p.377 ; M. Matsushita, T.J. Schoenbaum et P.C. Mavroidis, The World Trade Organization, Law, Practice and Policy, Oxford University Press, 2003, p. 266.

abandon de recettes publiques normalement exigibles ou de la non-perception de ces recettes.

L'existence de la contribution s'apprécie par rapport au système fiscal de l'Etat concerné. La question à poser est : à défaut de la mesure critiquée, l'impôt serait-il perçu sur la recette concernée ? Il faut donc analyser la législation fiscale applicable à des revenus équivalents à ceux que vise la mesure et comparer l'impôt applicable en vertu de cette législation (a) à l'impôt et (b) applicable en vertu de la mesure étudiée. Il y a subvention si a>b. Un Etat peut adapter son régime fiscal pour accroître ses exportations si le régime est d'application générale.

L'Accord SMC est neutre par rapport au système fiscal des Etats : il prend ce système comme point de comparaison pour déterminer si un avantage est consenti à certaines entreprises.

Nous abordons ici la « saga » ou le « thriller » des sociétés d'exportation américaines qui a donné lieu à un contentieux sur la base des traités du GATT et de l'OMC bien que cette législation concernât les impôts directs[3].

Il semble justifié de maintenir la différenciation entre traités commerciaux et traités fiscaux, les buts des politiques justifiant ces traités étant différents. De nombreux traités commerciaux excluent de

---

[3] A.H. Qureshi et R. Grynberg, United States Tax Subsidies Under Domestic International Sales Corporations, Foreign Sales Corporation and Extraterritorial Income Exclusion Act Legislation within the Frameword of the World Trade Organization, Journal of World Trade, vol. 36, 2002, p. 979 ; K. Engsig Sorensen, Direct Taxation and the WTO Agreements, Eur. Tax., 2002, p. 206 ; M. Rafiqui Islam, Recent EU Trade Sanctions on the US to Induce Compliance with the WTO Ruling in the Foreign Sales Corporations Case : Its Policy Contradiction Revisited, Journal of World Trade, vol. 38, 2004, p. 471 ; R.M. Hammer et W.H. Green, The US Tax Incentive for Exports – To Be or Not To Be, Bull. Int'l Tax., 2001, p. 513 ; S.L. Banks, A Comprehensive History of Foreign Sales Corporation Legilsation and Related World Trade Organization Rulings, Multinational Business Review, vol. 10, n° 2, 2002 ; D.L. Brumbaugh, Export Tax Benefits and the WTO : Foreign Sales Corporations and the Extraterritorial Replacement Provisions, CRS Report for Congress, 2003 ; R. Yallapragada et M.R. Paruchuri, Beef, Bananas and Now Foreign Sales Corporations, South Western Economic Proceedings, p. 31 ; C. Micheau, Tax Incentives, State Aid and Subsidy under EU and WTO Law, A critical review of incentive regulations in direct taxation, Thèse Université Paris I-Panthéon-Sorbonne, 2010, p. 146 ; M. Prodhomme-Sadowsky, Droit OMC, Droit communautaire et Fiscalité direct, Thèse Université Paris I-Panthéon-Sorbonne, 2008, p. 341 ; K. Berthet, Les difficultés de mise en oeuvre des dispositifs nationaux et internationaux de lutte contre les juridictions fiscales non coopératives, Thèse Université de Nice Sophia Antipolis, 2014, p. 109.

leur champ d'application les impôts sur le revenu. Tel n'est pas le cas du traité de l'OMC et tel n'était pas le cas du GATT qui pouvait s'appliquer à des mesures prises en matière d'impôts sur les revenus[4].

Domestic International Sales Corporations (DISC)

85- La loi américaine sur les sociétés de vente à l'étranger (Domestic International Sales Corporations – DISC) exonérait d'impôt le chiffre d'affaires résultant de ventes à l'exportation réalisées par des sociétés de vente étrangères.

D'autres pays exonèrent le chiffre d'affaires réalisé en dehors du territoire national par des sociétés étrangères. Toutefois, il faut examiner le système fiscal général des Etats-Unis. Il s'agit d'un système de taxation du revenu mondial. Les Etats-Unis pourraient exonérer les revenus commerciaux obtenus à l'étranger, mais ils les imposent. Dès lors, selon la Communauté européenne, ils ne peuvent exonérer certains revenus d'exportations.

Les Etats-Unis avançaient notamment que les systèmes d'exonération fiscale d'Etats comme la France, la Belgique et les Pays-Bas étaient également contraires au GATT. En Belgique par exemple, les bénéfices d'établissements stables étrangers étaient taxés au quart du taux normal après déduction de l'impôt étranger. Les dividendes de filiales étrangères étaient exonérés. Il était donc possible à des sociétés d'exportation belges d'établir des filiales ou des établissements dans les pays à faible taxation et de canaliser les exportations à travers ces entités. Selon le gouvernement américain, les prix de transfert étaient fixés de telle façon en Belgique que la société mère ne devait ajouter que 10 % à son coût de production. La plus grande partie des profits d'exportation pouvait donc être rattachée à l'exploitation étrangère.

Les Etats-Unis ont en outre critiqué le régime européen de la TVA, qui exonère les exportations. Or, la TVA n'est pas une imposition sur les entrants aux divers stades de production et de commercialisation. Elle s'applique à la valeur ajoutée finale de la marchandise. Sa déduction ou son remboursement à chaque stade et à l'exportation ne

---

4 A.J. Cockfield et B.J. Arnold, What Can Trade Teach Tax ? Examining Reform Options for Article 24 (Non Discrimination) of the OECD Model, 2 World Tax Journal, vol. 2, 2010 ; R.A. Green, The Interaction of Tax and Non-Tax Treaties, Bull. Int'l Tax, 2002, p. 254.

constitue donc pas un abandon de recettes publiques sauf si le remboursement est supérieur à la TVA effectivement payée.

En vertu de l'Accord SMC, toute subvention à l'exportation est interdite (« boîte rouge »), qu'elle soit accordée *de jure* ou *de facto*. De même, est interdite la subvention liée à l'utilisation de produits nationaux de préférence à des produits importés (Accord SMC, art. 3) : il s'agit alors de subsides limitant les importations.

Les subventions de la « boîte jaune » ne sont susceptibles d'action que si elles causent un préjudice, par exemple, un dommage à l'industrie nationale d'un Etat membre.

Les mesures permettant d'éviter la double imposition des revenus de source étrangère sont permises[5]. Il doit s'agir de revenus susceptibles d'être imposés dans un autre Etat parce que présentant avec cet Etat un lien de rattachement. L'Accord SMC s'applique au commerce des marchandises. En termes de services s'applique le General Agreement on Trade in Services (GATS) qui ne prévoit rien. Il est parfois difficile de distinguer biens et services.

La législation sur les Domestic International Sales Corporations (DISC) a été introduite par le Président Nixon en 1971[6].

Les DISC étaient des sociétés américaines dont 95 % des recettes constituaient des recettes d'exportation et 95 % des actifs des actifs d'exportation. Elles ne devaient pas d'impôt sur leurs revenus d'exportation mis en réserve. Leurs revenus distribués étaient taxés comme dividendes.

Des accusations réciproques furent formulées par la CEE et les Etats-Unis mettant en parallèle DISC et régimes d'exonération européens des revenus étrangers. Il en résulta une consultation menant à un rapport de 1976 concluant que les deux systèmes constituaient des subsides à l'exportation.

Foreign Sales Corporations (FSC)

86-A la suite d'une décision du Conseil du GATT 1981, les Etats-Unis décidèrent le remplacement en 1984 de la DISC par la FSC (Foreign Sales Corporation)[7] inspirée par l'idée selon laquelle « les

[5] Annexe 1 de l'Accord SMC, point e).

[6] IRC, § 994-997.

[7] IRC, § 921-927. L'usage des DNC restait autorisé dans d'étroites limites : R. Feinschreiber et M. Kent, United States to Retain DNC Incentive After Extraterritorial Income Repeal, Intertax, 2004, p. 331.

processus économiques ...situés hors des limites territoriales du pays exportateur ne doivent pas être soumis à imposition par le pays exportateur et ne doivent pas être regardés comme des activités d'exportation aux termes de l'art. XVI-4... ».

Le système fiscal américain prévoit une imposition mondiale applicable à tout revenu effectivement lié à une activité d'affaires américaine.

La FSC est une entité créée dans Etat étranger ayant un accord d'échange d'informations avec les Etats-Unis ou une possession des Etats-Unis. Elle a une présence à l'étranger matérialisée par un administrateur, des livres comptables et la conservation à l'étranger des copies de ses factures. Elle ne peut compter plus de 25 actionnaires et ne peut émettre d'actions préférentielles. Toutes les réunions de ses organes sont tenues hors des Etats-Unis. Son compte bancaire principal est à l'étranger.

Le revenu brut (« Foreign Trade Income ») attribuable à la vente ou à la location de biens d'exportations (« Export Property ») est exonéré. Constituent de tels biens les biens produits aux Etats-Unis, vendus ou loués à ou par la FSC pour usage ou consommation hors des Etats-Unis et dont moins de 50 % de valeur est attribuable à des importations. Ce revenu est traité comme non lié à une activité d'affaires américaine sans autre enquête. Il n'y aura pas davantage d'application de la taxation dans le chef de l'actionnaire du revenu de société étrangère contrôlée (« Subpart F »). Les dividendes provenant de « Foreign Trade Income » sont déductibles par leur bénéficiaire.

Le panel constitué par l'OMC dut se pencher sur la question de savoir s'il y avait abandon de revenu qui aurait été dû en d'autres circonstances[8]. Il développa un test « but for » : quelle taxation s'appliquerait-elle à défaut du régime critiqué ? Les Etats-Unis considéraient que le revenu était attribuable à un processus économique se déroulant à l'étranger. Ils se fondaient sur l'Accord de 1981. Le Panel considéra qu'il ne s'agissait pas d'un instrument juridique. Il estima par ailleurs que la note de la page 59 relative à la

[8] Sur le système de règlement des différends à l'OMC, cfr. P. Picone et A. Ligustro, Diritto Dell'Organizzazione Mondiale del Commercio, Padoue, Cedam, 2002, p. 575 ; E. Canal-Forgues, Le règlement des différends à l'OMC, Bruxelles, Bruylant, 2003 ; E.U. Petersmann, The GATT/WTO Dispute Settlement System, International Law, International Organizations and Dispute Settlement, London-The Hague-Boston, Kluwer Law International, 1997 ; H. Culot, Les sanctions dans le droit de l'Organisation Mondiale du Commerce, Bruxelles, Larcier, 2014.

prévention de la double imposition ne s'appliquait pas à une exclusion sélective. Dès lors, pour le Panel, les exemptions prévues constituaient un traitement favorable lié à l'exportation. La décision fut confirmée en appel en 2000. A ce moment, on comptabilisa 1,4 milliard de revenu fiscal abandonné par les Etats-Unis.

ETI Act 2000

87-Le régime FSC fut alors remplacé par une exonération du revenu extraterritorial (« Extraterritorial Income »)[9] aux termes du « FSC Replacement and Extraterritorial Exclusion Act » du 15 novembre 2000. Cette loi exclut du revenu imposable le revenu extraterritorial sauf le revenu qui n'est pas classé dans le revenu qualifié de commerce étranger (« qualifying foreign trade income »), c'est-à-dire le revenu attribuable à la vente ou à la location de biens dont la valeur a été de façon prédominante produite aux Etats-Unis et qui sont utilisés en dehors des Etats-Unis.

Ce revenu est attribuable à la vente ou à la location ou à des services liés portant sur des biens détenus pour usage, consommation ou vente hors des Etats-Unis dont plus de la moitié de la valeur proviennent d'articles fabriqués aux Etats-Unis. L'opération doit être soumise à un processus économique étranger : le contribuable est impliqué dans la demande, la négociation ou l'offre à l'étranger.

L'exclusion du revenu extraterritorial de l'assiette de l'impôt constituait-elle une contribution financière parce qu'il était renoncé à un revenu autrement dû ? Les Etats-Unis répondaient qu'il s'agissait d'une règle générale et pas d'une exception. A suivre cette thèse, il serait possible d'éviter la prohibition des subsides en changeant la définition de l'assiette de l'impôt. Or, l'exclusion du revenu est assimilée à un subside. L'exclusion dépendait-elle de la performance à l'exportation ? Les Etats-Unis répondaient qu'elle s'appliquait à différents types de revenus. Cette thèse fut également rejetée par le nouveau panel constitué.

Quant à la note 59 autorisant les mesures destinées à éviter la double imposition, le panel refusa de l'appliquer puisque le système fiscal américain reposait sur le crédit d'impôt étranger destiné à éviter cet inconvénient.

---

[9] IRC, § 114.

En appel, le Panel confirma la décision rendue en 2002. Le traitement fiscal du revenu de biens du commerce d'exportation, bénéficiant d'une exemption était plus favorable que celui d'autres revenus extraterritoriaux qui ne bénéficiaient que d'un impôt. Puisque le contribuable pouvait choisir, il existait un régime général. L'abandon de recettes se montait à ce moment à 4 milliards d'euros.

Jobs Act

88- Le 22 octobre 2004 fut voté l'American Jobs Creation Act (« AJCA »). Le risque de l'adoption d'un système territorial était que les sociétés américaines déplacent à l'étranger non seulement leurs activités de vente, mais d'autres activités. Le Congrès abrogea la loi ETI, mais avec une clause de grand-père prévoyant une transition que le Panel critiqua. La mesure fut alors abrogée par le « Tax Increase Prevention and Reconciliation » (TIPRA) du 17 mai 2006, laissant toutefois subsister certaines mesures transitoires.

A partir du 1er mars 2004, les Communautés européennes avaient imposé un droit de douane supplémentaire de 5 % sur certains produits américains, ce droit étant augmenté d'un point de pourcentage par mois pendant un an[10].

Cette sanction a été suspendue lors de la promulgation de l'American Jobs Creation Act au début de 2005, avec la menace de les reprendre sous forme d'un droit ad valorem supplémentaire de 14 % si la nouvelle loi n'était pas conforme aux règles de l'OMC. Tel fut le cas, mais le Congrès américain retira la mesure incompatible. L'abrogation du droit supplémentaire fut confirmée.

Pour conclure, le revenu étranger dont on veut éviter la double imposition est un revenu qui pourrait être taxé à l'étranger selon les principes des Conventions de l'OCDE et de l'ONU. Il faut pratiquer une étude de comparabilité entre le régime général aux termes duquel le revenu serait taxé et la mesure attaquée aux termes de laquelle il serait exonéré.

Les sanctions consistant en droits compensatoires sont illusoires en cas de conflit entre un grand pays et un petit pays, les droits supplémentaires que ce dernier pourrait imposer étant négligeables à

---

[10] Règlement CE n° 2193/2003 du Conseil du 8 décembre 2003 instituant des droits de douane supplémentaires sur les importations de certains produits originaires des Etats-Unis d'Amérique, JOUE, L 328, 17 décembre 2003, p. 3.

l'égard du contrevenant[11]. En revanche, entre les Etats-Unis et l'Union européenne, le litige se déroulait à armes égales.

[11] M. Rafikul Islam, Recent EU Trade Actions on the US to Induce Compliance with the WTO Ruling in the Foreign Sales Corporations Case : Its Policy Contradiction revisited, Journal of World Trade, vol. 38, 2004, p. 471 ; Ph. Coppens et H. Culot, La suspension de l'accord ADPIC comme sanction de la violation des règles de l'OMC, *in* A. Autenne, V. Cassiers et A. Strowel, coord., Droit, économie et valeurs, Hommage à Bernard Remiche, Bruxelles, Larcier, 2015, p. 719.

PARTIE V

L'OMC ET L'ASIE

LA THAÏLANDE ET L'ORGANISATION MONDIALE DU COMMERCE

Dr. Wuttipong SIRICHANTRANON[1]

89- L'échange international de biens et de services a connu une rapide expansion au XXème siècle, sous forme d'investissements internationaux, particulièrement dans la seconde moitié de ce siècle, après la deuxième guerre mondiale A l'époque dite de la révolution industrielle des pays européens, le développement des moyens de transport a facilité les échanges internationaux entre partenaires économiques. Au même moment, les pays pratiquant le commerce international ont commencé à se réunir en groupes en vue de poser des règles encadrant la concurrence commerciale au profit de leurs intérêts. Ainsi, les normes portant sur le commerce international et les politiques protectionnistes se sont multipliées[2].

Par ailleurs, des organisations économiques de rang international ont été établies, certaines jouant un rôle particulièrement important à l'instar

---

[1] Juriste fiscal, Département des Revenus, Ministère des Finances, Thaïlande, Docteur en Droit Fiscal, Paris II.

[2] BISHOP (R.D.), CRAWFORD (J.) et REISMAN (M.W.), Foreign investment disputes – Cases, materials and commentary, The Hague, Kluwer Law International, 2005, p. 9 Voir également, DOLZER (R.), STEVENS (M.), Bilateral Investment Treaties, La Haye, Londres, Boston, Martinus Nijhoff Publishers, 1995, LAVIEC, (J.-P.), Protection et promotion des investissements ; étude de droit international économique, Paris, PUF, 1985, SORNARAJAH (M.), *The law on international foreign investment*, Cambridge University Press, Cambridge 2004, pp. 7 et ss. *Cf.* MANOKU (M.), La notion d'investissement dans l'arbitrage basé sur les traités de protection et de promotion des investissements, in Notions-cadre, concepts indéterminés et standards juridiques en droits interne, international et comparé, p. 385 in SIRICHANTRANON (W.), Les modes alternatifs de règlement des litiges fiscaux, Thèse Paris II, 2010, pp. 121 -122.

de l'Organisation mondiale du commerce (OMC)[3] et de la Chambre de commerce international. Pour ne citer que les entités les plus puissantes. En effet, cette dernière encourage non seulement les échanges et les investissements internationaux, mais elle aide également les entreprises à relever des défis et à saisir les opportunités de la mondialisation. En outre, elle a mis en œuvre un système d'arbitrage dans le domaine du commerce international, particulièrement de l'investissement.

La Thaïlande est un des Etats membres de l'Organisation Mondiale du Commerce (l'OMC). Depuis le 28 décembre 1994, où elle en fait partie, elle joue un rôle important dans le domaine du commerce des biens et des services.[4] Pour renforcer son pouvoir négociateur sur la scène internationale, elle est aussi membre d'autres groupes économiques comme l'Association of Southeast Asian Nations (ASEAN), l'Asia-Pacific Economic Cooperation (APEC), le Cairns Groupe, le G20, Enchilada, AD Friends et le GI Friends.

Au cours de la vingtaine des années passées, la position de la Thaïlande à l'OMC est restée importante (I), parce qu'elle a su mettre en œuvre les règles du commerce international dans le contexte thaïlandais (II).

I. LA POSITION DE LA THAÏLANDE

Le commerce international est toujours une source importante de recettes nationales.[5] Pour relancer une économie, parfois confrontée aux problèmes de stabilité et à des catastrophes naturelles, la Thaïlande essaie d'exporter des produits agricoles et des services au monde. Par des mesures proactives comme les niches fiscales, le gouvernement essaie de

---

[3] Le 30 octobre 1947, 23 Etats signaient le *GATT* (General Agreement on Tariffs and Trade ou Accord général sur les tarifs douaniers et le commerce) en vue de permettre des négociations multilatérales commerciales destinées à réduire les barrières tarifaires en harmonisant les politiques douanières. L'Organisation mondiale du commerce (OMC) s'y substituera en 1995 afin de gérer le système d'échanges multilatéral en réduisant toutes les formes de protectionnisme et en promouvant le libre d'échange et le commerce international.

[4] The Permanent Mission of Thailand to the World Trade Organization. Site internet : www.thaiwto.com/about%20wto%204.html visité le 21/08/2016

[5] Par exemple, en juin 2016, les recettes d'exportation étaient de 642 millards de BHT (environ 16 millards d'euros), en progression de 6,48 % par rapport à la même période de 2015). Les recettes d'importation étaient de 579 milliards de BHT (environ 14 milliards d'euros) en baisse de 4,22 % par rapport à la même période de 2015). Ministère du Commerce. Site internet : http://www.ops3.moc.go.th/thtrade/sarup.htm, visité le 21-08, 2016.

réactiver l'économie locale des petits entrepreneurs. Les produits locaux et artisanaux sont créés, reflétant les identités géographiques de chaque région et les faisant connaître au monde extérieur.

Pour pouvoir survivre dans le monde du marché hyper concurrentiel, la Thaïlande, comme tous les pays, a besoin d'une « connectivité » commerciale efficace (A), avec des règles justes, transparentes et équitables (B).

A. Une « connectivité » efficace

90- Parmi les pays en voie de développement, la Thaïlande atteint un degré élevé d'autosuffisance et d'autonomie. La mise en place d'échanges durables et raisonnables est donc une meilleure solution que la seule fourniture d'aides financières ponctuelles. C'est la raison pour laquelle le pays cherche des alliances. Il participe ainsi à l'ASEAN, l'APEC, le Cairns Groupe, le G2O, le GI Friends ou à des groupes professionnels qui proposent à leurs membres des mécanismes de transaction équitable, des modèles de clauses appropriées, ou encore des règles procédurales applicables.

Groupe	Alliances (Membres de l'OMC)	But
AD Friends	Brésil, Chili, Colombie, Costa Rica, Hong Kong, Chine, Israël, Japon, Corée, Mexique, Norvège, Singapour, Suisse, Taipei, Turque, Thaïlande	Négociation dans le cadre de mesures contre le dumping
APEC	Australie, Brunei, Canada, Chili, Hong Kong, Chine, Indonésie, Japon, Corée, Malaisie, Mexique, Nouvelle-Zélande, Papouasie-Nouvelle-Guinée, Pérou, Philippines, Singapour, Taipei, Thaïlande, les États-Unis, Viêt Nam, Russe	Promouvoir l'économie régionale
ASEAN	Brunei, Cambodge, Indonésie, Laos, Malaisie, Birmanie, Philippines, Singapour, Thaïlande, Viêt Nam	Promouvoir l'économie régionale
GI Friends	Union Européenne, Inde, Thaïlande, etc.	Négociation dans le cadre du droit de propriété intellectuelle sur l'indication géographique
G20	Participant avec autres pays comme Brésil, Chine, Inde, Indonésie, Argentine, Bolivie, Brésil, Chili, Chine, Cuba, Equateur, Égypt., Guatemala, Inde, Indonésie, Mexique, Nigéria, Pakistan, Paraguay, Pérou, Philippines, Afrique du Sud, Tanzanie, Thaïlande, Uruguay, Venezuela, République bolivarienne, Zimbabwe	Promouvoir le marché, annuler les subventions à l'exportation et aux produits agricoles internes

Groupe	Alliances (Membres de l'OMC)	But
Cairns	Argentine, Australie, Brésil, Canada, Chili, Colombie, Costa Rica, Guatemala, Indonésie, Malaisie, Nouvelle-Zélande, Pakistan, Paraguay, Pérou, Philippines, Afrique du Sud, Thaïlande, Uruguay, Viêt Nam	Promouvoir le marché agricole et renforcer le groupe des pays exportateurs de produits agricoles

Des actions comparables sont aussi souhaitables en matière de réglementations correctes appropriées (B).

B. Les règlements corrects

91- Historiquement, depuis 1947, pour où 23 Etats signaient l'Accord Général sur les Tarifs Douaniers et le Commerce, des règles de gestion des échanges ont été adoptées pour promouvoir le libre commerce international équitable. En permettant aux moins privilégiés de mettre en valeur leurs positions économiques et commerciales.

La Thaïlande applique ces règlements corrects et les principes de l'OMC, dans quatre domaines qui la concernent.

Le domaine du textile. La Thaïlande, comme tous les pays importateurs, travaille à annuler tous les règlements limitant l'importation des produits de textiles. S'il y a une limitation par des quotas d'importation, l'objectif est de l'effacer. Concernant également les produits sensibles listés, il est important aussi que cette liste soit réduite.

Le domaine des services. Il a été introduit lors des négociations de l'Uruguay round. La clause de la nation la plus favorisée (Most Favored Nation Treatment : MFN) est indispensable pour assurer des garanties d'une procédure régulière ou d'un traitement équitable et juste pour tous les Etats contractants.

Le domaine des propriétés intellectuelles La promotion et la protection du droit de propriété intellectuelle sont les projets prioritaires de tout gouvernement thaïlandais. Avec les questions du cadre de la protection, de l'élargissement des domaines protégés ou encore des sanctions lourdes en cas de violation du droit. Des éléments sont encore à perfectionner en ce qui concerne notamment les droits d'auteur, les brevets, les marques déposées, les appellations géographiques ou le secret du commerce.

Le domaine de l'aide académique. Les aides, dans des coopérations significatives, peuvent prendre des formes variables via des accords bilatéraux ou multilatéraux ou via des programmes d'échange. Il s'agit d'encourager des petits et moyens entrepreneurs à se lancer sur la scène internationale.

Le domaine de technologies de l'information. Il porte sur la Convention de technologies de l'information, avec des réductions des droits de douanes jusqu'à zéro pour cent.

La position de la Thaïlande est celle, comme on dit dans l'Union européenne, d'un bon élève de l'OMC (II).

II. LA MISE EN ŒUVRE DES REGLES DE L'OMC PAR LA THAÏLANDE

L'échange permet aux Etats d'écouler leur surplus de production, d'élargir des marchés, de baisser les prix et d'accentuer la division du travail. D'autre part, si les prix relatifs de biens produits dans un pays sont supérieurs aux prix relatifs de ces mêmes biens dans le reste du monde, le pays considéré aura intérêt à s'ouvrir à l'échange.

Il y a premièrement des avantages comparatifs (A) entre pays qui permettent mutuellement de tirer profit du commerce international. Deuxièmement, il y a des engagements éventuels ayant pour but d'être compatibles avec des règles communes de l'OMC (B).

A. Les avantages garantis par la Thaïlande

92-En plusieurs secteurs, la Thaïlande se tient au respect des règles de l'OMC.

Le secteur agricole. La Thaïlande respecte les règles communes stipulées par l'OMC et pour les rendre effectives, notamment dans l'intérêt des agriculteurs, elle réduit ses subventions d'exportation, et évite les distorsions commerciales que sont les allocations d'exportation ou les avantages fiscaux pour l'exportateur.

Le secteur industriel Les barrières non tarifaires apparaissent comme un obstacle majeur à une croissance de l'économie générale et durable dans le monde industriel. La Thaïlande vise surtout les mesures sanitaires et phytosanitaires ou les barrières techniques, voire religieuses au commerce. Avec les pays voisins, voici quelques exemples de « murs de verre » entravant les échanges :

Pays voisins	Les mesures sanitaires et phytosanitaires	Les obstacles techniques au commerce
Singapour	Santé Animale et sécurité alimentaire	Invocation de substances chimiques et de la sécurité des produits
Malaisie	Limitations des substances résiduelles	Certificat du Halal, Langue locale sur l'étiquette
Indonésie	Produits Examinés par PSAT (Indonesian Agricultural Quarantine Agency)	Certificat du Halal, Langue locale sur l'étiquette
Viêt Nam	Certificat de mesures sanitaires et phytosanitaires	Langue locale sur l'étiquette

Suivant la « philosophie » de l'OMC, deux accords spéciaux ont été adoptés au cycle de l'Uruguay : l'Accord sur les mesures sanitaires et phytosanitaires (SPS) et l'Accord sur les obstacles techniques au commerce (OTC). La Thaïlande reste en conformité avec ces directions en essayant de garantir une neutralité et une certaine protection juridique et économique aux entrepreneurs pour que les libertés commerciales de base et l'égalité équitable des chances soient réalisées.

Le secteur des services. Sous l'influence de l'OMC, l'échange et le déplacement des personnes et des services, dans le cadre régional, se sont développés malgré un climat politique et économique tendu. La Thaïlande est spécialement sensible sur ce secteur considéré comme son point fort, particulièrement dans le secteur touristes et restaurants.

Quel que soit le mécanisme envisagé, les Etats membres doivent, conformément au principe de bonne foi, interpréter et appliquer les textes de manière effective, en assurant la garantie de l'équilibre des concurrences. Pour tenter de conserver le plus possible cette logique, tous les membres, y compris la Thaïlande, doivent respecter certaines obligations au regard de leurs engagements internationaux (B).

B. Les engagements éventuels pour l'Etat

93- La Thaïlande a des devoirs vis-à-vis de l'application des mesures techniques et de protection.

L'application technique. Pour être en conformité avec les règlements et mesures de l'OMC, la Thaïlande doit améliorer ses anciennes législations en introduisant de nouvelles prescriptions législatives et des règlements domestiques compatibles avec le contexte socio-commercial actuel. En outre, la Thaïlande doit parallèlement prendre les mesures nécessaires pour la sauvegarde des entreprises confrontées particulièrement aux barrières non tarifaires[6].

Les mesures de protection Pour être en conformité avec les règles communes de l'OMC, chaque Etat est-il prêt à adopter un comportement de bonne foi et de loyauté ?

Comme tous les pays membres, la Thaïlande respecte les engagements communs de l'OMC. Cependant, ces engagements posent parfois problème au regard de protections nécessaires. Certains entrepreneurs ou catégories des produits sensibles ont encore besoin d'être dispensés de l'ouverture ou de voir prolonger la période de *phasing in*, pour pouvoir s'adapter à l'activité économique de niveau mondial.

Si bien qu'à l'avenir, l'OMC elle-même aura besoin du soutien des Etats membres afin d'améliorer ses mécanismes. De même, les pays membres et les groupements économiques régionaux pourraient se concentrer sur des projets de commerce juste, équitable, libre et transparent, afin d'éteindre les litiges commerciaux potentiels dans l'œuf, avant qu'ils n'altèrent les relations des Etats.

[6] Ainsi, la Thaïlande voit l'Australie empêcher les poulets cuits, le Mexique interdire du riz pour la raison de mesures sanitaires et phytosanitaires et les Etats-Unis bloquer les crevettes à cause des mesures environnementales.

QUINZE ANS DE CHINE À L'OMC

Me Jieyoue SHI[1]

94- La Chine fut l'un des fondateurs du GATT lors de sa création. Mais elle s'en retira après la naissance de la République Populaire de Chine. Depuis 1986, surtout après la réforme lancée par Deng Xiaoping, la République Populaire a cherché de nouveau à rejoindre le GATT et l'OMC.

Le 11 décembre 2001, elle est devenue finalement membre de cette organisation.

Pour se conformer à ses obligations, la Chine a pris des nombreux engagements concernant particulièrement les relations commerciales et l'ouverture du marché intérieur.

Lors de l'adhésion à l'OMC, il existait des rumeurs à l'intérieur de la Chine disant « le loup arrive ». On craignait que l'entrée des entreprises étrangères frappe l'industrie nationale. Mais la compétitivité des entreprises chinoises étant considérable, depuis l'adhésion le développement de l'économie et les exportations ne se sont jamais arrêtés. Cinq ans après l'adhésion, la Chine était déjà devenue la troisième économie du monde et dix ans après, elle est la deuxième économie et le moteur de la reprise mondiale. A ce jour, la Chine est le plus grand exportateur du monde. Démontrant ainsi que son l'adhésion était nécessaire

I. LA CHINE À L'OMC : LES APPORTS

Les mutations étaient prévues dès la décision d'adhésion.

Cependant, personne n'avait imaginé qu'elles seraient aussi importantes.

---

[1] Avocate au Barreau de Shanghai.

Le statut de la deuxième économie mondiale

95- En 2001, la Chine était classée neuvième économie mondiale. En 15 ans, le rôle de la Chine dans l'économie mondiale s'est révélé. En 2010, le PIB de la Chine était de 40 milliards de yuans, contre 11 milliards de yuans en 2001. Le taux de croissance du PIB reste de 8 % chaque année, faisant du pays l'usine du monde.

Produits « Made in China » partout dans le monde.

L'étiquette « Made in China » est inévitable au quotidien. Elle est sur le linge des Américains, sous les chaussures des Européens, sur les vêtements des Africains et au dos des assiettes utilisées par les Russes.

Néanmoins, en raison de ces grandes exportations, la question de la protection du commerce interne des autres a été soulevé par des pays occidentaux. En Espagne par exemple, où il y a eu des événements de boycott contre des chaussures fabriquées en Chine.

En réalité, au cours de la production des marchandises en Chine, les usines chinoises ne réalisent que le minimum de bénéfices. Par exemple, chaque fois qu'un IPhone est vendu, 58,5 % des bénéfices qu'il génère vont à la société américaine de Apple, alors que seulement 1,8 % des bénéfices reste aux ouvriers chinois qui le fabriquent.

Emergence des contentieux internationaux

96- En 2011, le Tribunal de Xi'an a confirmé l'infraction de la société Toshiba concernant le brevet de la technologie de USB Plus développée par la société chinoise Aiguozhe. Il s'agit du premier gain de cause d'une société chinoise contre une marque internationale dans le domaine du brevet.

Depuis l'adhésion à l'OMC, les tensions commerciales auxquelles les sociétés chinoises font face s'amplifient de façon continue. Mais la façon dont les sociétés chinoises répondent aux tensions commerciales a également changé. Auparavant, les sociétés chinoises étaient comme des lapins craintifs et silencieux dans les contentieux anti-dumping. Elles ne savaient comment réagir dans les procès relatifs à ces questions. A ce jour, les sociétés chinoises répondent aux poursuites anti-dumping d'une manière organisée. Dans certains domaines comme la propriété intellectuelle, elles prennent l'initiative d'agir contre les entreprises étrangères pour défendre leurs intérêts. Les mutations sont visibles. Les entreprises chinoises n'ont plus peur des poursuites internationales et ont acquis des expériences pour mieux défendre leurs propres intérêts afin de mieux coopérer avec les autres entreprises internationales.

L'augmentation des investissements chinois à l'étranger

Au moment de l'adhésion de la Chine à l'OMC, une banque d'investissement américaine avait prévu que dans les cinq ans suivant l'adhésion, 40 millions de personnes seraient en chômage en Chine et que les entreprises chinoises seraient dévastées, en raison de la concurrence forte internationale. Tel n'a pas été le cas. Mieux, les entreprises chinoises ont de plus en plus de succès et fusionnent avec d'autres entreprises étrangères devenant actives sur les marchés.

L'une des grandes illustrations de cette nouvelle ère réside dans l'augmentation des investissements chinois directs à l'étranger. En 2010, le montant total des investissements chinois directs était déjà supérieur à celui des pays d'investissement traditionnels comme le Japon et l'Angleterre.

Les marchandises importées de moins en moins chères

Depuis l'adhésion de la Chine à l'OMC, le prix des voitures, des portables et des autres marchandises, notamment de marque étrangère, a beaucoup baissé. C'est l'un des plus grands avantages que l'adhésion a apporté à la vie quotidienne.

Pendant 10 ans, le taux des droits de douane des voitures a baissé de l'ordre de 100 %, parfois même de 200 %, pour s'établir à 13.4 %. Il existait des inquiétudes sur le futur de l'industrie automobile nationale après l'adhésion. Pourtant cette industrie enregistre des succès.

En supprimant la limite du prix minimum des voitures, presque chaque famille est en mesure de s'acheter une voiture. Si bien que la Chine devient le plus grand consommateur de voitures dans le monde, y compris des marques nationales. Les chiffres de vente ont augmenté de 2 millions à 18 millions d'unités.

Le développement de l'industrie du cinéma

97- Au début de l'adhésion, la Chine s'est engagée à importer 20 films étrangers. A ce jour, la majorité des films étrangers peuvent être projetés en Chine, même dans les cinémas des petites villes. Face à la concurrence forte, l'industrie de cinéma s'est beaucoup développée pendant ces quinze ans. Non seulement la quantité des films chinois a fortement augmenté, mais aussi la qualité. En 2010, presque 500 films chinois sont sortis alors qu'en 2002, il y en avait juste 100 et de plus en plus de films chinois sont primés à l'international.

L'entrée des banques étrangères

Comme promis au moment de l'adhésion, depuis décembre 2006, les limites sur l'activité des banques étrangères ont été supprimées. Désormais, même des banques étrangères peuvent traiter des affaires relatives à la monnaie chinoise. Elargissant le champ du choix, les banques chinoises sont face à une forte concurrence. Cela incite l'amélioration du service fourni par elles. Les mutations dans le domaine bancaire ont encouragé le changement du mode de consommation. Aujourd'hui, le paiement peut être effectué par le portable lié avec une carte bancaire presque partout en Chine.

Les difficultés subies par l'industrie de textile

98- Pendant les quinze années suivant l'adhésion, l'industrie de textile a souffert d'un « hiver » long. Lorsque les médias parlent de l'industrie de textile en Chine, l'anti-dumping est toujours évoqué. Car au coût faible de la main-d'œuvre, cette industrie a eu une forte position concurrentielle. Mais ce n'est plus le cas. L'industrie textile a été perturbée par l'augmentation du prix des matières premières, le mode de fabrication sans droit à la marque et le bouleversement du taux de change de la monnaie chinoise.

La révolution législative

Il y a 15 ans, l'intervention du gouvernement était prédominante particulièrement sur le marché économique. L'adhésion a obligé le gouvernement à accélérer le processus de la réforme, pour établir un environnement concurrentiel. En 15 années d'adhésion, plus de 3000 textes législatifs ont été pris, avec un processus d'approbation simplifié.

Le concept de « développement » mis à jour

Au moment de la demande d'adhésion, des stipulations concernant la propriété intellectuelle ou la protection de l'environnement étaient plus ou moins sensibles à l'encontre de la Chine. A l'époque, presque

90 % des droits relatifs à la propriété intellectuelle étaient détenus par des entreprises étrangères. Des stipulations concernant la protection de la propriété intellectuelle étaient plutôt un outil afin de protéger les intérêts des entreprises étrangers. Concernant la protection de l'environnement, il s'agissait déjà d'un sujet récurrent pour les Etats développés alors que pour la Chine, la mission principale était le développement de l'économie. En raison de la différence du degré de développement, les débats sur ces deux sujets étaient vifs.

A ce-jour, le concept de développement en Chine a évolué. Le gouvernement confirme le principe de développement harmonieux et s'efforce de consolider l'harmonie entre l'économie et l'environnement.

II. LA CHINE À L'OMC : LES CHALLENGES

Le protectionnisme

99- Le résultat de l'élection présidentielle 2016 aux Etats-Unis a créé des incertitudes. L'une a résidé dans la politique commerciale du président alors élu. Au cours de la campagne, Donald Trump a promis de réduire le déficit commercial à l'encontre de la Chine par l'augmentation des droits d'importation sur les marchandises chinoises et le dépôt d'une plainte à l'Organisation Mondiale de Commerce. Pourtant les Etats-Unis restent le plus grand importateur de produits chinois.

Si les droits de douane américains augmentaient jusqu'à 45 %, les exportations chinoises vers les Etats-Unis chuteraient de 52 %. Le commerce bilatéral en subirait un coup.

Pour autant, malgré l'important déficit du commerce des marchandises, dans le secteur des services l'excédent commercial des Etats-Unis n'arrête pas d'augmenter envers la Chine. La demande pour les services d'éducation et le tourisme ont une forte croissance. Cela démontre la position concurrente des Etats-Unis dans l'industrie de service.

La crise environnementale

Presque 60 % des Chinois considèrent que la crise environnementale va rester un sujet sérieux dans la prochaine décennie. Plus que la crise financière dont souffre pourtant la Chine. Parce que son impact reste limité. Au pire, le taux de la croissance baisse d'un ou deux points de pourcentage. Alors que les dommages causés par les catastrophes naturelles peuvent être énormes. Or la Chine est confrontée à des problèmes environnementaux graves.

Comme la reprise économique a été déjà réalisée en Chine, la prochaine étape maintenant est le développement économique « vert ». L'harmonisation entre le développement économique et la protection de l'environnement, à savoir le développement durable, est largement reconnue dans une Chine à la pointe de cette éco modernité.

Le vieillissement de la population

Par la politique de l'enfant unique, le gouvernement chinois a réussi à contrôler l'explosion de sa population. Mais cette politique a altéré la structure de la population. En raison de la faible base économique et des imperfections du système de sécurité sociale, des difficultés graves ont surgi notamment dans des zones rurales. Le problème du vieillissement constitue un obstacle au développement.

La contradiction entre le prix élevé immobilier et le revenu faible

L'augmentation du prix immobilier dans des grandes villes est devenue un mécanisme de transfert des richesses qui s'accumulent entre les mains d'une minorité. La répartition de la richesse sociale devient de plus en plus inéquitable.

Le problème du logement n'est pas seulement un problème économique, mais également un problème social et de bien-être du peuple. Si des prix immobiliers élevés se maintiennent, ces problèmes vont éclater tôt ou tard.

Par conséquent, la politique et le contrôle du gouvernement central seront la clé du développement du marché immobilier dans le futur.

La corruption

100- C'est l'un des sujets les plus urgents à traiter. Avec un système anti-corruption comprenant la déclaration des propriétés, le régime fiscal des successions et des donations, le contrôle renforcé des banques et la coopération internationale.

POSTFACE

S.E. Maria Claudia LACOUTURE
Ministre de Commerce, de l'Industrie et du Tourisme de la Colombie

COLOMBIA MODERNA Y DE PUERTAS ABIERTAS

La política exterior de Colombia destaca por su firme compromiso con el multilateralismo en su visión internacional, por el énfasis pragmático para propiciar acercamientos bilaterales, derrumbar barreras y lograr resultados concretos en el menor tiempo y con el mayor impacto posible.

Colombia fortalece su aparato productivo dentro del firme y continuado propósito de convertirse en una nación moderna, innovadora, sostenible y más competitiva, y se encuentra frente a un panorama favorable y una coyuntura invaluable: a la estabilidad histórica de su economía macroeconómica se suma un acuerdo de paz que ya comienza a dar sus frutos.

En este contexto el Gobierno de Colombia ha puesto en marcha lo que ha llamado la Política de Desarrollo Productivo, un programa integral que propende al crecimiento empresarial en las regiones, mediante la especialización, la sofisticación y la diversificación de productos (diferentes a los minero-energéticos) que se integren a cadenas productivas nacionales y se inserten a encadenamientos internacionales de alto valor.

Trabajamos para facilitar las exportaciones, identificar y superar barreras, ampliar y profundizar acuerdos comerciales, mejorar las herramientas de comercio; invertimos en calidad y certificaciones, reforzamos la promoción y la diplomacia comercial, modernizamos los sistemas y abrimos canales de cooperación y dinamismo, porque estamos convencidos de que el libre comercio debe prevalecer y para ello debemos hacer más fuertes y más competitivos a nuestros empresarios.

Estamos seguros que con la paz todo el sector productivo ganará, pues al haber más confianza inversionista también habrá más crecimiento económico, más empleo y bienestar para los colombianos.

Colombia participa activamente en los foros internacionales a los que pertenece, especialmente en aquellos donde se abordan los temas de la agenda global, y siempre ha estado comprometida con las directrices de la Organización Mundial del Comercio. En ese sentido hace votos por su fortalecimiento y aguarda avances en la próxima Conferencia Ministerial que tendrá lugar en Argentina en diciembre próximo.

Es necesario seguir avanzando para lograr reformas que impulsen el crecimiento y propicien un mayor desarrollo de las economías, en especial aquellas que como Colombia hacen parte del Grupo de Países en Desarrollo que ven en el comercio una posibilidad de alcanzar una mayor participación en las cadenas globales de valor.

Colombia ha optado por estimular acuerdos con cada uno de sus socios latinoamericanos, y también alianzas regionales como la Alianza del Pacífico, que integra con Chile, México y Perú. Tiene interés en profundizar sus relaciones con Asia, en abrir mercados en Europa, explorar África y mantenerse atento y dispuesto con todas las naciones del mundo.

Tres décadas de apertura

Desde comienzos de los años noventa Colombia entendió que su camino debía trazarse sobre la apertura, la reducción de aranceles y de barreras y desde siempre ha sido defensora del libre comercio y respetuosa de las decisiones de la OMC.

Contribuimos a reactivar los mecanismos del Pacto Andino, que se convirtió en la Comunidad Andina de Naciones -sin que haya logrado su plenitud debido a los vaivenes de la política-. En Colombia ha prevalecido el espíritu aperturista y gracias a ello tenemos acuerdos con casi todo el continente, desde Canadá hasta Argentina, mediante negociaciones bilaterales o multilaterales, siempre en el mismo sentido de abrir mercados y facilitar el comercio.

El mundo avanzó en un proceso de globalización y nuestro interés era seguir ese camino. Arrancamos una segunda fase de Acuerdos Comerciales, con el objetivo de consolidar el acceso a los principales compradores de nuestros bienes y servicios.

Tenemos acuerdos firmados con la Unión Europea y con los países que conforman la Asociación Europea de Libre Comercio (EFTA, por sus siglas en inglés) y desde hace dos años estamos definiendo los términos con Corea, Japón e Israel. La economía colombiana está hoy más integrada al mundo. Tenemos 13 acuerdos comerciales vigentes con cerca de 50 países, y acceso preferencial a casi 1.500 millones de consumidores.

El libre comercio sigue siendo la línea a seguir por Colombia. Por eso hoy nuestra política está enfocada en el aprovechamiento de oportunidades en nuevos mercados y en la profundización de los acuerdos que ya tenemos.

En Colombia, de la mano de los empresarios, construimos una canasta de productos exportables que sean competitivos y que agreguen valor, cuya premisa principal sea la innovación.

En ese sentido los encadenamientos productivos juegan un papel clave. En la Alianza del Pacífico, mecanismo del que somos socios junto con Chile, México y Perú, tenemos algunos ejemplos que podemos catalogar en este esquema.

Exportar es más fácil

Somos conscientes de que tenemos retos. Mejorar en competitividad es fundamental si queremos insertarnos más y mejor en las cadenas globales de valor. Indudablemente hoy exportar desde Colombia es más fácil. Aprovechamos mejor esa ventaja geográfica que la naturaleza nos dio de contar con dos mares y estar sobre la línea del Ecuador. Hemos avanzado en modernización del comercio exterior y, debo decir, que han sido pasos que hemos dado, impulsados, entre otros, por esa vocación de libre comercio.

Contamos con la Ventanilla Única de Comercio Exterior (VUCE), pionera en América Latina. Esta herramienta informática, permite adelantar trámites de comercio exterior que antes se hacían ante 21 entidades del Estado, en un solo sitio virtual. Son 135 procedimientos y 35 formas distintas simplificadas en un solo formulario.

Los más de 62.000 usuarios que ya utilizan la plataforma pueden adelantar, entre otros, los procesos de registros y licencias de importación, autorizaciones previas a la exportación y la inspección simultánea de carga. Se trata de ahorrar tiempo y dinero.

Apoyamos e impulsamos la modernización de los puertos. Hoy la mayoría de ellos cuenta con escáneres para la inspección no intrusiva de mercancías. La inspección que antes se tardaba 24 horas, hoy tarda solo 15 minutos. Y los costos que implica mover volúmenes de mercancías hasta el sitio donde se hará la operación de control, disminuyeron para el empresario hasta en 40 por ciento.

Pero también modernizamos los instrumentos que se implementaron para impulsar el comercio exterior. Por ejemplo, contamos con 108 zonas francas modernas, competitivas, con normas que agilizan tiempos y trámites, pero que además incentivan la creación de puestos de trabajo y la inversión extranjera.

Otro mecanismo es el denominado Plan Vallejo, que permite importar con arancel cero materias primas y maquinaria requeridas para la elaboración de un producto que se vaya a exportar.

Muchos de estos avances también los logramos de la mano de los empresarios, con quienes analizamos e identificamos dónde están los obstáculos que afectan el comercio exterior o la competitividad y productividad. En un año identificamos 1.120, ya gestionamos el 75%.

Moderno y competitivo

Un componente importante del libre comercio es, por supuesto, la inversión extranjera. Queremos que más empresas inviertan en Colombia y que esa inversión sea productiva y genere empleo. El país cuenta con doce acuerdos Internacionales de inversión vigentes, de los cuales cinco son capítulos incluidos en los acuerdos comerciales.

Los negociamos bajo estándares internacionales, para establecer reglas del juego claras para los inversionistas, protección y un marco jurídico transparente para el tratamiento de los capitales que se establezcan en Colombia.

Este es el nuevo país que estamos construyendo entre todos. Caminamos hacia el club de los países desarrollados. En 2013, iniciamos el proceso de acceso a la Organización para la Cooperación y Desarrollo Económico (OCDE). Queremos estar ahí, no solo para aprender y adoptar las mejores prácticas de política pública en todos los ámbitos que inciden en el desarrollo, crecimiento y bienestar de las personas, sino también para aportar nuestra experiencia. Ha sido un trabajo arduo, extenso y minucioso.

Esto nos ha obligado a imponernos retos, a adelantar cambios para lograr un crecimiento con inclusión social, un aumento de la productividad y la gobernabilidad de poblaciones más exigentes.

Somos un país de puertas abiertas, con muchas oportunidades y retos, y dispuestos a hacer lo mejor. Somos el futuro en un mundo incierto, resueltos a construir un país moderno, innovador y productivo.

BIBLIOGRAPHIE

I. OUVRAGES GÉNÉRAUX

BASALDUA Ricardo Xavier, *Introducción al Derecho Aduanero Concepto y Contenido*, Ed. Abeledo-Perrot, Buenos Aires, 1988.

CARREAU Dominique, JULLIARD Patrick, *Droit international économique,* Dalloz, Paris 2013

CARVAJAL CONTRERAS Máximo, *Derecho Aduanero*, Porrúa, México, 2009.

COTTER Juan Patricio, *Estudios de Derecho Aduanero*, Homenaje al Dr. Juan Patricio COTTER MOINE, Abeledo-Perrot, Buenos Aires, 2007.

DAILLER, Patrick. PELLET, Alain. Droit International Public. 7 ed. Paris : LGDJ, 2002

FLORY Thiébaut, Carreau Dominique, Juillard Patrick, Droit international économique, Paris, LGDJ, 1980.

JACQUÉ, Jean Paul. Droit Institutionnel de l'Union Européenne. 2 ed. Paris : Dalloz, 2003.

JOUANNEAU, Daniel, *L'Organisation Mondiale du Commerce*, 4 ª Edition, Presses Universitaires de France, Vendôme, 2003.

II. OUVRAGES SPÉCIALISÉS

En français

ALBERT, Jean Luc, *Douanes et droit douanier*, Puf, 2013

ALLIX, Edgard LECERCLE, M, *Les droits de douane, traité théorique et pratique de législation douanière*, Paris, Libr. A. Rousseau, 1932.

ARABOV Omar, *La valeur en douane en débat*, Thèse Paris II, Panthéon Assas, 2002.

BARBOU des PLACES, Ségolène, Protectionnisme et droit de l'Union européenne, Pedone Paris,2014

BERR, Claude, TREMEAU Henri, *Le droit douanier communautaire et national*, Economica, 2006

CANAL-FORGUES, Eric, y THILLIER, Alexandre (colab.), *Le règlement des différends à l'OMC*, Bruylant, Bruxelles, 2003.

CANIVET Guy, *L'amicus curiae en France et aux Etats-Unis*, R.Jur.Com, Paris, 2005.

CHAMBAS GERARD, Afrique au Sud du Sahara : Mobiliser des ressources fiscales pour le développement, éd, Economica, 2005.

CHAMBAS GERARD, Fiscalité et Développement en Afrique Subsaharienne, édition ECONOMICA, 1994.

COLARD-FABREGOULE, Catherine. *L'essentiel de l'Organisation Mondiale du Commerce,* Gualino, Paris, 2002.

COMBE, Emmanuel, *L'Organisation Mondiale du Commerce*, Armand Colin, Paris, 1999.

COTE Charles Emmanuel, « *La participation des personnes privées au règlement des différends internationaux économiques* », Bruxelles, Bruylant, 2007.

CULOT, H, Les sanctions dans le droit de l'Organisation Mondiale du Commerce, Bruxelles

JEANNARD, Sébastien, *Les transformations de l'ordonnancement juridique douanier en France*, LGDJ, Paris 2011.

LETTRES AUX PAYSANS, Mensuel du Cercle National des Agriculteurs qui a présenté les conférences ministérielles de Seattle, Cancún, Hong Kong, Genève. Editions CNAF, Montpellier.

MARTINEZ Jean – Claude, CABALLERO Norma, *La mondialisation guérie, découverte d'un vaccin douanier,* Lettres du monde, Paris 2007.

MARTINEZ Jean – Claude, *La faucille ou le Mc Do, L'Europe et les Etats Unis dans le nouvel ordre alimentaire mondial*, Lettes du monde, Paris,2003.

MARTINEZ Jean – Claude, MARTINEZ Jeanne –Isabelle, *Europe Etats – Unis, La guerre agricole de 40ans*, L'Harmattan, 2004.

MESSERLIN, Patrick, *La nouvelle organisation mondiale du commerce*, IFRI, Dunod, Paris, 1995.

MOUSSA ISSA TRAORE, *La politique fiscale du Mali*, thèse de décembre 2005, Paris II.

NATAREL E, Le rôle de la douane dans les relations économiques internationales, Alger, ITCIS, 2007

OMC, Rapport annuel

PACE, Virgile, *L'Organisation Mondiale du Commerce et le renforcement de la réglementation juridique des échanges commerciaux internationaux*, L'Harmattan, Paris, 2000.

PONTES VEIRA Iure, La valeur en droit fiscal et douanier, Thèse Paris 2,

RAINELLI MICHEL, L'Organisation mondiale du commerce, 7ème éd, Paris, Ed, La Découverte, 2004.

SANTULLI, C, *L'union douanière Colombie- Bolivie, Equateur- Venezuela* d'août, 1992, Mémoire de droit international économique, Institut des Hautes études internationales, Paris II, Panthéon Assas, 1995

VINCENT, Philippe, *L'OMC et les pays en développement,* Larcier, Bruxelles, 2010.

En italien

AMATUCCI, Fabrizio. *Il Principio di Non Discriminazione Fiscale. Torino*, CEDAM, 2003.
P. Picone et A. Ligustro, *Diritto Dell'Organizzazione Mondiale del Commercio*, Padoue, Cedam, 2002.

En portugais

MICHEAU, Claire *Direito Tributário Internacional: Métodos de Solução dos Conflitos*. São Paulo : Quartier Latin, 2006
ZANDAVALI, Marcelo Freiberger. O Juiz *Brasileiro e as Normas da OMC* – Brazilian Judges and WTO Rules (2013). Revista CEJ n° 61, p. 47-58.

En espagnol

Academia Internacional de Dereco Aduanero

C'est la source clef avec sa publication annuelle des actes de ses sommets internationaux au Mexique Editorial Empresa Lider :

- La cooperacion para el desarollo, la integracion economica y la seguridad internacional, 2006.
- Los nuevos paradigmas del derecho aduanero,2007
- Los tratados internacionales en materia aduanera en el entorno mundial del siglo XXI, 2008
- Crisis financiera global, impactos en la actvidad aduanera, 2009.
- La actividad aduanera y los restos del futuro, 2010
- Modernizacion y retos de la imparticon de la justicia aduanera, 2011
- La transformacion tecnologica aduanera conjuridicidad, 2012

ALBIÑANA GARCÍA-QUINTANA, Cesar. *Sistema Tributario Español y Comparado*. Madrid : Tecnos, 1992. ISBN 84-309-2118-4.
ALLAIS Horacio, Los principios del derecho aduanero, Marcial Pons, Barcelone 2008.
ALSINA MARIO A. et al, *Código Aduanero Comentado*. Buenos Aires, Abeledo Perrot, 2011, 3 tomos
ALSINA, Mario A., BASALDUA Ricardo Xavier y COTTER MOINE Juan Patricio. Código Aduanero, Comentarios-Antecedentes- Concordancias Art. 585 a 672. Buenos Aires : Abeledo-Perrot. 1984..
AMIEVA HUERTA, Juan, *Finanzas Públicas en México*, Edit. Porrúa et Instituto Nacional de Administración Pública, México, 2004.

AMATUCCI, Andrea. *Tratado de derecho Tributario*, Tomo II, la Relación Jurídico Tributaria, el procedimiento de aplicación de la norma tributaria. Bogotá : Ed. Temis. 2001.

ANDA GUTIERREZ, Cuauhtémoc, *Estructura socio-económica de México, 1940-2000*, Edt. LIMUSA, México, 2005

BARREIRA Enrique C., BASALDUA Ricardo Xavier y VIDAL ALBARRACIN HECTOR G. prólogo. En : ALSINA MARIO A. et al, Código Aduanero Comentado. Buenos Aires : Abeledo Perrot, 2011. BARREIRA, Enrique C. *Diferencias entre la obligación jurídica tributaria y la obligación jurídica aduanera* en Memorias del Tercer Encuentro Iberoamericano de Derecho Aduanero. Barcelona España 7 y 8 de junio de 2007. Los Nuevos Paradigmas del derecho aduanero. Mexico D. F. : Ediciones Fiscales ISEF, 2008.

BASALDUA, Ricardo Xavier. Derecho Aduanero. *Parte General Sujetos*. Buenos Aires : Abeledo-Perrot, 1992.

BASALDUA, Ricardo Xavier. *Introducción al Derecho Aduanero Concepto y Contenido. Buenos Aires :* Ed. Abeledo-Perrot, 1988.

BASALDUA, Ricardo Xavier, *Tributos al comercio exterior,* Abdelodo Perrot, Buenos Aires 2011.

BELLO GALLARDO Noemi, *La tecnologia de informacion en las aduanas y sus efectos juridicos*, 2012, Funda, Mexico

BLECKER Robert A., *Comercio, Empleo y Distribución: Efectos de la Integración Regional y Global*, en LUSTIG, Nora, *Los grandes Problemas de México*, Volume IX, *Crecimiento económico y equidad*, Edit. El colegio de México, 2010.

CARVAJAL CONTRERAS, Máximo. Derecho Aduanero. México: Porrúa, 2009.

CHAMPOY BONIFAZ, Dolores Beatriz, *Veinte años de evolución de la imposición a los rendimientos de capital (1956-1976)*, Estudios doctrinales, Edit. IIJ de la UNAM, México, 1977

COTTER Juan Patricio. *Estudios de Derecho Aduanero. Homenaje al Dr. Juan Patricio COTTER MOINE.* Buenos Aires, Abeledo-Perrot, 2007.

COTTER, Juan Patricio et al. *Estudios de Derecho Aduanero. Homenaje a los 30 años del Código Aduanero*, Buenos Aires, Abeledo Perrot, 201.

DE LA CRUZ GALLEGOS, José Luis et VEINTIMILLA BRADO, Derma Vanessa, *Banca de desarrollo y crecimiento económico en México*, Análisis, No. 5/2013, Fundación Friedrich Ebert, 2013.

DELGADO CANTU, Gloria, *Estructuras Política, Económica y Social*, Edit. Pearson, 2ª, 2003.

GUZMAN M. Manuel, *México frente a las crisis. Una visión de las crisis económicas por las que ha atravesado México en los últimos años*. Edit. LID, 2009.

INSTITUTO INTERAMERICANO DE FRONTERAS Y ADUANAS (IIAFA), avec une publication annuelle des mémoires de ses rencontres, editions ISEF, Empresa Lider, Mexico (source très importante).

KRUGMAN, Paul, *Vendiendo Prosperidad. Sensatez e insensatez económica en una era de expectativas limitadas*, Edit. Ariel, España, 1996.

MANCERA AGUAYO, Miguel, *Crisis económicas en México*, en REYES HEROLES Federico et SUAREZ DAVILA, Francisco, La crisis, testimonios y perspectivas. Edit. Fondo de Cultura Económica, México, 2009.

MARTINEZ, Jean-Claude y CABALLERO, Norma. *El invento de los derechos de aduana deducibles*. Bogotá : Universidad del Rosario, 2009.

MARQUEZ Graciela, *Claves de la historia económica de México. El desempeño a largo plazo (siglos XVI-XXI)*, Edit. Fondo de Cultura Económica, México, 2014.

MORENO YEBRA Felipe, PARDO CARRERO Geraman, *Derecho aduanero y comercio internacional*, temas selectos, Editorial Porrua, Mexico 2016.

OROPEZA GARCIA, Arturo, *TLCAN 20 años. ¿Celebración, desencanto o replanteamiento ?*, Edit. UNAM, México, 2014.

ORTIZ WADGYMAR, Arturo, *La nueva economía mundial. Actualidad de las teorías del comercio internacional en un mundo globalizado*, Edit. UNAM y Miguel Ángel Porrúa, México, 1999.

PALLARD, Henri et TZITZIS, Stamatios, *La mondialisation et la question des droits fondamentaux*, Edit. Les Presses de l'Université de Laval, Québec, 2003.

REVISTA DE ESTUDIOS ADUANEROS, semestriel, Buenos Aires (doctrinalement majeure)

ROHDE PONCE Andres, *Derecho aduanero mexicano*, ISEF, Empresa Lider, 2 volumes Mexico 2000

ROMERO TELLAECHE, José Antonio, Grandes Problemas. *Los límites al crecimiento económico de México, Edit. UNAM y el Colegio de México*, México, 2014

SABSAY, Daniel y ONAINDIA, Juan M. La Constitución de los Argentinos. Análisis y comentarios luego de su reforma de 1994, Buenos Aires: Errepar, 2009.

En anglais

HOEKMAN, Bernard M., y KOSTECKI, Michel M., *The political economy of the world trade system. From GATT to WTO*, Oxford, University Press, New York, 2001.

JACKSON, John H., *The world trade system : Law and policy of international economic relations,* The MIT Press, Massachusetts, 2000.

LESTER, Simon, MERCURIO, Bryan, DAVIS, Arwel, y LEITNER, Kara, *World Trade Law. Text, materials and commentary*, Oxford and Portland, Oregon, USA, 2008.

E.U. Petersmann, The GATT/WTO Dispute Settlement System, International Law, International Organizations and Dispute Settlement, London-The Hague-Boston, Kluwer Law International, 1997

MICHEAU, Claire. State Aid, Subsidy and Tax Incentives Under EU and WTO Law. The Netherlands : Wolters Kluwer,

VAN DEN BOSSCHE, Peter, *The Law and Policy of the World Trade Organization Text, case and materials*, Cambridge University Press, 2005.

III. WEB BIBLIOGRAPHIE

Amérique Latine

http://www.afip.gob.ar/Aduana/documentos/MARCO_NORMATIVO_SAFE.pdf

BARCELO III, John J. The Paradox of Excluding WTO Direct and Indirect Effect in U.S. Law (2006). Cornell Law Faculty Publications. Paper 9.

http://scholarship.law.cornell.edu/facpub/9

BERKEY, Judson Ousterhoudt. The European Court of Justice and Direct Effect for the GATT : A Question Worth Revisiting (1998). European Journal of International Law 9.

http://ejil.org/pdfs/9/4/692.pdf

BRONCKERS, Marco. The Effect of the WTO in European Court Litigation. Texas International Law Review 40.

http://www.tilj.org/content/journal/40/num3/Bronckers443.pdf

Chine

http://news.xinhuanet.com/world/2011-12/11/c_122401910.htm

http://topic.eastmoney.com/rushi2011/

http://finance.eastmoney.com/news/1344,20111212181680186.html

http://finance.eastmoney.com/news/1350,20111211181610138.html

http://finance.eastmoney.com/news/1350,20111211181641220.html

« La culture d'entreprise », ZHANG De, 2016

http://news.cctv.com/2016/12/03/ARTILkSi6RpmiIpgADDyAiYu161203.shtml?winzoom=1

COTTIER, Thomas. SCHEFER, Krista Nadakavukaren. The Relationship Between World Trade Organization Law, National and Regional Law (1998). Oxford Journal of International Economic Law.

http://heinonline.org/HOL/Page?handle=hein.journals/jiel1&div=11&id=&page=&collection=journals

HILF, Meinhard. The Role of International Courts in International Trade Relations (1997-1998). Michigan Journal of International Law.
http://heinonline.org/HOL/Page?handle=hein.journals/mjil18&div=15&g_sent=1&collection=journals

KAPTEYN, Paul. The « Domestic » Law Effect of Rules of International Law Within the European Community System of Law and the Question of the Self-Executing Character of GATT Rules (1974). International Lawyer ABA.
http://heinonline.org/HOL/Page?handle=hein.journals/intlyr8&div=13&g_sent=1&collection=journals

SANTIAGO, Igor Mauler. Adicional de Cofins na Improtação é Medida Protecionista e Inválida (2015). Site Consultor Jurídico.
http://www.conjur.com.br/2015-mar-18/consultor-tributario-adicional-cofins-importacao-medida-protecionista-invalida

VÁZQUEZ, Carlos Manuel. The Four Doctrines of Self-Executing Treaties (1995). Georgetown Public Law and Legal Theory Research Paper n° 12-101.
http://scholarship.law.georgetown.edu/facpub/1016

INDEX

TABLE DES MATIÈRES

PARTIE III
L'OMC ET L'AFRIQUE

PARTIE IV
L'OMC ET L'EUROPE

PARTIE V
L'OMC ET L'ASIE

Économie et Entreprise aux éditions L'Harmattan

Dernières parutions

MONDIALISATION, ACCORDS COMMERCIAUX RÉGIONAUX ET INTÉGRATION DE L'AFRIQUE
Sous la direction de Cécile Bastidon, Ochozias Gbaguidi, Azzedine Ghoufrane, Ahmed Silem
Ce livre porte sur le phénomène du multilatéralisme qui caractérise le système commercial administré par l'OMC issu du traité de Marrakech (15 avril 1994). La mondialisation se double d'accords de libre-échange bilatéraux et régionaux en Afrique. Compte tenu des difficultés rencontrées pour arriver à un accord dans le cadre des négociations du cycle de Doha, ce régionalisme s'accompagne d'un plurilatéralisme qui est sans doute sous-optimal par rapport au multilatéralisme traditionnel.
(19.00 euros, 170 p.)
ISBN : 978-2-343-11849-9, ISBN EBOOK : 978-2-14-003477-0

L'ENTREPRISE – Pour mieux la connaître
Bersinger Sylvain
Ce livre vise à présenter le monde de l'entreprise sous ses différents aspects, principalement à destination d'un public d'étudiants. Écrits dans un langage simple, parsemé d'exemples et de schémas, il se veut accessible aux débutants qui souhaitent découvrir ce monde fascinant qu'est celui de l'entreprise.
(22.50 euros, 220 p.)
ISBN : 978-2-343-11792-8, ISBN EBOOK : 978-2-14-003481-7

HISTOIRE D'UN ENTRETIEN D'EMBAUCHE RÉUSSI
Récit d'une démarche efficace avec les bons outils et la bonne posture
Ramirez Morales Gabriel
De nos jours, le chômage reste élevé et les postes fragiles. Ainsi, la posture de la personne devient un enjeu majeur dans la recherche d'emploi. Cet ouvrage nous permet d'accompagner Claude, sans emploi depuis plusieurs mois. Nous allons apprendre avec lui à trouver la bonne posture, la meilleure stratégie comportementale afin d'intégrer au plus tôt le monde d'exigence qu'est l'entreprise.
(17.50 euros, 164 p.)
ISBN : 978-2-343-11781-2, ISBN EBOOK : 978-2-14-003389-6

POLITIQUE DU TRAVAIL
La fierté professionnelle
Tertrais Laurent
L'ampleur du chômage nous aurait-elle fait oublier le travail lui-même ? La course à l'emploi et à la productivité a pris le pas sur une approche positive de l'activité. On valorise peu les métiers, le goût pour le travail bien fait et la performance collective. La précarité et l'intensification de l'activité nous font paradoxalement oublier que le travail est en soi un objet public. Parlons de nos

identités professionnelles. Donnons alors des moyens contre la solitude. Misons sur la politique éducative et la qualité des parcours dès l'enfance.
(Coll. Questions contemporaines, 15.00 euros, 130 p.)
ISBN : 978-2-343-11501-6, ISBN EBOOK : 978-2-14-003422-0

LES ESPACES DU TRAVAIL
Prévention et santé au travail
Salignac Philippe
En éclairant la théorie par des exemples concrets rencontrés durant son activité professionnelle, l'auteur montre comment l'espace en lui-même et les pratiques spatiales associées peuvent être révélateurs des tensions et des enjeux qui traversent toute entreprise. À partir de situations vécues, il révèle l'importance des spécificités du fonctionnement collectif et étudie leurs effets sur la santé au travail.
(Coll. Sciences et Société, 25.00 euros, 236 p.)
ISBN : 978-2-343-11469-9, ISBN EBOOK : 978-2-14-003407-7

LES DYNAMIQUES D'ÉMERGENCE DANS UN MONDE EN PERPÉTUELLE MUTATION
Schulders Guy - Préface de Phillip LeBel
L'auteur de cet ouvrage pose des questions difficiles sur les enjeux d'un monde nouvellement reformaté, dont aucun pays ne maîtrise plus vraiment ni les rythmes, ni les orientations. Comment les pays en difficulté des continents africain, latino-américain ou du Sud-Est asiatique font-ils évoluer leur processus de croissance vers une dynamique de développement, puis d'émergence ? Quel rôle les BRICS, en particulier la Chine, l'Inde et le Brésil, jouent-ils dans la mise en œuvre des nombreuses synergies avec les autres pays du monde, riches comme pauvres ?
(25.00 euros, 236 p.)
ISBN : 978-2-343-11250-3, ISBN EBOOK : 978-2-14-003251-6

LES PRIX AGRICOLES
Nouveau dialogue sur le commerce des bleds
Boussard Jean-Marc
Dans tous les systèmes économiques, les prix servent de messagers entre les producteurs et les consommateurs, informant les premiers des désirs des seconds, et ces derniers de la difficulté de produire. Dans le secteur agroalimentaire, ni les consommateurs ni les producteurs ne peuvent s'adapter facilement aux variations de prix. Voici proposées quelques solutions pour rationaliser le commerce de produits agricoles, sans rien perdre des avantages liés aux échanges mais en évitant les gaspillages associés à l'instabilité des prix.
(Coll. L'esprit économique, série Le Monde en Questions, 21.00 euros, 194 p.)
ISBN : 978-2-343-11246-6, ISBN EBOOK : 978-2-14-003101-4

L'AUTONOMIE FINANCIÈRE DES AUTORITÉS INDÉPENDANTES
Palma-Amalric Valérie - Préface de Vincent Dussart
(Prix de thèse de la Société française de finances publiques)
Les autorités indépendantes occupent une place considérable dans le fonctionnement des institutions de la Ve République, mais soulèvent de nombreuses questions. À l'heure où les parlementaires discutent d'une proposition de loi portant statut général des autorités administratives et publiques indépendantes, cette étude interroge l'ampleur et la portée de leur autonomie financière apportant des éléments relatifs au financement, au personnel et à la gestion.
(Coll. Finances publiques, 49.00 euros, 622 p.)
ISBN : 978-2-343-11595-5, ISBN EBOOK : 978-2-14-003299-8

L'IDENTITÉ DES MARCHÉS FINANCIERS
Conseils aux épargnants actifs
Gallot Philippe
Le premier objectif de ce livre est d'inciter les épargnants à s'intéresser aux principaux mouvements des marchés financiers. Ces derniers sont en effet porteurs d'enseignements potentiels dignes

d'intérêt : ils offrent des opportunités d'investissements conséquentes. Dans le même temps, une mise en garde s'impose aux épargnants et aux investisseurs car manipulations et dérives sévissent sur ces marchés dont il ne faut pas minimiser les risques intrinsèques.
(29.00 euros, 278 p.)
ISBN : 978-2-343-11503-0, ISBN EBOOK : 978-2-14-003324-7

LA GESTION PLANIFIÉE
Logiques, fondements et perspectives
Amedzro St-Hilaire Walter
Quels sont les liens entre la gestion planifiée et la dynamique des affaires ? Quels sont les facteurs économiques et gestionnaires qui influencent l'interconnexion entre la logique planifiée et la productivité des entreprises ? L'auteur tente ici d'identifier le rôle de l'optimisation des affaires dans l'opérationnalisation de la gestion planifiée et de comprendre comment, au niveau des entreprises et des organisations, l'efficacité décisionnelle oriente les stratégies planifiées.
(Coll. Dynamiques d'entreprises, 26.00 euros, 260 p.)
ISBN : 978-2-343-11402-6, ISBN EBOOK : 978-2-14-003131-1

COMPRENDRE ET PRATIQUER LA BOURSE
Zamble - Bi B. Emmanuel - Préface de Stefan Nalletamby
Cet ouvrage définit la bourse des valeurs, décrit son organisation ainsi que son fonctionnement et présente les produits financiers, notamment les actions, les obligations, les OPCVM et les produits dérivés. Il expose les techniques d'évaluation de société ou d'emprunt obligatoire dans le cadre d'une introduction en bourse, décrit le mécanisme de dénouement des transactions et présente un répertoire des bourses des valeurs d'Afrique et des principales bourses hors Afrique. Afin de faciliter la compréhension, chaque section s'achève sur des exemples pratiques ou des exercices corrigés.
(Harmattan Côte-d'Ivoire, 24.50 euros, 228 p.)
ISBN : 978-2-343-11492-7, ISBN EBOOK : 978-2-14-003260-8

ET S'IL FALLAIT TOUT CHANGER ?
Hébert Michel
Un jour ou l'autre, votre entreprise sera confrontée à un changement brutal auquel elle n'était pas préparée. Il va falloir bousculer toutes nos façons de réfléchir, d'organiser, et inventer de nouvelles façons de travailler. Tout est à revoir, tout devient adaptatif : la vie, la stratégie, le long terme. Rien ne sert de traiter ce monde avec l'état d'esprit d'hier.
(23.50 euros, 230 p.)
ISBN : 978-2-343-10596-3, ISBN EBOOK : 978-2-14-003313-1

DÉCIDER À L'INTERNATIONAL
Est-ce une question de distance ?
Moalla Emna
Cet ouvrage s'interroge sur le rôle de la distance dans les décisions de développement à l'international des entreprises, et examine notamment l'impact de la distance sur le choix de mode d'entrée à l'étranger. Il étudie les différentes dimensions de la distance (culturelle, administrative, géographique, économique) en s'appuyant sur un échantillon de 203 opérations de rapprochement effectuées par des entreprises françaises avec des partenaires localisés dans le monde entier.
(Coll. Entreprises et Management, 30.00 euros, 288 p.)
ISBN : 978-2-343-08938-6, ISBN EBOOK : 978-2-14-003179-3

CHOISIR POUR RÉUSSIR
La psychanalyse adaptée aux problématiques professionnelles
De Queylar Axel
Se développer dans son travail nécessite de quitter la dépendance au profit de la liberté. Cette recherche d'autonomie permet de s'épanouir en étant davantage soi-même. Des entraves personnelles ou extérieures peuvent gêner ce processus et il devient important de les surmonter. Se sentir libre dans ses choix permet d'avancer en confiance. Cet ouvrage est donc un levier

de compréhension et un outil pratique. Il s'adresse à toute personne souhaitant améliorer son positionnement professionnel.
(22.00 euros, 232 p.)
ISBN : 978-2-343-11636-5, ISBN EBOOK : 978-2-14-003216-5

BURN-OUT ET TRAVAIL SOCIAL
Du changement aux résistances à l'épreuve
Ben Mrad Fathi - Préface de Patrick Molodtzoff
Le *burn-out* est devenu un sujet rebattu. Le sous-titre de ce livre traduit la volonté de l'auteur de s'intéresser à la manière dont certains professionnels sont affectés par leur situation, des points de vue physique, psychologique et social. Quels sont les changements personnels que les individus connaissent lorsqu'ils sont confrontés à l'expérience d'un *burn-out* et lorsqu'ils doivent déployer certaines de leurs ressources pour résister et faire face à leur situation ? À partir de ses observations, l'auteur propose de mieux considérer certains éléments minorés dans les travaux internationaux sur le sujet.
(Coll. Questions contemporaines, 20.50 euros, 200 p.)
ISBN : 978-2-343-11558-0, ISBN EBOOK : 978-2-14-003217-2

LA FABRIQUE DU PRÊT-À-PENSER
Mécanismes de diffusion et d'adoption des outils de gestion
(Nouvelle édition)
Zerbib Romain
Comment les cabinets de conseil en stratégie procèdent-ils pour imposer leur offre sur les marchés ? Comment font-ils pour qu'au même moment la quasi-totalité des managers utilisent le même champ lexical, emploient la même pratique de gestion ? Cet ouvrage met en évidence les techniques pour y parvenir, en décryptant le protocole de production, de légitimation et de diffusion d'un dispositif de gestion au sein des médias spécialisés, des universités et des entreprises.
(Coll. Entreprises et Management, 18.00 euros, 160 p.)
ISBN : 978-2-343-11459-0, ISBN EBOOK : 978-2-14-003219-6

MANAGER À L'ÈRE DIGITALE
Le i-management
Sous la direction de Philippe Étienne
Cet ouvrage traite du management à l'ère de la transformation numérique et de l'»ubérisation» des métiers et des fonctions. Il raconte ce qui se passe chez les banquiers, les comptables, les assureurs, les informaticiens, les responsables des ressources humaines ; il décrit les nouvelles façons de se préparer à ces nouvelles formes de travail. Il raconte aussi les nouvelles façons d'apprendre pour se préparer à ces nouvelles formes de travail, ces nouveaux rapports dans l'entreprise, cette nouvelle relation de chacun d'entre nous avec le travail à l'époque du numérique.
(Coll. Horizons anthropologiques, 14.00 euros, 116 p.)
ISBN : 978-2-343-10348-8, ISBN EBOOK : 978-2-14-002998-1

AU CŒUR DE LA DIMENSION CULTURELLE DU MANAGEMENT
Sous la direction de Pierre Dupriez et Blandine Vanderlinden
Préface de Philippe d'Iribarne / Postface de Pierre Calame
L'ouvrage renouvelle la manière d'aborder la dimension culturelle à travers des concepts qui permettent d'évoquer les nombreux défis posés au management dans des situations comme la gestion et la composition des équipes, la RSE, l'innovation responsable, la qualité, l'apprentissage organisationnel, la GRH renouvelée dans des contextes différents, le leadership, la transition culturelle ou encore le développement des communautés rurales. C'est également transcender le quotidien de l'entreprise et voir comment la prise en compte de la dimension culturelle peut contribuer à la construction du futur.
(Coll. Diversité culturelle et dynamique des organisations, 49.00 euros, 673 p.)
ISBN : 978-2-343-10311-2, ISBN EBOOK : 978-2-14-002985-1

L'HARMATTAN ITALIA
Via Degli Artisti 15; 10124 Torino
harmattan.italia@gmail.com

L'HARMATTAN HONGRIE
Könyvesbolt ; Kossuth L. u. 14-16
1053 Budapest

L'HARMATTAN KINSHASA
185, avenue Nyangwe
Commune de Lingwala
Kinshasa, R.D. Congo
(00243) 998697603 ou (00243) 999229662

L'HARMATTAN CONGO
67, av. E. P. Lumumba
Bât. – Congo Pharmacie (Bib. Nat.)
BP2874 Brazzaville
harmattan.congo@yahoo.fr

L'HARMATTAN GUINÉE
Almamya Rue KA 028, en face
du restaurant Le Cèdre
OKB agency BP 3470 Conakry
(00224) 657 20 85 08 / 664 28 91 96
harmattanguinee@yahoo.fr

L'HARMATTAN MALI
Rue 73, Porte 536, Niamakoro,
Cité Unicef, Bamako
Tél. 00 (223) 20205724 / +(223) 76378082
poudiougopaul@yahoo.fr
pp.harmattan@gmail.com

L'HARMATTAN CAMEROUN
TSINGA/FECAFOOT
BP 11486 Yaoundé
699198028/675441949
harmattancam@yahoo.com

L'HARMATTAN CÔTE D'IVOIRE
Résidence Karl / cité des arts
Abidjan-Cocody 03 BP 1588 Abidjan 03
(00225) 05 77 87 31
etien_nda@yahoo.fr

L'HARMATTAN BURKINA
Penou Achille Some
Ouagadougou
(+226) 70 26 88 27

L'HARMATTAN SÉNÉGAL
10 VDN en face Mermoz, après le pont de Fann
BP 45034 Dakar Fann
33 825 98 58 / 33 860 9858
senharmattan@gmail.com / senlibraire@gmail.com
www.harmattansenegal.com

www.ingramcontent.com/pod-product-compliance
Lightning Source LLC
LaVergne TN
LVHW011258061026
849535LV00005B/1299